関わりあう職場のマネジメント

Management of Workplace Relationship

鈴木竜太 著

有斐閣

は し が き

　本書は，どのようにすれば組織における支援行動や勤勉行動，そして創意工夫行動をもたらすマネジメントを実践できるのか，そしてそれはどのようなものなのかを検討することを目的としている。しばらく読み進めていただければすぐわかるが，本書はこのことを検討するキー概念として，職場における「関わりあい」に注目している。職場における関わりあいとは，仕事において同僚とともに進める必要がどの程度あるかということであり，自分の仕事の（職場における同僚との）相互依存の程度と職場において目標を共有する程度のことである。その程度が強い職場を「関わりあう職場」として考えている。仕事をするうえで，職場のさまざまな人に相談をする必要があることや，他の人の仕事の成果によって自分の仕事が左右されるような職場，あるいは共通の目標が示されている職場は関わりあいの強い職場であり，自分1人だけで仕事が完結し，自分1人の目標の達成が重要視されている職場は関わりあいが弱い職場となる。本書では，この関わりあう職場と3つの行動について，経営組織論，経営管理論，組織行動論の研究を中心に実証研究を交えながら検討している。

　これまで筆者は，組織と個人の関係に焦点を当てて研究をしてきた。最初の著書（『組織と個人』白桃書房，2002年）では，キャリアの進展とともに，とくに若い世代の組織との関係がどのように変化し，とくにどのように会社との関係が接近していくのかについて研究してきた。続く著書（『自律する組織人』生産性出版，2007年）では，組織と個人の関係が接近する中で，自分らしいキャリアをいかにして

歩んでいくのかという点について述べた。そこでは、良き組織との関係が良きキャリアを育む可能性があることを自律する組織人という言葉とともに明らかにしてきた。またそこで仲間とともに自分らしく働きたいという多くの企業人が持つ思いの可能性を検討してきた。

本書では、この問題意識のもとで立場を変えてさらに考えを深めていくと言ってもよい。つまり、「お互いが協働し、協調しながら、自分らしく工夫する組織をつくることができるか」、ということを問題意識として持っている。そして、その問題意識に答えることを通して、組織と個人の関係に新しい視座を得られるのではないかと考えている。

結果として、本書はやや規範的な側面を持つ著作となった。本書では、単に支援と勤勉と創意工夫の3つの行動の要因を分析し、探索するだけでなく、どのようにそれが実現できるのか、というところまで議論を踏み込んでいる。つまり、現象を分析し、そのロジックを明らかにすると同時に、1つのマネジメントのあり方とその可能性を提示しようと考えたわけである。

このような本書の性格ゆえに、読者の中には本書の内容を机上の空論だと捉える向きもあるかもしれない。しかしながら、このような規範的な側面を持つ主張を示すことではじめて、批判を含め新たな議論を巻き起こすことができることがあると考えている。本書を手に取る方々の間で、もしさまざまな議論が起こり、そこから新しいマネジメントの見方が生まれるとしたら、それは筆者にとって望外の喜びである。

＊　＊　＊

本書の大部分は、共同研究によって行われた調査をもとにしている。また本書の執筆の中で多くの人からの示唆やコメントをいただ

いた（以下，所属は執筆当時）。北居明先生（大阪府立大学）と服部泰宏先生（滋賀大学）には，共同研究だけでなく草稿にも目を通していただき，有益なコメントを多くさまざまな場面でいただいた。お2人との共同研究と議論がなければ本書は完成していなかったことは間違いない。吉野直人氏（神戸大学大学院経営学研究科博士後期課程）には，草稿に目を通していただき若い研究者の視点から丁寧な指摘をいただいた。改めて感謝したい。

　また，筆者が所属する神戸大学大学院経営学研究科という職場にも改めて感謝をしたい。自由闊達な議論ができる環境であることが，この研究を大きく前へ進めたことは間違いない。とくに金井壽宏先生，平野光俊先生，髙橋潔先生，3人の先生には研究そのものへのさまざまな示唆だけでなく，いつも励ましをいただいている。また守島基博先生（一橋大学）には，学会や研究会でお会いするたびに，励ましや研究のアイデアをいただいた。若い時分ほど，事細かに研究に対するコメントやアドバイスをいただく機会は少なくなったが，多くの先輩の先生方の言葉や研究への姿勢による直接的・間接的な影響は，むしろ今のほうが大きいように感じる。改めて，この場を借りて感謝を申し上げたい。

　調査を行わせていただいた企業の方々にも感謝を申し上げたい。守秘義務の都合上，具体的な名前を挙げることはできないが，タマノイ酢の皆様をはじめ，調査に協力をしていただいた方々ならびに調査の窓口となっていただいた方々に深く感謝をしたい。本書が少しでも皆様の協力にお応えできる内容であれば，うれしい限りである。

　そして，まだ本書の研究がスタートしたばかりのときに声をかけていただき，出版の機会を与えていただいた有斐閣と，遅くなりがちであった原稿執筆を温かく丁寧にサポートしていただいた有斐閣の尾崎大輔氏に感謝したい。

最後に，妻・晴子と息子・正吾，娘・糸子に感謝をしたい。なかなか研究の出口がみつからない中で，家族の存在は何度も気持ちをリフレッシュさせ，再び研究に取り組もうという気持ちにさせてくれた。

　本書はまさしくこれらの人々との関わりあいの中から生まれた。本書がこれら多くの人々の指導とサポートに少しだけでも応えることにつながることができれば幸せである。

　2012 年　冬

鈴 木　竜 太

　　なお，本書の研究の一部は，日本学術振興会（JSPS）科研費（課題番号：若手（B）19730250）の助成を受けたものである。

目　次

序章　支援・勤勉・創意工夫をもたらすマネジメント　　1

はじめに：相反する行動のマネジメント　　1

1　基本仮説が持つ2つの矛盾　　3

2　経営における支援と勤勉の重要性　　5

3　本書の構成　　9

4　想定する読者層　　12

第Ⅰ部　関わりあう職場への注目

第1章　職場で関わりあい，とことんやる　　14
タマノイ酢のケース

はじめに　　14

1　助けあい，とことんやる　　15
　タマノイ酢という会社（15）　　助けあいと支えあい（16）
　とことんやる，成長への意欲（18）

2　なぜ助けあい，とことんやるのか　　22
　導入時研修の衝撃（22）　　支える立場になる（24）　　導入時研修と職場の密接なつながり（27）

3　関わりあう職場と組織　　29
　関わりあいの強い職場とジョブ・ローテーション（30）
　組織全体の関わりあいの強さ（35）

4　組織における，関わりあうことの意味　　36

第2章 協働と秩序と自律　　40
公共哲学の視点から

はじめに　40

1 公共哲学における協働と秩序と自律 ── 42

　コミュニタリアニズムの公共哲学と3つの主体（42）　協働と秩序と自律の適度なバランス（46）　秩序と自律の逆転共生の関係（51）

2 「公─公共─私」と「組織─職場─個人」の三分法 ── 52

　滅私奉公と滅公奉私の共犯関係（52）　公私一元論から公私二元論，そして公私三元論へ（56）

3 関わりあう職場のマネジメント ── 60

4 本書の問いと，実現のためのマネジメント ── 62

第Ⅱ部　経営学における関わりあう職場のマネジメント

第3章 上からのマネジメントと下からのマネジメント　　66
経営管理論における位置づけ

はじめに　66

1 職場から組織へ──古典的経営管理論の視点 ── 67

2 コミットメント経営と組織における関わりあい ── 70

　コントロールからコミットメントによるマネジメントへ（70）　初期コミットメント経営の問題意識（71）　初期コミットメント経営と関わりあう職場のマネジメント（74）

3 ハイコミットメント型人的資源管理と組織における関わりあい

── 77

　ハイコミットメント型人的資源管理論の進展（77）　ハイコミットメント型人的資源管理論と関わりあう職場のマネジメント（80）

4 社会関係資本によるマネジメント ── 83

　社会関係資本とは何か（83）　マネジメントにおける社会関係資本の活用──組織的社会関係資本（86）　社会関係資本

と関わりあう職場のマネジメント（89）

5 協働的コミュニティ ……………………………………………… 91

6 経営管理論における関わりあう職場のマネジメント ………… 95

第4章 支援・勤勉・創意工夫をもたらすメカニズム　101
組織行動論における位置づけ

はじめに　101

1 関わりあう職場——仕事の相互依存性 ……………………… 102

客観的な相互依存性と主観的な相互依存性（105）　目標の相互依存性（109）　自律性と仕事における相互依存性の関係（111）

2 組織における支援と勤勉——組織市民行動・向社会的組織行動・組織的自発性 …………………………………………… 113

支援と勤勉行動——組織市民行動・向社会的組織行動・組織的自発性の概念との関係（113）　組織の中で人はなぜ自発的に他者を助け，勤勉に働くのか（120）

3 組織における創意工夫行動——進取的行動 ………………… 124

進取的行動（125）　組織の中で人はなぜ役割を超えて創意工夫をするのか（126）

4 組織行動論における関わりあう職場と支援・勤勉・創意工夫
　………………………………………………………………… 128

5 ここまでの議論を振り返って ………………………………… 131

第Ⅲ部 関わりあう職場のマネジメントの実証分析

第5章 分析フレームワークと調査概要　136

はじめに　136

1 調査のスタンスと分析フレームワーク ……………………… 136

調査のスタンス（136）　調査の目的と分析フレームワーク（140）

2 分析方法——クロスレベル分析 ... 143

3 調査概要 ... 146

A調査の概要（147） B調査の概要（147）

4 調査に用いられる測定尺度と予備的分析 ... 148

職場における関わりあいとしての仕事の相互依存性と目標の相互依存性（148） 支援行動・勤勉行動としての組織市民行動（149） 創意工夫行動としての進取的行動（150） それ以外の尺度（151） 予備的分析——合意指標（153）

第6章　関わりあう職場と支援・勤勉行動　155

はじめに　155

1 関わりあう職場と支援・勤勉行動 ... 156

2 関わりあう職場のさらなる特徴 ... 159

組織コミットメントと組織を背負う意識（160） 仕事への動機づけと仲間による動機づけ（161） 役割曖昧性（163）

3 関わりあう職場と支援・勤勉行動のクロスレベル分析 ... 165

分析フレームワークと仮説（165） 相関分析の結果（169） 支援行動に関するクロスレベル分析（170） 勤勉行動に関するクロスレベル分析（179）

4 何が，支援・勤勉行動を育むのか ... 185

第7章　関わりあう職場と創意工夫行動　188

はじめに　188

1 関わりあう職場と創意工夫行動，業績 ... 189

2 創意工夫行動に関するクロスレベル分析 ... 193

分析フレームワークと仮説（194） 相関分析の結果（197） 創意工夫行動に関するクロスレベル分析（197）

3 主観的業績と協働的創意工夫行動についての補完的分析 ... 204

主観的業績に関するクロスレベル分析（204） 協働的創意工夫行動のパス解析（208）

4 何が，創意工夫行動を育むのか ... 209

終章　関わりあう職場とそれを育む組織　213

はじめに　213

1 関わりあう職場のマネジメント ―― 214
集団主義のマネジメントが創意工夫を生む（214）　役割外行動のマネジメント（216）

2 下からのマネジメントと上からのマネジメント ―― 219
下からのマネジメントを有効にする上からのマネジメント（219）　関わりあう職場のマネジメントの2つの意味（220）　関わりあいによる気づき（221）

3 マネジメントにおける職場 ―― 223
組織と個人の関係を媒介する職場（224）　組織という枠を超えるための職場への注目（225）　閉鎖的な職場の危険性（226）

4 日本的経営と関わりあう職場のマネジメント ―― 230

参考文献一覧　235

索　引　244

本書のコピー, スキャン, デジタル化等の無断複製は著作権法上での例外を除き禁じられています。本書を代行業者等の第三者に依頼してスキャンやデジタル化することは, たとえ個人や家庭内での利用でも著作権法違反です。

序 章

支援・勤勉・創意工夫をもたらすマネジメント

● はじめに：相反する行動のマネジメント

　イソップ寓話に誰もが一度は聞いたことがあるであろう「北風と太陽」という話がある。北風と太陽は，旅人のコートをどちらが脱がせることができるか，という勝負をする。先に挑戦をした北風は，冷たい風を旅人に向けて吹き，旅人のコートを吹き飛ばそうとするが，旅人はむしろコートが吹き飛ばされないようにしっかりと押さえてしまう。次に挑戦した太陽は，旅人に燦々と陽を照りつけた。すると旅人は暑さから自らコートを脱ぎ，勝負は太陽の勝ちとなった，というのがよく知られたこの話の簡単な内容である。これには別の話もある。どうやら原文にはなく後の人の創作のようなのだが，それは次のようなものだ。実は北風と太陽は，旅人のコートを脱がすという勝負の前に，旅人の帽子を脱がすという勝負もしていた。このときも，太陽は旅人に燦々と陽を照りつけたが，まぶしさから旅人はむしろ帽子を目深にかぶってしまった。一方，北風が強く風を吹き付けると，簡単に帽子は飛んでいってしまい，こちらの勝負は北風の勝ちになった，というものである。

　1つめの話からは，冷たく厳しい方法よりも温かく優しい方法のほうが人を動かすことがあるという教訓が引き出されるだろう。一方，2つめの話を含むと，この話の教訓は目的に応じて方法を変えることが肝要であるということになるだろう。しかし，もし旅人の帽子とコートを同時に脱がしてしまいたいという勝負になったらど

うであろうか。太陽が燦々と陽を照らしても，コートは脱がせるが帽子は脱がすことができず，北風が冷たい風を吹き付けても，帽子は飛ばせるかもしれないがコートはしっかりと押さえられてしまう。

経営管理の実践では，このような2つ以上の相反するような行動をマネジメントしなくてはならないことがある。たとえば仕事の場面において，言われたことをきっちりこなしてもらいたいと思う反面，言われたことをきっちりこなすだけでなく，言われなくても自律的に動いてもらいたいという矛盾した要求を持つことは少なくないだろう。もちろん，反対に，自律的に動けることはいいが，言われたことはきっちりやってほしいし，自分のことばかりでなく周りを見ながら仕事をしてほしいと思う場面もあるだろう。

本書では，「支援」「勤勉」，そして「創意工夫」という3つの行動をいかにマネジメントするのか，ということを主たる問題意識としている。支援とは職場の仲間が困っているときに教えたり，助けたりすることを指し，勤勉とは職場や組織のルールをきっちり守り，やるべきことをきっちり責任を持ってこなすことを指す。そして創意工夫とは，より生産性，効率性が上がるように自律的に自分の仕事を改変することや新たな役割を見いだそうとすることを指す。この点について結論を先取りすれば，このような問題意識を起点とした本書の基本的なメッセージは「関わりあう職場が支援と勤勉と創意工夫を職場のメンバーに促す」というものである。そしてこの基本メッセージをもとにして，「関わりあう職場のマネジメント」を提示したいと考えている。本書では，この基本メッセージを基本仮説として検討をしていくことになる。

さてここで，職場における関わりあいについても説明が必要であろう。職場における関わりあいはさまざまに捉えることができる。たとえば，風通しのよい職場と呼ばれるように，職場のメンバーの間のコミュニケーションが円滑であることや，公私にわたって職場

のメンバーに相談しあえることも職場における関わりあいと言えるだろう。また，常にお互いを気遣い，お互いの存在を意識するような間柄も職場における関わりあいと呼べる。さらには目標を共有し，仕事を進めるうえでお互い関わりあわなければ進まないという仕事の性質による関わりあいもある。

後に詳細に述べるが，ここで言う関わりあう職場は規範を共有し，お互いの仲がよいといった閉じた共同体を意味せず，目標を共有し，仕事上相互に関わりあうように設計された職場という意味として使われる。つまり，人間的な関わりあいが強い職場を指すのではなく，（結果として人間的な関わりあいも強くなることが予想されるが）仕事の設計上，関わりあいが強い職場を指す。これを踏まえ，改めて長くなることを承知で，より詳しく基本メッセージを述べれば，「仕事上相互に関わりあうことが多い職場は，仲間を助けること（支援），組織のルールややるべきことをきっちり守りこなすこと（勤勉），そして自律的に仕事のうえで創意工夫すること（創意工夫）を職場のメンバーに促す」と言うことができる。

本書では，この基本メッセージを基本仮説として検討していくことになる。

1 基本仮説が持つ2つの矛盾

本書を通して明らかにされるこの基本仮説は，もしかしたら読者からすればそれほど突飛な仮説とは感じないかもしれない。それゆえ，なかにはいまさら厳密にそんな仮説を検討してどうなるのか，という思いを持たれる読者もいるかもしれない。しかし，この基本仮説には2つの一見矛盾する要素が含まれていることがわかるだろうか。1つは，仕事において積極的に創意工夫するような行動が，個人主義を助長させるようなマネジメントではなく，むしろ協働を

促す集団主義的な関わりあう職場によってもたらされることを指摘している点である。この基本仮説は，個人が自律的に行動するためには，個々人の責任や目標を明確にし，自己完結的に仕事を設計することよりも，共通の目標を持ち相互に依存しあいながら仕事を設計することのほうが，結果として自律的に行動するようになるというメッセージに言い換えてもよい。そして，一方で関わりあう職場は，助ける行動ややるべきことをきっちりこなすような集団主義的な行動をも促す。性質としては相反する個人主義的な行動と集団主義的な行動が，関わりあう職場によって同時にもたらされるというのがこの基本仮説の持つ一見矛盾する1つの要素である。

　一見すると矛盾するもう1つの要素は，役割を超える自発的な行動をマネジメントするという点である。子供を勉強させるために，親としてさまざまな手を打つことは可能であるが，自発的に勉強をするように仕向けることは難しいし，そもそも親が手を打ち，子供がそれに促されたという点でそれは自発的なものとは言えず，コントロールされた行動である。また，役割を超える行動という点でも同様である。役割を超える行動は，職務上やるべきこととして明確に定められた役割ではない行動，あるいは仕事上必要だが，事前にその内容を組織が明確に捕捉できていない行動である。このような役割外行動は，管理する側が予測できていない仕事，必要だが想定していない行動であり，本来管理者がコントロールする範囲の行動ではない。このような行動を実行するようにコントロールするというのも矛盾する話である。それは目的地もはっきりしないにもかかわらず，ナビゲーションさせようとするようなものである。役割外の行動の中に具体的にコントロールすべき行動があるのであれば，それを新たに役割に含めればいいし，その行動が想定できないのであればそもそもコントロールは難しいはずである。これが基本仮説の持つ一見矛盾するもう1つの要素である。

では，そもそも職場での支援行動や勤勉な仕事ぶり，あるいは仕事において創意工夫する行動はビジネスの場面において議論すべきものなのだろうか。まず，創意工夫する行動が経営組織において重要であるということに異論のある人は少ないであろう。異論があるとすれば，医師や鉄道の運転士など何より正確にいつも通り行うことが求められる仕事においてだけであろう。医師が手術において創意工夫を積極的にこらされたら患者はたまったものではないし，鉄道の運転士が運転に新しい試みを入れるようなことがあったら乗客は大変である。しかし多くの分野においては，何であれ新しいことを積極的に行うことは組織にとって有用なものを生み出す可能性を広げる。とくに，環境の変化が早い現在のビジネス社会では，柔軟に問題を処理するために現場レベルで自律的に創意工夫していくことは大いに求められる行動である。しかし，支援行動や勤勉な仕事ぶりはなぜ重要なのであろうか。社会においてもちろんそれが大切であることは直感的にわかるだろうが，経営においてそれが大切である点は果たしてどこにあるのだろうか。これについては次の節で触れていこう。

2 │ *経営における支援と勤勉の重要性*

　では，なぜ組織において助けることややるべきことをきっちりすることに着目するのか。その理由の第1は，組織において助けることややるべきことをきっちりすることがやはり組織に利益をもたらすと考えるからである。このような行動が組織において重要であることが指摘されたのは決して最近のことではない。Katz & Kahn (1978) は，組織が生き残るために組織がメンバーに生じさせる必要がある行動として，①組織に所属し，居続けてもらう行動，②役割を果たす行動，③役割を超えた組織行動，の3つの行動を挙げて

いる。①は離職や転職に関わる行動、②は怠業や能率に関わる行動であり、どちらも組織行動論では重要な個人の成果変数として捉えられてきた経緯がある。③で挙げられた役割を超えた組織行動は、革新的／自発的行動（innovative and spantanecus behavior）と呼ばれ、組織によって具体的に要請される行動ではないが、組織の目標達成を促進する行動と考えられている。より具体的には、革新的／自発的行動には、同僚への支援、組織内の秩序の遵守、好意的な組織風土の醸成といった本書が焦点を当てている行動が含まれる。また、それ以外にも組織の改善のための創造的行動やさらなる責任を果たすために学習や自己鍛錬するような自律的な行動も含まれる。組織の中のメンバーは、たとえばある人は機械の状態を把握するのに長けていて、ある人は機械の操作に長けているといったように、それぞれ能力面での個性を持っている。組織が有効性を保ち、変遷する環境の中で生き残っていくためには、仕事において自分の能力を積極的に他者あるいは職場、組織のために活かそうとする行動が必要になると考えるのは自然なことであろう。

　また加護野（2010）は、経営を支える精神として「市民精神」「企業精神」「自利の精神（営利精神）」という3つの精神の重要性を示した。市民精神とは、社会や職場のルールを守り、真剣に仕事に取り組もうとする勤勉さ、克己心ならびに従順さであり、企業精神は、何かを追い求め、さまざまな障害を克服してでも志を成し遂げようとする精神である。そして自利の精神は、抽象的な利益にこだわり、そのために合理的判断を働かせようとする精神、自分自身の利益をもとに考えようとする精神のことである。このうち本書が着目する助けあいややるべきことをきっちりこなすことは市民精神に準じた行動ということができる。加護野によれば、市民精神は勤勉、従順、中庸、節倹、利他、信義、相互援助などの言葉で代表されるように、組織内の秩序やそれへの順応、あるいは勤勉といった点に焦点が当

てられている[1]が，自分の（明示されていることもそうでないことも含んだ）やるべき（だと考える）ことをきっちりこなすこと，また周囲への配慮を持つことなど，加護野の指摘は，助けることややるべきことをきっちりこなすことが経営の場面においても重要な要素となることを示唆している。たとえば加護野は，このようなきっちりやるべきことをこなすこと，ルールを守ることはものづくりの現場で重要なことだと言う。なぜならきっちりと仕事がなされていること，ルールを遵守させることは非常に難しいからである。もし，きっちり仕事がなされていることやルールを遵守させようと人の目で監視しようとすると，莫大なコストがかかってしまう。それゆえに，人の内部から生まれる自制心に頼る必要がある。そのためにも市民精神，あるいはそれに基づくやるべきことをきっちりこなすこと，周囲への配慮を持つことが重要になるのである。

　もう1つの理由は，現代の日本企業において助けあうことや勤勉に仕事をするといった行動が軽視されていることが挙げられる。高度成長期の日本企業においては，組織のメンバーが組織との間に濃密な関係を持ちながら企業活動を行っていた。日本企業の従業員たちは，（とくに職場レベルにおいて）擬似的に村落共同体あるいは家族協同体を作り出し，従業員はその中で秩序を守り，互いに仕事を助けあってきた（間，1963）[2]。もちろん時とともにそのあり方は変容してきたのは事実であるが，近年まで1つの企業で勤め上げるといった規範をはじめとする，いわゆる日本的経営のエートスは維持

1　加護野は，この市民精神に最もぴったりくる言葉として愚直を挙げている。
2　この点について，集団主義的な国民性や文化を前提とする議論がある一方で，日本人の集団主義に対して否定的な意見もある（たとえば，杉本＝マオア，1995；高野，2008）。否定的な意見を取り上げるのであれば，日本企業は国民性や文化のためでなく，むしろマネジメントによって従業員の助けあう行動や秩序を維持するような行動を高めていたということもできそうである。

されてきたということはできるだろう。

　しかしながら，いわゆる「失われた10（20）年」の中で，日本企業における組織と個人の関係はその意識レベルから変容してきた。変容した特徴的な意識は，成果主義的な意識と自律的キャリアの意識である。成果主義的な人事制度に関しては，日本企業における導入は決してうまくいったとはいえない。また，成果主義的人事制度も，給与の一部に関して部分的に採用といった企業が多く，全面的に成果主義に則った人事制度がとられたわけではない。とはいえ，日本人の中には自分の成果によって評価され，目に見える成果を上げなければその組織に居続けることができなくなるかもしれない，といった成果（とくに短期的な成果）に対する強い意識が芽生えたことは間違いないだろう。それは，言い換えれば，集団や組織の成果よりも自分の成果を重視する傾向といってもよい。

　また，組織と個人の関係の変化は，自律的なキャリアへの指向を促した（鈴木，2007）。自分でキャリアをマネジメントしようとする自律的なキャリアへの指向は，自分らしさへの指向と言ってもよいだろう。このような指向自体は決して批判されるものではなく，近年むしろ啓蒙されてきた。それは企業もその自律的キャリアへの指向を推進してきたことからもわかる。ただ，自律的なキャリアへの指向は，組織のために貢献することや自分のキャリアを阻害する（ように思える）組織の要請よりも，自分のキャリアのほうが優先されるという個人主義的な規範に向かいやすく，組織や職場における助けあいや仲間の迷惑にならないように働くといった秩序を維持する行動が軽視されてしまう（高橋ほか，2008）。この帰結として，日本企業において助けあいや秩序を維持する行動あるいは勤勉に働くことが失われている可能性がある。加護野（2010）では，先に挙げた3つの精神においてゆがみが生じていることを指摘したうえで，そのゆがみの1つの側面として市民精神（および企業精神）の衰微，

すなわち日本企業において勤勉さや愚直さが弱くなっていることを指摘している。その背景として，市民精神への軽視あるいはその反面としての営利精神の偏重を挙げている。このような日本企業の組織と個人の関係を巡る近年の意識や規範の変化とそれによる市民精神（助けることややるべきことをきっちりすること）の軽視，ゆがみも，改めて組織におけるこのような行動を考えることが重要であると考える理由の1つである。

　加護野が述べるように，市民精神は日本企業，とくに日本の製造業を成長させてきた重要な精神である。しかし，以前の日本企業が行ったようなマネジメントをすれば，再び組織において市民精神が高まるとは限らない。また市民精神あるいは助けあいや秩序を維持する行動は高まるかもしれないが，それを重視するがゆえに弊害が生まれることも十分に考えられる。その点においてもわれわれは単純に過去に行われたマネジメントを懐古するのではなく，助けることややるべきことをきっちりこなす行動をもたらすようなマネジメントをいま一度考える必要があるだろう。

3　本書の構成

　本書は3部で構成されている。第Ⅰ部では，なぜ関わりあう職場に着目するのかという問題意識のもと，フィールドデータと理論の2つのアプローチによって支援行動，秩序を守って勤勉に働く行動，創意工夫する行動をもたらすマネジメントとして関わりあう職場の重要性が指摘される。まず第1章では，これらの行動が職場で積極的に示されるタマノイ酢のケースを通じて，行動をマネジメントするうえでの関わりあう職場の重要性について検討する。第1章で詳細に述べるように，タマノイ酢では会社全体で助けあったり，やるべきことをきっちりしたり，自律的に行動することが徹底されてい

る。タマノイ酢での取り組みや特徴的なマネジメントを検討することを通して、これらの従業員の行動のロジックと要因を帰納的に検討していく。

第2章では、同じような問題意識から公共哲学、とくにコミュニタリアニズムの考え方に基づき、組織と個人の関係の再検討を行ったうえで、3つの行動をもたらすマネジメントとして、関わりあう職場のマネジメントの重要性について検討する。コミュニタリアニズムの公共哲学では、個人主義的な自律的行動を尊重しながらも、支援することや秩序を守ることといった公共善をも同時に尊重する社会を目指している。そして国家と個人の間にあるコミュニティをその要諦として捉えている。第2章ではこのコミュニタリアニズムの考えを敷衍しながら、関わりあう職場によるマネジメントの可能性について検討する。

第Ⅱ部では、第Ⅰ部で提示された基本仮説を経営管理論ならびに組織行動論の議論の上に位置づけることを試みる。そして、第Ⅲ部の実証研究につなげるための概念的準備を行う。第Ⅰ部では、インタビュー調査と公共哲学の考え方から基本仮説を導いたが、その基本仮説はいわば観念的／思弁的な面が強い。つまり、基本仮説を導出し、その背後のロジックを明らかにしたが、経営学あるいは経営管理論という文脈においては、「そうかもしれない」という依然として萌芽的なアイデアの段階にとどまっているのである。

第3章では、経営管理論、とくにコミットメントを基盤とした経営管理論を概観しながら、本書の第Ⅰ部で示された関わりあう職場のマネジメントを経営管理論の中で位置づけながら、その差異と特徴を検討していく。類似した観点から示される既存の経営管理の研究との比較を通じて、読者は本書の基本仮説とそれを踏まえた関わりあう職場によるマネジメントの特徴を理解することができるだろう。

第4章では，組織行動論の観点から基本仮説を検討する。組織行動論は主に方法論的個人主義の立場からそれぞれの行動のメカニズムを検討してきた。そのスタンスは本書のスタンスとは異なる部分もあるが，行動のメカニズムを最も精緻に検討し，実証的にアプローチしてきたのも組織行動論の研究群である。われわれは科学的に実証するために，観念的な言葉を社会科学で用いられる概念に変換する必要がある。いわば現象を分析するための道具を準備する必要がある。その理論的基盤となるのが組織行動論の諸概念なのである。組織行動論の観点から，基本仮説のロジックを検討すると同時に，関わりあう職場を構成する概念や3つの行動に関わる概念を検討し，第Ⅲ部の実証研究の準備を行う。

第Ⅲ部では，第Ⅰ部，第Ⅱ部で検討されてきた関わりあう職場によるマネジメントの基本仮説を実証研究で明らかにする。まず第5章では，第6章，第7章の調査の概要と調査で用いられる概念尺度や分析方法を説明する。とくに，職場要因の個人の行動への影響を実証するために，本書ではクロスレベル分析という手法を用いる。それゆえ，第5章では簡単にクロスレベル分析についても説明を行う。

第6章では，基本仮説のうち，職場における関わりあいの強さが，支援行動と勤勉行動への影響について実証研究の結果が示され，第7章では創意工夫行動への影響について実証研究の結果が示される。この2つの章は，基本仮説を実証研究によって裏づけていくという目的だけでなく，実証研究を通じて基本仮説を精緻化するという目的を持っている。2つの章では，関連すると考えられるいくつかの概念を補完的に分析することによって，基本仮説の持つバリエーションを探索的に検討していく。

終章は，むすびとしてここまで述べてきたことをまとめたうえで，関わりあう職場のマネジメントの含意と可能性について論じる。

4 想定する読者層

　本書で示される主張や発見事実は，経営組織論，経営管理論，組織行動論の分野における研究をもとにしたものである。そのため，本書の主たる読者層は，まずは上記の分野を研究する研究者であろう。なかでも，組織市民行動（organizational citizenship behavior）や進取的行動（proactive behavior）といった個人の自発的行動に関心を持つ研究者，あるいは職場のマネジメントに関心を持つ研究者に手にとってもらいたい。また，経営管理のあり方や組織と個人の関係についても書かれている。よって，人的資源管理論やマクロの組織論の研究者のうち，人事施策や組織構造が個人の行動にどのような影響を与えるのか，ということに関心のある研究者，あるいは日本的経営管理に関心のある研究者にも本書を開いてほしいと考えている。さらにはイノベーションや創造性などに関心のある研究者も，それをいかにマネジメントするかという点でも本書が何かしらの示唆を与えることができればと考えている。

　とはいえ，本書は必ずしも研究者だけを読者層に考えているわけではない。経営学という学問分野の性質上，本書の基本仮説は実務においても意義のあるものだと考えている。その点では，会社と従業員の関係について考える経営トップ層や人事担当者にも一読してもらいたいし，実際に職場でマネジメントを行うマネジャーにも読んでももらいたいと考えている。経営学のような実学の研究者にとって，多くの研究者に本を手に取ってもらうことと同じくらいに，多くの実務家に本を手に取ってもらうことは光栄なことである。本書がささやかながらもこの分野における発展を一歩でも進め，実務の実践においても小さくてもなんらかのよき歩みを促すものであることを願うばかりである。

第Ⅰ部

関わりあう職場への注目

第**1**章

職場で関わりあい，とことんやる
タマノイ酢のケース

● はじめに

　支援，勤勉，そして創意工夫の3つの行動をいかにマネジメントするのかというのが本書の研究課題である。本書をスタートするにあたって，まず第1章では，タマノイ酢のケース分析を通して研究課題の分析視角を探っていく。より端的に言えば，この第1章と第2章では，序章で述べた本書の基本仮説を導き出すことが目的である。第1章ではタマノイ酢のケース分析を通じて，第2章では公共哲学の議論を通じて，基本仮説を導出する。

　後に述べるように，タマノイ酢ではお互い助けあうことや支えあう，教えあうということが規範として共有され，行動に移されている。一方で，とことんやるというフレーズのもと，個々人が自分にできることを全力で行動するという規範もある。この章では，なぜ組織のメンバーがこのように行動するのかという点からタマノイ酢のケースを分析し，本書の研究課題に対する示唆を得ようと考えている。

　しかしながら，支援，勤勉，創意工夫の行動とタマノイ酢で実践されている，教えあう，支えあう，とことんやるという行動は必ずしも一致するものではない。その点では，タマノイ酢のケースを分析することで本書の研究課題に根本的な解答を得られるわけではないだろう。しかし教えあうことも，とことんやることも，従業員が自発的にこのような役割を超えて行動を起こしていることは事実で

ある。この点では本書の研究課題に多くの示唆を与えてくれるだろうと考えている。

　この章と続く第2章では，まずこの研究課題を明らかにするための分析視角を探っていく。つまり，本書の研究課題を明らかにするためにどこに着目すべきか，という点をこの章と第2章で探っていくことになる。

1 助けあい，とことんやる

　ラグビーをプレーしたことがない人でも，少しでもラグビーに興味がある人ならば「One for All, All for One」という言葉は聞いたことがあるのではないだろうか。日本語に訳せば「1人はみんなのために，みんなは1人のために」ということになる。ラグビーでは各ポジションの役割が明確に定まっている。ボールを敵陣のゴールラインの向こう側へ運ぶために，15人のメンバーがそれぞれの役割で貢献をする。それぞれの役割を全力でまっとうしながらも，他のメンバーのために献身することがチームの得点，そして勝利につながる。そのラグビーが尊ぶ精神を謳う言葉である。本章で取り上げるタマノイ酢株式会社（以下，タマノイ酢）はこのラグビーの精神を地でいっている会社というのが調査を行った筆者の印象である。

◆ タマノイ酢という会社

　本題に入る前に，まずはタマノイ酢について触れておくことにしよう。タマノイ酢は大阪府堺市に本社を置く，主に酢の醸造と販売を行っているいわゆる老舗食品メーカーである。本社工場と研究所を奈良県に持ち，日本の主要都市に支店および営業所を持っている[1]。主な製品品目は醸造酢，粉末酢，各種調味料，そして近年ヒット商品となった「はちみつ黒酢ダイエット」をはじめとする飲料を

手がけている。タマノイ酢のはじまりは，1907年の6月に大阪にある酢を醸造する5つの蔵が集まり，大阪造酢合名会社を創立したところまでさかのぼる。1963年にタマノ井酢株式会社へと商号を変更し，1994年に同じくタマノイ酢株式会社へと商号を変更している。2011年現在資本金は2億円，従業員は300人（男性150人，女性150人），年間売上高は110億円（2012年9月）である[2]。

タマノイ酢は，1963年に酢の粉末化に世界ではじめて成功し，「すしのこ」を発売，その後1984年には食用酢としてははじめての「生の酢」の製品化に成功し，発売している。1989年には食用酢専用のペットボトル開発など，酢という伝統的な産業にもかかわらず，新しい製品の開発にも積極的な企業である。そして近年では，「はちみつ黒酢ダイエット」がヒット商品になり，調味料としての酢以外の製品においても積極的な製品開発を行っている企業である。

◆ 助けあいと支えあい

さて冒頭で，タマノイ酢では相互の助けあいや支えあいが頻繁に起こっていると述べた。また，他者を助けることや支えることを大切にするという規範がタマノイ酢にはある。たとえば，職場の中で仕事の締め切りに間に合わせることが難しそうな人がいれば，周囲の人はその人の仕事を言われるまでもなく手伝う。また，自分の抱えている仕事について質問や相談があれば，職場の誰もが自分の仕事を止めて相談に乗る。たとえば，ある1年目の女性は仕事で困っているときに，表情から察して周囲の人が声をかけてくれ，自分の仕事であるのにみんなでやっているようであると言う。

---

1 東京と大阪に支店があり，札幌，仙台，名古屋，広島，福岡に営業所を持つ（2012年9月現在）。
2 タマノイ酢HP（2012年9月）より。

取引先から電話がきてしまっていて。それで,早くやらなきゃなって思っているときに,すごい,まわりが「Hちゃん大丈夫？」みたいな感じで。「どこに電話かけるの」っていう感じで,結局,全員でやっているみたいな感じで。(1年目女性：年数はインタビュー当時の年次である。以下同様)

　タマノイ酢の若い社員には,仕事の役割が比較的明確に指示されるが,そのために職場の中で役割と役割の間に落ちてしまうような仕事を誰もが積極的に行うし,自分の仕事が終われば職場の他の人の仕事は関係ないという考えは,タマノイ酢の職場にはほとんど見受けられない。とくに新入社員などその職場に来たばかりで仕事もよくわからない人に対しては職場全体でその人をサポートする。次のインタビューは研究開発部門に配属された新入社員のインタビューである。彼は,先輩たちが自分を心配して話しかけてきたことに驚くとともに,その理由を次のように説明してくれた。

　最初,入ってきたときは,「大丈夫？」っていう声のかけあいがあることに,すごい,「なんでこの人ら,こんなに言ってくるんやろ」って思ったことも,まだ数ヵ月しかいないんですけど,ありましたね。普通にやってるのに,「大丈夫？」って聞かれて,「はい」としか,答えられなかったこともあったりしたんですけど(笑)。その声のかけあいが,今は,人から自分がどれだけ順調か順調でないのかというのを,わかるために,必要なんだなって,すごい最近は感じますね。今は,声をかけてもらったら,大丈夫なら,「あぁ,大丈夫です」とか。つまずいていることがあれば,「ここがつまずいてます」みたいな感じで,言えるような気がします。最初はすっごい不思議でした(笑)。なんであの人ら,こんなに聞いてくるんやろって(笑)。(1年目女性)

　このインタビューからもわかるように,話しかけることによってその人の仕事ぶりを把握することができるし,仕事が順調に進んでいるかどうかを知ることができる。タマノイ酢では,困ったときに

助けることや支えること以前に，話しかけるようなことを通して，お互いの仕事の様子を把握し，それゆえに助けが必要なときに助けることができるのである。

またこれらのインタビューからもわかるように，タマノイ酢では助けるのは決して特定の先輩や上司だけというわけではない。極端に言えば，タマノイ酢の職場ではすべての人が職場で起こっている問題を自分の問題として考え，その仕事の担当者を助けている。とくに，新入社員に代表されるような若手社員やその職場に来て間もない人に対しては，職場のみんなで助け，支えるという意識が強い。

◆ とことんやる，成長への意欲

しかし，結果として助けてもらったり教えてもらったりすることはあっても，「若いから…」「この職場に来たばかりでよくわからないから…」といった甘えや言い訳はタマノイ酢の社員にはほとんどない。たとえ与えられた役割を遂行するための能力や知識が足りていなくても，ベテランや前任者がやるレベルを要求され，それに到達するために周囲が助け，支えるという考え方である。多少時間がかかったり，一時的に仕事の出来が悪かったりしたとしても，その仕事の担当者が一定のレベルの仕事をするまではとことんつきあう。そのため，助けてもらう側がとことん仕事をしていない場合には，周囲から厳しい指摘を受ける。また結果そのものよりも，そのプロセスでどれだけ妥協せず努力をしたのかということが重視される。次のインタビューは，新製品の交渉を任された1年目の社員の経験である。

> 私は新製品のパッケージデザインとか，できるまでの交渉とか材料を納めてもらうために交渉をさせてもらってたんですけれども，ものすごい短い期間で作ってもらうっていうことで，こっちは絶対それを

貫かないとだめだっていうことだったんです。交渉相手のベテランの営業の方とかは，やんわりとうまいこと無理ですと言われるんですね。で，私が新人だからもちろん無理ですと言われるんですけど，「ああ，無理なんや」とか思って，その"無理"っていう言葉を持って帰ってきたら，「持って帰ってきたらだめ」って言われて，「自分の言いたいこと全部言いなさい」って言われて，またもう1回行って。最初のほうはすごい煙たがられるんですけれども，2カ月でも最後のほうになると，こっちの話も，一生懸命話をしていると聞いてくれるし。先輩や上司は，何も期待していないからっていうふうに，「新人にそんなできるなんて期待していないから，精一杯やれ！」って言われて。(1年目男性)

このインタビューからもわかるように，タマノイ酢では決して結果や成果そのものだけを評価するわけではない。80しか力がない人は80出してもらえればいいし，100の力がある人は90では足りない。自分の持っているものを100％出してもらうことを周囲も要求し，それができていない場合には周囲も厳しく当たる。自分の能力では難しい仕事でも，だからできないというわけにはいかない。能力がないなりに，その能力を最大限，あるいは少しでも持っている能力以上に発揮して仕事に当たることが求められる。次のインタビューは1年目の男性の経験である。

怒られる…。社風でもあるんですけど，やれなかった，失敗したっていうことよりも，その過程で，こういうふうに考えてみた？ とか，本当に真剣にやったの？ っていうところをすごく言われるので。失敗したっていうことよりも，なんて言うんでしょう…。いま，一生懸命やっているのかというところのほうが気になりますね。自分では。(1年目男性)

ゆえにタマノイ酢では，仕事において自分の意見を言うことが常に求められる。つまり，教えられるまま，助けてもらうままの姿勢

で仕事をしているだけでも，やはり周囲は厳しく接するのである。会議でも仕事上の相談でも，自分の仕事に関しては自分の考えや意見を述べることが求められる。また限られた能力の中で，自分なりに仕事に工夫をすることが求められる。つまり，助けてもらう側は，助けてもらう，教えてもらうからこそ全力を尽くし，一歩でも前に仕事を進めることを余儀なくされるのである。それゆえに，全力を尽くさないことに関して，周囲はきわめて厳しい態度で接するのである。

　結果として，タマノイ酢の職場では助けてもらう側は常に自分の能力の不足を理解することになる。助けてもらう必要があるということは，他者から見れば自分が仕事をするのに十分な能力を持っていないことでもあるからである。しかしタマノイ酢では，それは甘えやあきらめにはつながらず，むしろ自分が早く必要な能力を身につけ，助けられる側から助ける側へと変わっていこうという意欲へとつながっている。それは自分が助けてもらう立場であることが，職場全体にも迷惑をかけていると感じるからである。次のインタビューは2年目男性社員の研究開発部門における経験談である。

> 毎月，感応検査っていうのをやって，味覚をチェックするんですけれども。それをするために，準備が当然あって。いろいろなお酢を調合したりだとか，そういう調合がいろいろあるんですけれども。その配合を1回ミスってしまったことがあって。当然，みんなのスケジュールが押すんですけれども。その中で，みんな昼の時間を削って，助けてくれたっていうのが，すごい助かりました。助かった反面，非常に悪いなっていうところがあって。そこで，自分が怒られるだけだと，そこですかっと終わるかもしれないんですけど，1回人に悪いなって思った気持ちっていうのは，2度とミスしないようにしようっていう心に変わり。そういう意味では，逃げられないと思いますね。（2年目男性）

当たり前であるが，助ける側にも仕事がある。仕事がうまくいっていない人を助けるということは，自分の仕事を止めて手伝うことになる。もちろん，助けられる側はそれを理解しているから，自分の仕事が助かるという気持ち以上に申し訳ないという気持ちになるし，甘えてばかりではいけないと感じ，自分が仕事をきっちりこなせるようになるように努力をするようになる。一方，助ける側にとって，そのような状況は自分も経験してきたという人がほとんどである。自分も助けられて仕事を達成できたことがあることから，助けることが自然に重要だと考えることができるのである。

　後の節でも詳しく述べるが，タマノイ酢では新人や若手社員に能力以上の役割をあえて与えている。その結果として，新入社員や若手社員が能力が足りず，先輩や上司から助けてもらう必要が生じることになる。助けられること，そのために全力を尽くすことは確かに新入社員にとって厳しい環境ではあるが，大きな仕事に取り組めるやりがいを新入社員や若手社員は感じている。また仕事がうまく進まなくても，助けてもらう存在，支えてもらう存在を意識することで仕事において安心を感じることができると言う。タマノイ酢では，厳しさゆえの優しさややりがいを新入社員や若手社員は感じている[3]。

　ここまで見てきたように，タマノイ酢の職場では，助けあいや支えあい，そしてとことんやるといった行動が自然に起こっている。本書の問題意識から言えば，助ける行動ややるべきことをきっちりやる（やろうとする）といった行動，あるいは自律的に仕事を工夫しようという行動が職場の中で起こっていると言える。そして助け

3　たとえば，ある新入社員は次のように述べている。
　　うちの会社は新人を最前線に立たせるんですよ。ホントにそうなんですよ。そのときにぽーんって投げ出されるんじゃなくて，後ろには絶対先輩がついてサポートしてくれますよっていうのがあって，それは仕事をしててすごく感じてます。

られるから，できる限り自分でできることはちゃんとやろうという意識が生まれるし，自分なりにいろいろな工夫をしようとする。また自分が助けられた経験から，自分も機会があるときには周囲を助けようと心がける。また，そもそも助ける／助けられることを通じて，他者の仕事の情報を知ることによって助ける機会を理解することができる。お互いを知ることがお互いを助けることにつながり，助けることがさらなる助けることやとことんやること，創意工夫することや自分の成長を促すことにつながるのである。つまりタマノイ酢のケースを見る限り，助ける行動やきっちりやるべきことをやる行動，創意工夫する行動はそれぞれの行動がそれぞれの行動につながっていると考えられるのである。この行動の関係については，次の第2章において「秩序を守る」ということと「自律的に振る舞う」ということの関係において再び触れることにして，ここでは，なぜタマノイ酢でこのようなことが起こっているのか，ということについてケースを見ていくことにしよう。

2 なぜ助けあい，とことんやるのか

ではなぜ，タマノイ酢ではこのような助けあいやとことんやる規範と行動が根づいているのであろうか。そこには2つのマネジメント上の特徴がある。1つは特徴的な導入時研修，もう1つはジョブ・ローテーションである。端的に言えば，前者が行動の規範を伝え，後者は行動を引き出していると考えることができる。まずはタマノイ酢の導入時研修から見ていくことにしよう。

◆ 導入時研修の衝撃

タマノイ酢の新入社員や若手社員にインタビューすると彼らのほとんどが導入時研修のインパクトの強さを語る。ある程度年数の

いった社員であっても，導入時研修の記憶は強く残っていることが多い。少なくとも導入時研修のことはすでに忘れたという人はいない。そのタマノイ酢の導入時研修は，入社を控えた3月に新入社員を対象にした3泊4日の合宿形式で行われている。参加するのは，4月入社予定の新入社員，トレーナーと呼ばれる先輩社員[4]，そして社長である。

タマノイ酢の導入時研修のプログラムは，25年間ほぼ内容が変わらない同一のオリジナルのプログラムで実行されている。年によって異なるが，20～30人の新入社員は各々がグループに分けられ，各グループには先輩社員であるトレーナーがつく。研修内容は，会社の中の組織体系や人事の仕組み，商品の知識，社会人としてのビジネス・マナーなどの講義に加え，腹筋や背筋，マラソンといった肉体的なトレーニング，声だしと呼ばれるプログラムが行われる。研修の課題はグループ単位で行われることが多く，課せられた課題をグループの全員がクリアするまでプログラムが終わらないといった進め方で行われるものもある。たとえば，ほとんどの新入社員が最も苦しかったプログラムだと答える「声だし」では，新入社員はグループごと「仕事の基本行動8箇条」と呼ばれるものをトレーナーの前で大きな声で暗唱するが，グループ全員がトレーナーから合格をもらわない限り，そのグループの「声だし」のプログラムは時間制限なく続く。1人でも合格ができないグループは，グループ全員がその1人が合格するまで待つことになる[5]。

この「声だし」が苦しい理由は，合格する声量の基準が客観的なものではなく，トレーナーの判断によるものであるということである。まだまだ大きな声が出るとトレーナーが判断する限り声だしは続く。トレーナーは新入社員の精一杯の声，彼らが限界だと思って

---

4 トレーナーは事前に社長から任命され，社長からトレーナーとしての研修を受ける。

いる以上の声を出していると判断するまでは合格の合図は出さない。合格をもらえず，グループの中で最後まで残ってしまった新入社員は，自分のためにグループ全員がプログラムを終了できない責任とそのためにも自分ががんばらねばならないという感覚を持つ。同様に，マラソンのプログラムでは，ゴールし終えても，全員がゴールし終えるまでずっと応援を続ける。このような導入時研修のプログラムを通じて，新入社員は仲間とともに助けあうことや支えあうことの重要性とそのことによって感じるとことんやること，そして自分の成長の重要性を感じることになる。

◆ **支える立場になる**

この導入時研修を支える立場になるトレーナーたちも，新入社員と同様に導入時研修に大きなエネルギーをつぎ込む。彼らは決してただダメだしをするわけではなく，意図を持って厳しく接している。声だしにおいても，新入社員に見本を見せるためにトレーナー自身も大きな声を出さねばならない。そのための事前の練習もしており，彼らも研修の間に声がガラガラになってしまう。これは気を抜いて接すれば，新入社員も厳しさが表面的なものであることを感じてしまい，真剣にプログラムに向き合わなくなってしまうからである。

このような真剣なトレーナーの姿は，だんだんと研修期間中に新入社員にも伝わる。自分たちが就寝した後もトレーナーたちだけでミーティングをし，自分たちの起床よりも早く起きてその日の準備

---

5 声だしは多くの新入社員の印象に残る大変なプログラムであるが，プログラムに終わる時間が書かれていない。

声だしっていうのは，最初にもらった予定表にはないんですね。予定の最後のプログラムの後に声だしの時間が設けられてるっていうのは私たちはわからなくって。就寝時間もホントは9時半だったんですけど，実は声だしが夜中の12時まであって。そういう未知な世界だったので，私は声だしが1番つらかったです。(1年目女性)

をする姿を見て，自分たちの研修のために自分たち以上に大変な思いをするトレーナーに感謝の気持ちや自分たちもがんばらねばならないという思いが新入社員には芽生えるという。また，導入時研修のプログラムの1つに，同期の新入社員全員の名前をすべて覚えるというプログラムがある。声だしのプログラムと同様に，このプログラムでも覚えられない人は覚えるまで残らねばならなかった。以下のインタビューの女性社員も，名前を覚えられず残っていた。

> 私は人の名前とか覚えるのが苦手なんですね。それで，同期の中で，1番最後まで残って，名前が覚えられないっていうので，すごく苦しんで。私が夜遅くまで人の名前を覚えてたんですよ。他の人はみんな次の作業に行っていて，明らかに私が1番最後で，私1人が残されてるんだろうなと思ったのに，トレーナーの人が後ろにズラーっと並んで。それはプレッシャーなんですけど（笑），なんか，ずーっと無言でいて，飲み物をトンって，持ってきてくれたときに，なんか，1番最後の人にまで付き添っているんだろなーって思って。その労力も大変だろうし，いつ終わるのか私もわかんないし，向こうの人もわかんないし。とりあえずがんばれみたいな感じで，応援してくれているのが，すごく嬉しくて。（1年目女性）

新入社員は声だしなどで厳しいことを言うトレーナーを最初は好意的には見ていないが，研修期間中，常に自分たちの周りで見守るトレーナーに気づくことで，自分たちが放っておかれているわけではない安心感を覚える。もちろん，このように常に自分の行動を見ていることや，プログラムがクリアできないことを見られていることによるプレッシャーを感じることも事実である。しかしインタビューにもあるように，そのプレッシャーをかけつつも飲み物を持ってきたり声をかけたりすることで，単に厳しく接しているだけではないことを新入社員に感じさせる。このようなトレーナーたちの指導，ちょっとした気遣いや見えない努力によって，声だしをは

じめとするプログラムも新入社員は乗り越えることができ，(プログラムを実行しているのは自分たちだけども)自分たちだけでできているわけではないことを感じることになる。最初のうちは気づかないが，徐々にトレーナーが自分たちのために努力をしていることに気づく。

> ふと気づいたときに，トレーナーの人っていうのは，私たちが集合時間に行ったときに，もうすでにここに集まってて。次の場所に移ったときにも，もうすでにここにいてっていうような形で。ホントにトレーナーの人たちっていうのは，もっとがんばってるんだなっていうことを強く感じて，ここまで私たちのためにやってくれる人っているんだろうかみたいなことを考えたら，やっぱりもっとがんばらなきゃなっていうのは思いました。(1年目女性)

このような周囲の自分たちへの気遣いによってモティベーションが高まっていくように，同じ新入社員の仲間に助けられることによるだけでなく，トレーナーから指導を受けたり，励まされたりすることによって自分たちががんばらねばならないと感じるようになる。次のインタビューは，研修がスタートしたときからのトレーナーに対する思いが変わっていったことを語ったエピソードである。

> なんで私がここまでがんばってるのに，トレーナーは認めてくれないんだろうとか。みんなもそう思ってたと思うんですけど。ちょうど，今の私たちと同じトレーナーの先輩が，ホントはすごく私もつらくてやめようと思ってましたっていうことを，私とまったく同じ想いをお話してくださって。私だけじゃないんだって，はじめてそこで気づいたというか。なんか，みんなおんなじことを思って，やってる人が3泊4日乗り切れてるわけだし。なんか私だけがつらいって思っちゃいけないんだなっていうふうに感じました。(1年目女性)

導入時研修を通じて新入社員が感じることの1つは，このような自分1人でやっている，自分1人がつらいと思わず，みんなの支えがあってはじめて自分がプログラムを乗り切れるということである。そしてもう1つは，自分にはまだ成長の余地があるということである。たとえば声だしのプログラムにおいて，自分がもうこれ以上出せないと思った声よりも大きな声がプログラムの最後には出る。タマノイ酢の新入社員の多くは，何かを実行するためには周囲の助けや仲間の存在が重要であること，そして自分自身ができないと思ったことが，努力次第ではできるようになるということ，この2つを感じて，導入時研修を終える。

◆ 導入時研修と職場の密接なつながり

　新入社員に限らず，タマノイ酢で働くほとんどの人が導入時研修の強い印象とそこで感じる仲間の重要性と自分の限界を乗り越えるということの重要性を感じたことを述べる。しかし，それだけでお互い助けあうことやとことんやることが身につくわけではない。むしろ重要なことは，導入時研修で感じたことを職場でも同様に感じるということである。導入時研修を通じて，新入社員はお互い助けあわなければ目標は達成できないということを感じる（お互い助けあうことの重要性）。そして同時にみんなで目標を達成するためには個々人が精一杯の力（あるいは精一杯以上の力）を出さねばならないことを感じる（とことんやることの重要性）。

　新入社員の1人は，導入時研修と実際の職場における仕事との関係について次のように述べる。

> 　いろんな仕事をやってるんですけど。それはすべてチームを作って，並行してやってくんですよ。1人でやってればいいって仕事をあんまりしてなくって。そういうところが研修と同じだと思うんです。腹筋

とか背筋で，みんなが終わるまで，自分が終わっても応援してるんですよ。走ったりするのも，最後の1人がゴールするまでみんな応援するんですよ。みんなでなんかやるっていうのが今の仕事に活かされてるなっていうのはあります。みんなでっていっても，その中でちゃんと1人ひとりの課題があるんですよ。だから，研修のときはみんなに頼っていた部分があるんですけど，仕事になると，みんなやることをやらないといけないし，それでみんなで1つのことをやってるっていうのがあるんで。(1年目女性)

 このように，実際の職場の中においても一緒にがんばっている仲間がいる心強さや仲間の重要性を感じながらも，自分ががんばらなければ仲間に迷惑をかけるのだという仲間への責任を強く感じることになる。導入時研修で色濃く感じたこのような感覚それ自体は，だんだんと薄れていってしまう。しかし，タマノイ酢ではその代わりに日々このような感覚を職場において感じることになる。むしろ感じたことを行動に移すことが求められる。
 すでに管理職になっているベテランの社員は導入時研修と日々の仕事との関係について次のように述べる。彼はこの導入時研修が始まって2期目に入社した社員である。

 営業では全国の大手量販店の担当が1年目とか。おそらく，他社さんではないですね。ベテランの人が大体，イオンさんとかダイエーさんの担当をなさってるんですけど，1年目が担当する場合が多いんですよ。で，たとえば，イオンを担当させたらですね，もっとできる人はベテランにいるんですけど，いますよね。当然ですよね。ただ，新人にやってもらうんですよ。大切なのは，100％出し切ってもらえれば，それでいいんですよ。ですから，ある種，導入時研修と一緒で，それぞれの人が持っている力，80の人は80出してもらうと。だから，腹筋10回しかできない子もいるんですよね。なら10回，11回やってもらったらそれでいいんですよ。そのためには，何が必要かって

いったら、トレーナーが必死、トレーナーがそれ以上にエネルギーを入れないといけないんですよね。ということは、自動的に仕事でも先輩やリーダーが新人以上に一生懸命じゃないと新人が活きないんですよね。やっぱり、そういう意味では、僕はオーバーラップしているとは思いますけどね。なかなかできないことですけど（笑）。まぁ、でもそういうことじゃないかなと。（入社20年目男性）

　ここまで述べてきたように、タマノイ酢の職場では1人ひとりに責任ある仕事が任せられながらも、その達成のためには自分1人でやろうとするのではなく、周囲に助けを求め、相談することを求められる。そして一緒に仕事をすることで、自分の仕事の遅れやミスが職場の他の人の仕事に影響を与えることを感じるのである。導入時研修における価値観の伝承とともに、職場において導入時研修で得た価値観や考え方がそのまま体現されていることが、タマノイ酢の職場で助ける行動やとことんやる行動として実践されている背景にある。では具体的に、なぜ職場でタマノイ酢の社員はこのような価値観や考え方を実践することになるのか。それは、もう1つのタマノイ酢の特徴であるジョブ・ローテーションとそれによる関わりあいの強い職場にある。次の節ではこの点について触れていくことにしよう。

3 　関わりあう職場と組織

　導入時研修で得られる価値観や考え方は、確かに新入社員に強いインパクトを与えるが、あくまでそれは価値観や意識のレベルの話である。実際に職場においてそれが行動として示されるためには単純に規範や価値観を伝えるだけでは難しい。タマノイ酢のケースにおいては、組織や職場における人と人との関わりあいを強くすることによって、助けあいやとことんやる行動がもたらされている。タ

マノイ酢へ取材に行くと最初に感じるのは，和気あいあいとした職場の雰囲気とうるさいくらいの社員同士のやりとりである。職場では常にどこかでやりとりがあり，静かにみんなが自分の作業を進めている時間帯が少ない。この相互のやりとり，関わりあいの強さが助けあいや支えあい，とことんやることに結びつき，助けあいや支えあいがさらなる関わりあいの強さを生む。さらにはそれが職場を超え，組織全体に広がっている。以下ではジョブ・ローテーションと，それによる関わりあいの強さに着目しながら，関わりあいの強さが職場において助けあいととことんやることをもたらす構造について検討することにしよう。

◆ 関わりあいの強い職場とジョブ・ローテーション

タマノイ酢の職場では，チームで仕事が進められることが多い。もちろんそれぞれの仕事には責任者，担当者が割り当てられるが，ほとんどの仕事においてチームワークが求められ，1人で仕事をしてしまうのではなく，職場のメンバーに相談しながら一緒に仕事を行っていくことが尊重されている。また一緒に仕事をする場合でも，途中で各個人に任せるといったことはなく，最後まで一緒に仕事をするという考え方が職場には浸透している。次のインタビューは入社1年目の女性が語るタマノイ酢の組織文化である。

> 「一緒にこれをやろうや」とか。上の人がこれやっといてって言って，自分はもう関係ないよみたいな，官僚みたいなのは，決してない。最後まで，やろうと言ったら，一緒にやろうと。できるとこまでとことんやろうと言われて。辛いときもありますが（笑）。それでも，明言して，「一緒にやろう」と言ってくれる人がいるというのは，やっぱり，そこに熱い気持ちがあるからだし。自分にもそれがあるからだと思うし。そういう人が多いし，集まってるんじゃないかと。私にとっては，タマノイ酢っていうのは，熱い会社だなと（笑）。そういう印象です。

（入社 1 年目女性）

　このようにタマノイ酢では，一緒に仕事をしていくという考え方が浸透している。ただし，決してそれは責任の分散というわけではない。あくまで個々人に仕事は割り当てられ，個々人がやるべき仕事は明確に定まっている。しかし，それをその人だけがやる仕事と捉えずに，やれる場合には一緒にやっていこうという価値観がある。そして，一緒に仕事を進めていくことは，積極的にコミュニケーションをとることや助けあうこととあわせて，職場内でのメンバーの関わりあいをさらに強くすることにつながる。

　またタマノイ酢の職場では朝礼や終礼，あるいは進捗の連絡などの情報共有が徹底して行われている。このような取り組みを通じて，マネジャーをはじめとして職場のメンバーは常に職場で何が起こっていて，職場内の他のメンバーが今どのような仕事をしているのかを理解している。このこともやはり，助けあいや支えあいの行動を促す。なぜならお互いの仕事の進捗や内容を知っているからこそ，適切な内容とタイミングでアドバイスや助けができるようになるからである。このような周りを見ること，周りの状況を把握することもタマノイ酢では強調される。

　　お互いにどういう状況か常に把握しあえみたいなところが，原則的にあって。さっき，リーダーが言ったみたいに，たとえば，机を 1 つにして，電話の会話が聞こえるようにっていうところで。まぁ，あいつ遅れてるなっていうのを，最初から今日はきつそうだなっていう日もあれば，遅れてきたなっていう日もあります。（1 年目男性）

　このインタビューをした職場では，お互いに仕事の机を近くにレイアウトしているために，相互の仕事の会話が関係ない職場のメンバーにも自動的に共有されることになっている。その結果，その日

誰の仕事が忙しくなりそうか,いま職場全体で取り組んでいるプロジェクトの進捗はどのようなものかといったお互いの状況を把握することが自然と可能になってくる。

このような関わりあいの強さの背景の大きな要因の1つに,タマノイ酢における特徴的なジョブ・ローテーションがある。その特徴の1つは新入社員や若手社員に積極的に大きな仕事を任せることである。たとえば,ヒット商品となった「はちみつ黒酢ダイエット」の開発責任者は,入社2年目でこの商品開発を任された。また営業に配属されたある新入社員は,大手量販店の担当をいきなり任された。すでに述べたように積極的に責任の大きな仕事を若い社員に任すのがタマノイ酢の1つの特徴である。ジョブ・ローテーションの2つめの特徴は,専門外への配属が普通に行われることである。タマノイ酢では若手社員に関しては,大学や大学院での教育背景などをそれほど重視せず,自由に配属が行われる[6]。たとえば,文系学部出身の新入社員が研究所へ配属されたり,理系大学院出身の社員が人事部に配属されたりといったことは,タマノイ酢では決して特殊なことではない。そしてジョブ・ローテーションに関する3つめの特徴は,ローテーションのペースが速いということである。例外もあるが,入社数年の間は通常1年から2年で人事異動が行われる。たとえば,ある入社6年目の男性は,6年の間に,営業企画→営業→設計(工場設計)→企画→購買,と5つの部署を異動している。それにあわせて職場も東京→大阪→奈良(工場)→東京と異動している。このようなジョブ・ローテーションのペースの速さは,キャリアの早い段階で多くの職種を経験させることで従業員の適性を見極めていくと同時に,自分の専門がある程度定まった後にも他の部

---

6 専門にこだわらない人事異動の理由は,若いうちは専門にとらわれずに仕事をすることによって,可能性や能力が広がるため,プロデューサー型の人材育成を目指すためだと述べられている(『Works』83号 2007年,8-9頁)。

門のことがわかるプロデューサー型人材を育成することを目的に行われている。

　さて，この3つの特徴が結果として職場にもたらすのは「周囲が助けたり，教えたりしなくては職場の仕事が動かない」ということである。ジョブ・ローテーションの特徴により，タマノイ酢の職場では，新入社員をはじめ常に，能力よりも大きな仕事に就いている人，その仕事に就いたばかりの人，あるいはその仕事に精通していない人がいることになる。つまりそのために，誰かが助けたり，教えたりしなくては職場の仕事が動かないということである。これは新人であろうが，中堅であろうが，ベテランであろうが同様である。そのため，職場のメンバーは助ける，支えるといったことが職場のためにも必要となり，新しく職場に来た人をフォローすることになる。このような職場の意識のもとでは，新入社員など若い従業員は，明らかに自分の能力以上の仕事を任されても，ただ大変な仕事を丸投げされただけではないという安心感のようなものを持っている。たとえば，入社1年目の女性は，その安心感について次のように述べる。

> 　新人にやらせるからといって，先輩が新人にすべて押し付けてるわけではなくて，「責任は私がとるから」みたいな感じになっているので，新人のほうも基本的に「そこは何々をしようと思います」「何々をした結果どうでした」っていうのは，すべて上に報告しなければならなくて，新しい指示を仰ぐみたいな感じはあるんですけれども，基本的に自分で考えて行動してくださいっていうだけで，そこは，社会人的には連絡はしっかり。（1年目女性）
> 　（筆者：疑問とかを感じたら言いやすい雰囲気なんですか？）
> 　言いやすいですね，すごく。言わなくても勘付かれるっていうところがあって，勘付いた人で，「これこれこういう理由で納得してないんじゃないの？」って言われて，「いや，そんなこと思ってないですよ！」「いや，思ってるよ！」って話していたら，いつの間にか向こうにいた

先輩たちも聞いてて，いつの間にか議論に加わっているとか（笑）．そういうのが自然にできる部署で．課長とかも忙しいのに，先週とか，午前中いっぱい3時間使って1対1で話してくれたりとか．（1年目女性）

このジョブ・ローテーションの3つの特徴により，職場では常に仕事に慣れていない人がいることになる。結果として，職場のタスクを賄うためにお互い教えたり，助けたりすることが必要となる。図1-1はこのことを図示したものである。

ここまで述べてきたように，このような助ける行動はさらに助けられ，教えられる側にとことんやらねばならない意識を強くさせる。ただし，慣れていない仕事，能力が不足している仕事を任せられたからといってそれがストレスになっているわけではない。丸投げされているわけではなく，周りがサポートしてくれるという安心感から思い切って仕事をすることができるのである。これも関わりあいの強さがもたらしている。

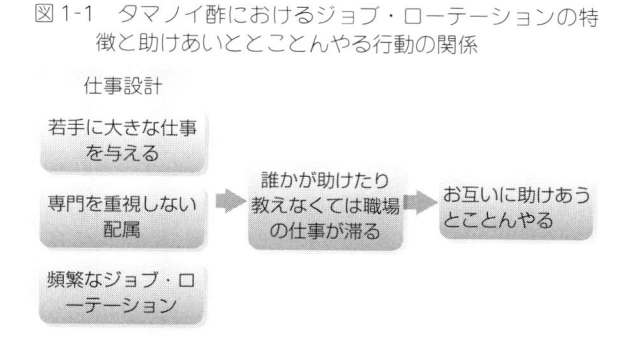

図1-1　タマノイ酢におけるジョブ・ローテーションの特徴と助けあいととことんやる行動の関係

仕事設計

若手に大きな仕事を与える
専門を重視しない配属
頻繁なジョブ・ローテーション
→ 誰かが助けたり教えなくては職場の仕事が滞る → お互いに助けあうとことんやる

◆ **組織全体の関わりあいの強さ**

 ここまで見てきたように、タマノイ酢の職場においては、一緒に仕事をすることや終礼や朝礼などで情報を共有することといった、仕事上の関わりの強さがコミュニケーションや助けあいを強くし、それらの行動がさらに職場を関わりあいの強いものにしている。しかし、タマノイ酢では職場内だけではなく、組織全体の関わりあいも強い[7]。異動が頻繁に専門を意識せず行われるということは、組織内のさまざまな人々が一緒に仕事をする機会をつくっているということである。もちろん、それぞれの職場では関わりあいながら仕事をしているから、前の職場の先輩や上司との関係が職場を異動した後も続き、折に触れて連絡をとったり相談したりすることもある。数年前に一緒に仕事をした人と再び別の職場で一緒に仕事をする機会を持つこともある。従業員数が300人程度という大規模な会社ではないこともあるが、結果として社内の至るところにつながりができることになる。

 このような職場内外にあちこちに張り巡らされることになるつながりは、どこで誰が自分の仕事を見ているかわからないという意識を強くさせる。ある中堅の社員は、職場ではすでに部下を持ち、プロジェクトやチームを率いる立場であるが、自分の仕事ぶりを前の上司や先輩がよく見ているという。別件で話をしていても、「この前の売上だめだったらしいな」といったように、自分の仕事ぶりを言われたりするという。若手社員は職場において上司や先輩が見守る中で仕事をするが、中堅社員は会社全体の中で前の上司や先輩あるいは同期が見守る中で仕事をすることになる。タマノイ酢では、頻繁な人事異動により職場内での強い関わりあいが組織全体に広

---

 7 「自律とコミットメントの両立 タマノイ酢——社内に多数の『知り合い』お節介が育む『自立と成長』」『Works』83号「バブル・ミドルの卒業」(リクルートワークス、2007年) 参照。

がっている。そしてこのような関わりあいの強さが，組織あるいは職場において助けあいやとことんやるということにつながっているのである。

4 組織における，関わりあうことの意味

　さて，本書のスタートは「支援や勤勉，創意工夫といった行動をいかにマネジメントするか」ということからであった。本章ではこの研究課題の手がかり，分析視角をタマノイ酢のケースから見いだそうと考えた。タマノイ酢のケースでは，本書がアプローチする支援や勤勉，創意工夫の行動と助けあいあるいは支えあい，とことんやるという行動は完全に一致しているわけではない。とくに，とことんやる行動はさまざまな行動を含んでいる。確かにとことんやる行動にはやるべきことをきっちりやるということも含まれているし，自分なりに仕事をこなそうとするという点，自分の意見を言うという点では創意工夫も含まれていると言うこともできるだろう。しかしながら，やはりタマノイ酢におけるとことんやる行動には，集団の目標を達成するために自分の役割を超えて創意工夫していくという行動までは含まれてはいない。あくまで自分の能力の不足を補うために精一杯の努力をするという意味でのとことんやる行動である。その点では，タマノイ酢のケースは助けあい，やるべきことはきっちりこなすという点ではある程度本書の問題意識に合致するが，本書が想定している創意工夫を含む3つの行動をうまくマネジメントしているケースであるとは言い難いかもしれない。

　このように本書の研究課題との差異はあるものの，この章で触れてきたタマノイ酢のケースは，この点について3つのことを示唆してくれているだろう。つまり，研究課題にアプローチするうえで3つの手がかり，分析視角を示してくれているということである。

1つは支援や勤勉，創意工夫という行動をマネジメントするうえで組織と職場という2つのマネジメントのレベルがあり，職場レベルにおける関わりあいの強さが3つの行動を促す可能性があるということである。タマノイ酢では，導入時研修によって助けあうことや支えあうことの重要性を新入社員に浸透させていた。また，職場における助けあいや支えあい，とことんやる行動の背後には特徴的なジョブ・ローテーションがあった。このような背景のもと，職場において関わりあいを強くすることによっても，助けあいや支えあいが起こっている。たとえば，仕事をチームで進めていくことによって，まわりを見ながら仕事をすることになり，自分にできることを探すようになる。それによって自然と助けあいや支えあいが起こる。また助けあい・支えあいという言葉の通り，助けられたことや支えられたことは，自分も助けること，支えることにつながるだろう。また，特徴的なジョブ・ローテーションによって，職場にはいつも経験の浅いメンバーがいることになる。このことも職場やチームの目標を達成するためには助けあうこと，支えあうことが必要だという意識をもたらす。一方，関わりあうことはとことんやるといった行動も促している。関わりあって仕事をするために，自分が迷惑をかけてはならない，自分が足を引っ張ってはならないといった意識が芽生え，いち早く十分に仕事できるように努力することになる。また，自分が成長をしなくてはならないという意識も関わりあって仕事をすることで生まれ，自分なりに自律的に努力したり勉強したりする行動へとつながっている。

　このように，関わりあう職場を中心とした組織レベルの取り組みと職場レベルの取り組みによって助けあいや支えあい，とことんやることが実践されている。このことからは，組織レベル，職場レベルでのマネジメントによって助けあいや支えあい，とことんやることが促されることが可能であることと同時に，職場における関わり

あいがこのような行動をもたらす鍵になっていることが示唆される。

　2つめの示唆は，職場レベルでの助けあいや支えあい，とことんやるといった行動が組織レベルへと拡張していくという可能性である。タマノイ酢では，導入時研修により仲間と助けあい目標を達成すること，そのうえで個々人がとことんやることの重要性を短期間で徹底した。この研修が20年続くことによって，社内全体にこのような価値観が緩やかに共有されている。またジョブ・ローテーションが頻繁に起こることによって，このような行動が閉ざされた職場でだけ起こるのではなく，組織全体で起こっている。職場内で起こっている関わりあう行動のメカニズムがジョブ・ローテーションを繰り返すことによって，組織という範疇においても実践されるようになる。もちろん，この背景にはタマノイ酢が300人程度の規模であることが大きく，1000人以上の規模の大企業では導入時研修による効果も，ジョブ・ローテーションによる効果も一部にとどまるであろう。しかしながら，職場レベルで起こり，経験される行動が組織全体にも波及する可能性は十分にありうると考えることはできる。その点でも，職場におけるマネジメントが重要であることが示唆される。

　3つめのケースからの示唆は，やや反面教師的な示唆である。このケースを読んで感じることの1つは，このような職場はかなりきついであろうということである。厳しい見方をすれば，常に自分の仕事を見られ，自分の能力がないことを自覚させられるし，全力を出すことを求められるし，成長意欲がない人は周囲から厳しく接せられてしまう。そもそも職場のメンバーの仕事が遅ければみんなでそれをサポートしていくことになるから，労働時間も多くなりがちである。また，常に職場のみんなが相互に関心を持っているということは，常に自分の仕事ぶりが見られているということでもある。このような状況は，働く人にストレスをもたらす可能性がある（大

野, 2005)。事実, インタビューでも常に見られているようで大変であることを述べていた。つまり, 相互に助けるということと相互に監視することは表裏の関係にあるとも言えるのである。

しかし, タマノイ酢の職場ではそれほど悲壮感を持って仕事をしているわけではない。もちろん厳しい環境であることを述べる新入社員もいるが, ストレスで満ちあふれている職場という印象は受けない。タマノイ酢のケースを踏まえると, この点でもわれわれはやはり職場にそのマネジメントの可能性を見いだすことができると考えている。タマノイ酢のケースであれば, 多くの社員は導入時研修において強調された価値観や規範を職場における仕事においても重要であることを自覚する。誰かが助け, 教えないと職場の仕事が滞るという点では必然的に起こる助けあいやとことんやる行動であるが, 決して強制的ではない。ただこのことが強制的に転ずる可能性も十分にある。つまり関わりあいが強いからこそ助けあいが起こり, そこに監視や強制といった過度のストレスを呼ぶ職場の可能性が出てくる。そして, そのバランスをとるのも職場であるという2つのことが示唆されるのである。

この章では, 経験的なケースからいわば帰納的に, 関わりあう職場が助けることややるべきことをきっちりやるといった行動, あるいはとことんやるといった行動をもたらすことをそのメカニズムとともに示してきた。次の第2章では公共哲学の議論を踏まえて, 関わりあう職場と助ける行動や秩序を守る行動, 自律的に創意工夫する行動との関係について考えていくことにしよう。

第**2**章

協働と秩序と自律
公共哲学の視点から

● はじめに

　第1章では，タマノイ酢のケースからいわば帰納的に本書の研究課題への分析視角を探った。タマノイ酢のケースからは，支援，勤勉，創意工夫の3つの行動において，関わりあう職場の重要性が主に示唆された。第2章では，公共哲学の議論を通じて研究課題への分析視角を探求し，本書の基本仮説を導出したいと考えている。すなわち，公共哲学の議論を経営組織論あるいは経営管理論へと展開し，そのうえで基本仮説を導出しようと考えているのである。

　公共哲学の議論に着目したのは2つの理由がある。1つは，本書が着目する3つの行動（支援，勤勉，創意工夫）に公共哲学も着目している点である。もちろん，公共哲学では支援と勤勉はお互い助けあうこと（協働）と道徳やルールを守ること（秩序）という言葉で表される。もう少し言えば，この2つの行動は公共の利益あるいは公共性として取り上げられる。そして，創意工夫は，自由に自分らしく自分の考えで行動すること（自律）として表される。人と人とが社会を形成し，日々の営みをすればそこに公共の余地，すなわち自分の利益だけでない社会に参加する人が共有する利益の余地，公共性の余地が生まれることになる。この公共性の余地をどの程度にするのかというのは社会によってまちまちであろう。個人が自己の利益のために勝手ばらばらに行動していて公共性がほとんどない社会もあれば，公共の利益を増やすことが優先され自己利益が抑制さ

れる社会もある。公共哲学では，この協働と秩序という公共性と自律という個人の自由行動をどのように実現するのか，ということが主たる関心になる。

　国のあり方に関する議論には，自由を重視するリバタリアニズム，公平を重視するリベラリズムなどがある。また，古典的にはホッブスに代表されるように社会契約を通して秩序を保とうと考える立場もある。しかしいずれも（秩序については触れるものの）公共性，より具体的に言えばともに助けあう社会の実現という点に関してはそれほど積極的に取り上げていない。この点が，本書がより公共哲学，とくにコミュニティによってそれを達成しようと考えるコミュニタリアニズムに着目する積極的な理由である。

　この章では，このような関心を持つ公共哲学の議論を通じて，経営の場面における協働（支援）と秩序（勤勉）と自律（創意工夫）の実現に関する示唆を得ようと考えている。

　では，社会あるいは経営組織においてどれほどの公共性の余地を残すことがよいかということがまず問題になる。もちろんこれについてはそれぞれの組織が考えるべきことではあるが，序章と第1章の議論を踏まえれば，本書ではある一定の公共性は経営組織においてもあったほうがよいだろうというスタンスに立っている。加護野(2010)は，公共性という言葉は用いていないが，ほぼ同じような内容で市民精神という言葉を用い，その経営組織における重要性を指摘した。しかし一方でこれまでの規範やルールを乗り越え，自分でリスクをとり，自由に行動しようとすることも経営組織においては重要である。どのようなレベルであれこのような個人の動きがなければ，現在の市場環境において企業は生き残ることができない。これを加護野(2010)は企業精神と呼んでいる。すなわち，公共性と自律性のバランスを考えることが重要となるのである。公共哲学の議論，とくに本書が注目するコミュニタリアニズムの議論におい

ては，この公共性（秩序と協働）と自律の両者を実現しようというスタンスに立っている。この点が，本書が公共哲学とくにコミュニタリアニズムの議論に着目する2つめの理由である。

それでは，少し経営学の議論からは離れることになるが，経営学の文脈を意識しつつ，公共哲学の議論を見て行くことにしよう。

1 公共哲学における協働と秩序と自律

◆ コミュニタリアニズムの公共哲学と3つの主体

国や統治のあり方や社会のあり方を公共という観点から問う公共哲学という学問分野がある。ややトートロジカルな表現を用いれば「公共性や公共的という概念を哲学的に探求する」（山脇，2004）ことが公共哲学と呼ばれる学問分野である。経営組織論において，組織がさまざまに捉えられるように，公共哲学の分野においても公共性はさまざまに捉えられているが（齋藤，2000），ここでは議論を複雑にしないために，桂木（2005）が用いた「公共性とは公共の利益のことである」という簡便な意味をもとに議論を進めることとしたい。そしてこのように定める公共性には，2つの点が含まれる。1つは1人で行うのではなく，みんなで協力するという意味を含み，もう1つは無秩序ではなく秩序を求める指向を含んでいるということである（桂木，2005）。このうち協力とは，自己利益的な協力のことを指すのではなく，自発性を持った利他的な協力のことを指す。社会の中で困っている人を助けるようなことを念頭におけばよいだろう。また秩序を求める指向とは，社会で言えば法律やルールを遵守するような指向のことを言う。

また公共哲学で議論される公共性は，国や社会に広く存在する性質のものであると同時に，開かれたものである必要がある。つまり同じ文化や規範を持たないような他者との間にも協力や秩序が保た

れるものである必要がある。ここで議論される公共性は，固定化されたメンバーにおいてのみ存在するものではなく，新しいメンバーが入ってきたときにも維持され，存在し続ける公共性である必要があるということである。

　この捉え方に従って大まかに言えば，公共哲学が問うのは，国や社会は他者と協力しながらどの程度秩序を求める必要があるのか，そしてそれはどのように実現されるのかということである。そしてここで問われる公共性（協働と秩序を求める指向）は，自由や自律と密接な関係がある。なぜなら，秩序を保とうとすれば，それだけ自由や自律が制限されることになり，反対に自由や自律の制限をなくせば秩序が保てなくなることが考えられるからである。社会生活について十分な経験を持たない幼稚園児を考えてみよう。子供たちの自主性を重んじ，自由に園庭で遊ぶようにすれば，一部の子供が滑り台を独占して他の人が遊べないということが起こるかもしれない。つまり，一部の子供が自由に遊ぶために他の子供の（滑り台で遊ぶという）自由が制限されてしまうのである。しかし一方で，滑り台を滑る順番を決めたり，滑り台で遊ぶルールを決めたりしてみんなが遊ぶことができるようにすれば（秩序の確保），今度は園児が自由に好きなだけ遊ぶことそのものが制限されてしまう。このようなことから，公共哲学の議論では，国や社会における協働や秩序の実現を自由や自律との関係で見ていくことが多い。つまり，公共哲学では協働と秩序という公共性を社会の中で実現しようと考えるが，それが自由や自律とのバランスの中で実現されると考えているのである。

　さてここまで，公共哲学という学問分野について本書に関わる点からきわめて簡単に説明してきた。もちろん本書の目的は，公共哲学あるいは公共性について議論することが目的ではなく，この公共哲学で議論されてきた協働と秩序と自律に関する知見を組織のマネ

ジメントに応用しようと考えている。とくに，本書では公共哲学の中でもコミュニタリアニズムと呼ばれる立場の知見を主として参考にしようと考えている。なぜならコミュニタリアニズムの立場では，社会における一定の公共性を確保しようと考えているのと同時に，自由や自律をも大事だと考えているからである。コミュニタリアニズムは，ハバーマス（J. Habermas）やアーレント（H. Arent），を思想的基盤としたサンデル（M. Sandel）やベラー（R. Bellah），エチオーニ（A. Etzioni）らによる，個々の権利や平等を重視するリベラリズム，あるいはその対極にある全体主義に対抗する公共哲学の考え方の1つである。つまり，リベラリズムほど自由を尊重せず，全体主義ほど社会の調和を重視しない立場である。主にアメリカにおいて議論されてきたコミュニタリアニズムの考え方は，自由を第一義に考えるリベラリズムに対し，自由を多少制限しても公共性を確保したほうが善い社会であると考えている。

このコミュニタリアニズムは，その名の通り，コミュニティの重要性を中心に置いている。ここで言うコミュニティとは，村や小さな街，あるいは地域の寄り合いや町内会といった具体的な場所を指すわけではなく，広く人間関係の属性の集まり（Etzioni, 1996）のことを意味している。Etzioni（1996）によれば，それは「郵便局長がすべての住民のファーストネームを知っているようなところであり，あるいは人々が会う人ごとに挨拶の言葉を掛けあうようなところ」（邦訳，82頁）である。このようなコミュニティからは，個人間の差異あるいは多様性を呑み込み，共有価値に従わせ，人々を画一的な価値観に染めてしまうという懸念が想起されるだろう。

しかし，コミュニタリアニズムが念頭に置くコミュニティあるいは本書が念頭に置くコミュニティは，このような伝統的なコミュニティとは異なる[7]。次節で触れるように，コミュニタリアニズムの公共哲学では，「下からの公共性」を重視する。つまり，上（たと

えば政府や組織）から制度や法律，（企業組織であれば）理念や評価という形で協働や秩序を促そうと考えるのではなく，メンバーによる自発的な協働と秩序（下からの公共性）をもたらそうと考えている。後の議論に向け，コミュニタリアニズムの公共哲学におけるコミュニティが，「上からの公共性」を念頭に置く伝統的なコミュニティの考え方とは異なり，「下からの公共性」を念頭に置くコミュニティであることをきちんと理解しておく必要がある。

　コミュニタリアニズムの公共哲学では，このコミュニティを国（あるいは社会）と個人の間に定置することで，コミュニタリアニズムに基づく社会が形成されうると考えている。つまり，国（あるいは社会）―個人という図式ではなく，国（あるいは社会）―コミュニティ―個人という図式でこの公共性の問題を捉えていく。この章では，コミュニタリアニズムの公共哲学のロジックを経営組織論に展開することを試みるが，もちろん本書の射程は国や社会にあるわけではなく，1つの組織あるいは会社にある。そこで本書では，公共哲学で議論される国とコミュニティと個人の3つの主体を，経営組織における組織と職場と個人の3つの主体に対応させて議論を進めていく。後の議論においては，国は公を担うものとして，コミュニティは公共を担うものとして捉えられ，公―公共―個という関係で議論が進められることになるが，経営組織論の文脈ではそれぞれ，組織（会社）が（組織における）公を担うものとして，職場が（組織における）公共を担うものとして対応することになる（図2-1）。

---

1 これらの誤解があるため，コミュニタリアンの中には意図的にコミュニティという言葉を用いず，伝統的コミュニティと異なるコミュニティをアソシエーションと呼ぶ研究者もいる。また，コミュニタリアニズムの原点の1つでもあるアーレントの思想を紐解いても，彼女の思想がナチスドイツをはじめとする全体主義への厳しい批判・反省が常にあったことを考えれば，上からの規範がもたらす画一的な価値観を共有するコミュニティとは異なるものであることは明らかであろう。

図2-1 組織における公共性の主体の対応関係

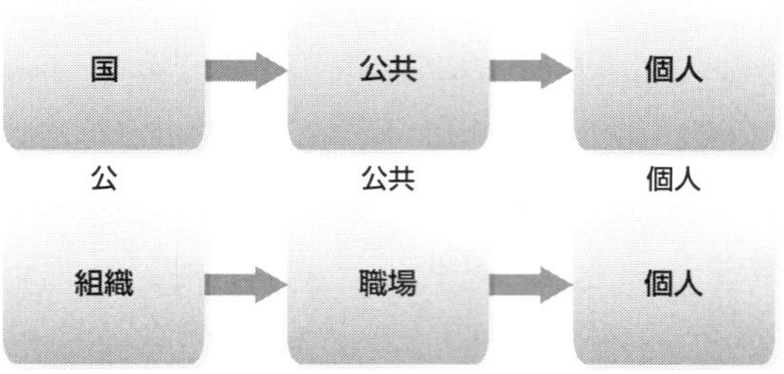

国	→	公共	→	個人
公		公共		個人
組織	→	職場	→	個人

では具体的にコミュニタリアニズムの公共哲学の考え方に触れていくことにしよう。

◆ **協働と秩序と自律の適度なバランス**

さて、この節ではコミュニタリアニズムの考え方に具体的に触れていくが、コミュニタリアニズムの中にもさまざまな差異があり、端的にその共通性を述べることは難しい。しかし、本書の議論に関わる点について言えば、コミュニティを重視すること、コミュニティの基礎にある道徳や公共善を公共性の中心に置くこと、そしてそのコミュニティにおいて対話や討議を通してこのような道徳や公共善の基準が定められていくこと、という3つの点を挙げることができるだろう。

たとえば、Bellah *et al.* (1985) では、アメリカ社会の重要な価値観である個人主義が、むしろ個人の権利を主張しすぎたことによって、公共善や公共性を軽視することにつながり、地域社会の連帯や人々の絆が失われ、結果的に個人が孤立し、不安や孤独をもたらすことになったことを明らかにしている[2]。そのうえで、教会や地域コミュニティを基盤とした公共精神の再生の可能性を提示している。もちろん個人主義は利己主義とは異なり、社会に対して責任を持ち、他者も尊重することを含んでいる。しかし、個人主義は自己の権利

や自由と同様に他者の権利や自由も尊重するが，それが自己の権利や自由と相反するのであれば，他者への配慮や社会的な秩序の維持へとはつながらないのである。つまり，個人主義を重視する社会においては，究極的には他者への配慮や秩序の維持は自由よりも尊重されず，他者の自由との間でコンフリクトが起こることになるのである。たとえば，高速道路の制限速度がなくドライバーにスピードを出す自由が与えられているとき，個人主義を重視する社会では，たとえスピードを出すことで他者が危険な目に遭う可能性があっても，スピードを出す自由が尊重されるということになる。もちろん，過度な個人主義ならびに利己主義に社会が満ちあふれれば，個人は他者を助けるような利他主義的な行動をとることもないだろう。コミュニタリアニズムの公共哲学では，このような個人主義の社会は善き社会ではないと考えている。

ただしコミュニタリアニズムの公共哲学は，決して個人主義や個人の自由あるいは自律だけを問題視しているわけではない。コミュニタリアニズムの公共哲学では，過度な個人主義による公共性の欠如を問題視し，むしろコミュニティを重視することによって個人主義はより強固なものになると考えている（Bellah *et al.*, 1985）。むし

---

2 地域社会における信頼やつながり，連帯といった社会関係資本が健全な民主主義を育て，地域の発展の鍵となることを『哲学する民主主義』で示したPutnumは，『孤独なボウリング』において，Bellahらと同様に，アメリカにおける草の根の社会的連帯，コミュニティがアメリカ社会の伝統であること，そしてそれが現在失われていることを明らかにした（Putnum, 2000）。しかしながら，これに対しSkocpol（2003）は，アメリカ社会において草の根の社会的連帯やコミュニティに見えたものも，（政治的に影響力を持つような）より大きな組織の一部として成立しており，地域にあった草の根のコミュニティが決してローカルなままではなかったことを歴史社会学の立場から明らかにした。そして，現代に至るにつれ，政治的素人による組織であったそれらが，プロフェッショナルによる組織へと変容してきたことを明らかにしている。

ろ過度な個人主義的な社会と同様に，個人の自由や自律を過度に制限する全体主義的な社会も，コミュニタリアニズムの公共哲学は問題視している（Etzioni, 1996; 山脇，2004; 桂木，2005）[3]。「コミュニタリアン綱領」を著したEtzioni（1996）によれば，コミュニタリアニズムの公共哲学が目指す善き社会とは「社会的な美徳と個人の権利をともに活かすような社会」であり，バランスよく社会的な美徳と個人の権利が維持されている社会であるということができる。

　ここで言う「社会的な美徳（他者への配慮や秩序）」とは，他者によってなされる強制的な美徳・秩序ではなく，自由意思や自発性による美徳・秩序である。そのためには法や罰則のような強制的な手段によってコントロールされるのではなく，むしろ価値規範的な手段によってコントロールされる必要がある。つまり，社会のメンバーは常に中心となる価値への献身を共有し，その価値を強制されて守るのではなく，正しいと信じているからこそその価値が支持する行為を遵守するということが必要となる。ただしここで重要な点は，全体主義的な過度の価値への傾斜，あるいは上から下への価値の強制は問題であり，メンバーによる他者への思いやりや公共心によって現れる美徳・秩序こそが必要だということである。

　一方ここで言う自律は，社会的に制約された，節度ある自律を意味する。また個人が自律的に行動することができるという意味だけの自律ではなく，社会（本書の議論では組織）が外部環境や内的要因の変化に対応する自律的な変化を促進すること，あるいは社会において変化を回避する動きに対して，その回避傾向を押さえる働きをするといった構造化された自律をも含んでいる。構造化された自律は，社会が変化に適応していく能力（超安定性と名づけられる）を高めるとEtzioni（1996）は述べる。この超安定性と同一パターンを保

　3　Etzioni（1996）によれば，コミュニタリアニズムは，自律を擁護する個人主義者と社会的秩序を擁護する社会保守主義者の中間に位置するという。

持していく安定性の違いは，帆船の修理をすること（安定性）と帆船を蒸気船に改造すること（超安定性）との違いに似ていると述べる。つまり，ここで言う自律は単にある価値観の中で自律的に行動することができるということだけではなく，その価値観そのものをも自律的に変化させるような自律，ということも含んでいるのである。第3章で述べるように，コミットメント経営はここで言う安定性を重視するマネジメントであるため，その組織においてメンバーは価値に準じて自律的に行動をするが，価値そのものを疑い，変えていくところまでの自律は持ち合わせていないのである。

　コミュニタリアニズムの公共哲学では，このような超安定性を含む自律はコミュニティによって保証されると考えている。このことを考えるには，コミュニティがないケースを考えたほうがわかりやすいかもしれない。社会的なつながりとしてのしがらみは確かに自分の行動を制約する。しかし，もし個人の間で社会的な絆が断ち切られているとしたらどうだろうか。何を決めるにしても誰にも相談できず，自分の判断に責任を持たなければならないとすれば，かえって自律的に活動できずに，自分の行動が正しいかどうかを判断するための何かを探してしまうのではないだろうか。結果として，社会的絆が失われた状態では，自律的行動がかえってとれなくなってしまう。また，個人と個人の間に絆が失われた状態（個人が原子化した状態）においては，他者との相違から自分のアイデンティティや能力を自覚することができず，人はアノミー状態になってしまう（Riesman, 1961）。何かしら参照される規範があるからこそ，自分の規範，能力，アイデンティティが定まるのであって，規範を持たない個人によるコミュニティは単なる群衆となってしまう（Etzioni, 1996）。歴史的にそれは全体主義，自律の全面的な喪失という社会状態を生み出すことになる。ゆえに，Bellah *et al.* (1985) が，強い個人主義を支えるにはある種の強いコミュニティが必要だというよ

うに，コミュニタリアニズムの公共哲学ではコミュニティが確固として存在することが個人の自律を制限するのではなく，むしろ確固としたコミュニティがあることが個人の自律を促進すると考えている。ただし後に述べるように両者を高いレベルで達成することは難しいことも事実である。

　ここまで検討してきたように公共哲学，とくにコミュニタリアニズムの知見からは，まず社会においては秩序と自律の両者を保つことが重要であることが示唆された。本書の文脈で言えば，他者を助けること，やるべきことをきっちりこなすこと，お互いに仕事がしやすいように振る舞うこと，といった組織における協働や秩序と，仕事における創意工夫や自律的に判断して行動することは，どちらかのみが重要なのではなく，組織において両方をバランスよく保つことが重要であると言うことができる。別の言い方をすれば，両者を同じテーブルにおいて議論をする必要があるということもできるだろう。組織において過度に規律やルールを定め，秩序を強めることはかえって自律を損ない，組織としての活力を失いかねない。一方で，自律的な行動を尊重しすぎれば個人の力は組織に結集されず，効率性が犠牲になる。さらには誰かの自律的な行動によって別の誰かの自律が損なわれるケースも生じるだろう。たとえば，組織のメンバーが自分のキャリアの充実ばかりを考えて，自分のやりたい仕事ばかりをやろうとするならば，協働の精神は失われ，やはり組織は力を失ってしまうことになるだろう。組織が健全に働くためには，協働と秩序が守られつつも，組織の中の個人が自律的に働くことが必要になるし，逆に個人が自律的に動きつつも，協働と秩序が組織の中で維持されている必要があり，そのようなマネジメントが実際には必要となるだろう。また，コミュニタリアニズムの公共哲学はこのようなスタンスに有意義な示唆を与えてくれる。

　では，協働や秩序，そして自律の間の関係はどのようなものに

なっているだろうか。次の項では、どうすれば協働と秩序と自律をマネジメントできるかという点に入る前に、もう少し公共哲学の議論を進めたい。

◆ **秩序と自律の逆転共生の関係**

このような秩序と自律の関係は、「逆転共生」という言葉でその特有の関係が説明される（Etzioni, 1996）。秩序と自律における逆転共生の関係とは、ある程度まではお互いを高めあう関係にあるが、どちらかがある一定程度を超えてさらに強くなると、他方が弱体化しはじめ、両者は相反する関係になることを指す。つまり、あるレベルまでは自律を高めることが秩序を高めることにつながり、逆に秩序を高めることが自律を高めることにつながるが、秩序と自律のどちらかが一定レベル以上になると、逆に秩序を高めることが自律を抑制し、自律を高めることが秩序を破壊するといった関係である。たとえば、新しいプロジェクトチームにおいて、同じ職場で関わりあいながら仕事をするようになれば、お互い見知らぬ者同士ではなくなり、コミュニティとしての愛着も育つであろう。その結果、チームのメンバーを助け、孤独感が減ることによってチームの中での自分の役割といった自己意識は強くなり、しっかりとした自律を得るようになる。つまり、チームのメンバーとして自分が何をすべきか、何ができるかという責任意識のもと、自律的に、加えて秩序を維持するように、活動するようになると考えられる。

しかし一方で、プロジェクトチームの中で、秩序を高める動き（たとえば、お互いの決めごとの明文化やそれぞれが決めごとや役割を果たしているかをチェックするような企て）がより強くなれば、責任は強制された義務になり、チームへの反発を生み、働く人には強いストレスが残ってしまうだろう。日本的なチームワークが、時に互いを監視し、働く人々に過度にストレスを呼び起こすようなケースはこの

一例であろう（大野, 2005）。また，自律を高める動き（たとえば個人の目標の達成のみの強調）がより強くなれば，チームのメンバーは共通の目的への奉仕を拒否するようになり，チームのメンバー間の愛着を土台とした自律は失われ，チームのモラルの低下とともに活力を失うことが考えられる。いわゆるばらばらのチームになってしまう。これが秩序や協働と自律の逆転共生と呼ばれる関係であり，改めて両者のバランスをとることがコミュニタリアン的な組織を形成するうえでは重要であることが指摘されるとともに，両者を高いレベルに置くことはそもそもできないということも示している。では，このような逆転共生の関係にある秩序や協働と自律の適度なバランスの維持はどのようにして実現されるのだろうか。

ここまで公共哲学の議論をもとに，協働と秩序と自律について考えてきた。公共哲学では，今どんな社会であるかということを分析するのみではなく，何が善い社会であるか，ということを念頭に考える。コミュニタリアニズムの考え方では，公共性が十分にありながらも，個々人の自由が尊重される社会を善き社会として考える。すなわち協働と秩序と自律がバランスよく実現されている社会を善き社会と考えている。社会と経営組織という違いはあるものの，本書も助ける行動（支援）ややるべきことをきっちりやる行動（勤勉）を経営組織において実現すること，そしてあわせて自律的に仕事を改善していく行動（創意工夫）が実現されていることが必要だと考えている。この点でコミュニタリアニズムの考え方と本書の問題意識には重なる点があると考えている。

2 「公―公共―私」と「組織―職場―個人」の三分法

◆ 滅私奉公と滅公奉私の共犯関係

前節までに公共哲学の知見を紹介したうえで，支援（協働）と勤

勉（秩序）と創意工夫（自律）を実現するという点における本書の問題意識との重なりを説明してきた。では，このような協働と秩序と自律の適度なバランスはどのようにして実現することができるのだろうか。本書の文脈から言えば，支援（協働）と勤勉（秩序）と創意工夫（自律）がそれぞれ維持されるような組織をいかにしてマネジメントすることができるのだろうか。この節では，ここまで説明してきた公共哲学の知見を組織論的に展開しながら，この点について検討していくことにしよう。コミュニタリアニズムの公共哲学では，（その名が示すように）コミュニティにその実現の期待を寄せる。繰り返しになるが，ここで言うコミュニティは伝統的なコミュニティとは異なり，閉鎖的ではなく開放的なコミュニティのことを意味することに改めて注意してほしい。

　この協働と秩序と自律の適度なバランスの実現について，本節ではモラルサイエンスの公共哲学から考えることにしたい。モラルサイエンスの公共哲学は，ここまで検討してきたコミュニタリアニズムと呼ばれる公共哲学の考え方の1つの潮流であり（桂木，2005），次のような特徴を持つ。すなわち，協働と秩序（公共性）の形成のために，人々のある種の共通性を前提にしつつも，同時に人々の間の多様性という点に，よりウェイトを置いていることである[4]。桂

4　桂木はモラルサイエンスの公共哲学のもう1つの特徴として，政治学や経済学，法律学や社会学などの諸学を横断し，人間についての総合知を求めようとする試みである点を挙げている。この点は，Bellah *et al.*（1985）の付録における「公共哲学としての社会科学」の主張に近しい。Bellah *et al.*（1985）も社会科学の専門化が進むことにより，包括的に社会を理解できなくなることを批判し，とくに社会科学と人文科学の間の「鉄のカーテン」を破ることが必要だと述べている。本書の議論とは主題が異なるためにここではとくに取り上げないが，規範的な学問として経営学を考えたうえでは，過度に専門化を進めるのではなく，文化や土地に根づいた経営にまつわる現象を包括的に理解しようと試みることや，善き社会，善き経営，善き組織について仮説を立てて議論をしていくことは有意義であろうと考える。

木（2005）の挙げた例を示せば，人々の間に「マナーや礼儀を守る」といった姿勢が必要であることは同じであるが，特定のマナーや礼儀を念頭に置くのではなく，多様なマナーや礼儀の存在を認めつつ，「マナーや礼儀を守る」姿勢の必要性を説くものであるということができる。コミュニタリアニズムの１つの流れであるモラルサイエンスの公共哲学は，協働や秩序を生成するものとしてのコミュニティの意義を尊重はするが，画一的・同質的なものを目指す，いわゆる全体主義につながるコミュニティは，モラルサイエンスの公共哲学にとっては批判の対象となる。

このような立場から，モラルサイエンスの公共哲学を提唱する山脇（2004）は，日本的な公と私あるいは組織と個人の関係を表現する滅私奉公とその反対の滅公奉私に関して，両者は共犯関係であると指摘している。すなわち両者は，対極にある考え方であるように見えながら，両者とも「個人の尊厳や他者感覚と切り離せない『公共性』の次元を欠いている点で，共通している」（山脇，2004, 30頁）というのである。この点を経営学の文脈において，公を会社組織，私を従業員と置き換えてもう少し説明してみよう。この場合，滅私奉公は（極端に言えば）組織の目標のために個人の目標を犠牲にすること，組織の目標の達成のためには個人のキャリアや生活が犠牲になることは仕方がないとする考え方である。同様に，滅公奉私は自分自身のキャリアや生活が充実するために，組織は利用するものであり，組織の目標の達成，あるいは職場の仲間の仕事や生活は優先しなくてもよいという考え方である。

一見正反対なこの２つの考え方には共通点がある。前者は個人の犠牲の上に組織の目標があると考える点で，他者とのコミュニケーションの中で自己実現や尊厳が発揮される可能性（協働の中で公共の利益が生まれる可能性）を大きく欠いている。一方後者も，自分さえよければよいという点で，他者感覚や他者の尊厳と自己実現を無視

している点で公共性に欠けると言えよう。つまり，一見対極にあるように思える滅私奉公と滅公奉私は，両者とも個人の尊厳や他者感覚を無視している点で同根，共犯関係なのである。

　近年の日本の労働市場に見られるように，古くから指摘されてきた集団主義的，滅私奉公的な働き方のアンチテーゼとして，成果主義や自律的キャリアが提唱されてきたが，それはある種滅公奉私的な考え方を持ち，行き過ぎればやはり弊害も生まれることになる。そしてまた集団主義的・滅私奉公的な考え方が盛り返してくる[5]。このように滅私奉公と滅公奉私は対極にあると考えられるため，あるときは滅私奉公的な組織と個人の関係が重く見られ，あるときは滅公奉私的な組織と個人の考え方が重く見られるように，両者は振り子のようにそれぞれの考え方を行きつ戻りつする関係のように見える。しかし，別の角度から見れば，両者とも公共性を欠くという点で同じ指向を持っている考え方なのである。組織というものが存在しなくては，そこで働く個は成り立たないし，そこで働く個が存在しなくては，組織そのものが存在しえないことを考えれば，組織と個人の関係はどちらかがどちらかに優先するという滅私奉公と滅公奉私の2つの考え方は，当然ながら解決がつかない問題になってしまう。

　しかしながらこれは公と私，組織と個人を一元的に考えるから起こる問題である。このような公私を一元的に捉える考え方に代わって登場したのが公私二元論という考え方である（山脇，2004）。公私二元論を端的に言えば，公の領域と私の領域で取り扱うものを切り分け，それぞれの領域の境界をはっきりさせるという考え方である。

　5　この滅私奉公的な考え方と滅公奉私的な考え方の振り子のような関係について，筆者は，『日本経済新聞』（2008年7月6日付）のコラム「今を読み解く」において，過剰に個人主義的な従業員と集団主義的な従業員との間で起こる問題として指摘している。

公共哲学の文脈でいうならば，政治や司法，役所など税金で賄われるような組織が公領域であり，それ以外の領域は私領域となるだろう。公領域では法のような正義や権利，義務の問題が追求され，私領域ではそれ以外の幸福や経済の問題などが取り扱われることになる。経営学の文脈で考えれば，企業経営は経営に関わることだけになり，会社は従業員の生活や家庭には立ち入らないということになる。個人は働いているときは企業の利益や成長を考え，そこに自分の仕事生活の充実や人生の幸福を持ち込まず，自分の人生は自分で責任を持って考えるということであると言える。いわゆる，公私の区別をきちんとする，と言われるように，公私で自分の役割や追求すべきことを切り分け，相互にそれを持ち込まないという考え方である。明示的ではないが，ワークライフバランスという考え方はこのような公私二元論を前提に考えられている考え方であると言えよう。

　しかし，実際問題として公私の区別を明確につけることは難しいことが多い。これが公私二元論の限界であると言える。公共哲学の文脈で言えば，私企業であろうとも社会的責任を果たすことや独禁法などの法的な制限を守ることが求められるし，家庭内であってもDV（家庭内暴力）が許されるわけではない。たとえ私の領域であっても，公的な正義や権利の問題が入り込まなければならないケースは少なくないだろう。同様に，組織と個人の関係においても，人間関係が良好であることが仕事を円滑に進めるだろうし，仕事が充実していることが人生を豊かにすることは十分にありうる。そう考えれば，現実には仕事という領域（組織の領域）と仕事外の領域（個人の領域）は簡単に切り分けられるものではないことがわかるだろう。

◆ 公私一元論から公私二元論，そして公私三元論へ

　これら公私一元論，公私二元論の限界を乗り越えるものとして，

コミュニタリアニズムの1つの潮流であるモラルサイエンスの公共哲学では，公―公共―私の三元論が提示される。すでに述べたように，公と私はどちらが優先されるべきものでもないし，きれいにその領域を分割できるものでもない。これに対し公―公共―私の三元論は，端的には公と私の間に公共を挟むことによって，公と私のバランスをとりつつ，境界領域にあるものを公共という枠で取り込もうという考え方である。つまり協働と秩序と自律をバランスよく実現するために，公共という存在に着目しようというわけである。公共哲学の文脈で言えば，公共は単に人々が集まっている状態ではなく，政府や国といった公に対して積極的に相互作用する行為主体として捉えられる。また，営利経済やプライベート空間などの私的領域をも取り込み，公共が公を支えつつチェックし，公共により私が他者への関心や他者感覚を養うという役割を果たすことになる。ここにおいて，滅私奉公（あるいは滅公奉私）から「活私開公」へと個人と社会の新しい関係が提示されることになる（山脇，2004, 2008; 桂木，2005）。

　活私開公は「私という個人1人ひとりを活かしながら，人々の公共世界を開花させ，政府や国家の公を開いていく」ような「人間―社会」観である（山脇，2004, 37頁）。これは，「私」を活かすことが「公」や「公共」の領域を広げることにつながる（桂木，2005）ということを含んでいる。ただし，これは決して自己利益を追求することが，回り回って公共の利益につながるということではない。「私」の領域には私利私欲による行動と同様に，自分を活かそうと考えるうえで，自己理解と同様に他者理解も必要となり，他者への関心も自然に働くことになる。つまり「私」を活かすことによって，そこに自己と他者のコミュニケーションが生まれ，それにより他者への関心が増すことにより，公共の領域を広げることにつながるということである。

もう少し，本書の文脈に沿って説明することにしよう。組織と個人の関係と言ったとき，組織のために自分に何ができるかといった公共心は，職位の高い人でなければなかなか生まれにくい。もちろん，若い人であっても意気込みや気持ちという点でそういう組織全体への貢献意欲を持つことはあるだろうが，実際にできるという確信を伴う組織の中での公共心は，若い人では持ちにくいだろう。この理由としては，組織に対して自分の存在が小さく，自分に何ができるかわからない，自分には何もできないと思うことが挙げられる。またそもそも組織のために何かしようという公共心が起きないこともあるだろう。しかし，組織と個人の間に職場という公共の領域を設けることによって，支援や勤勉という形で組織における公共心は比較的想像しやすいものになるだろう。組織のために何ができるかということには思い至らない人も，この職場のためにできることは何かという思いにはたどりつくことはできるだろう。また，職場という比較的狭い範囲の中で自分らしさをみつけるのは，組織の中で自分らしさをみつけることよりは格段にみつけやすいだろう。このように，組織と個人の間にある職場という領域を活性化することにより，支援や勤勉といった他者への関心から生まれる行動や，自律的にやれることを行う（創意工夫）という行動が生まれことになると考えることができるのである。それは下から起こる自発的な支援や勤勉であり，閉鎖的な中で生まれる上からもたらされる支援や勤勉とは異なる。

　この点についてヒューム（D. Hume）が言う「限られた思いやり」という考え方を用いてもう少し考えてみることにしよう。限られた思いやりとは，人間はもともと限られた近い範囲では思いやりを自然に持っているという考え方である。端的に言えば，遠い世界で起こっている不幸な出来事に対しては，なんとか助けようと行動を起こすまでには至らないが，自分の周りで起こる不幸な出来事に対し

ては手助けしようという性質を人間は元来持っているものであるという考え方である。この限られた思いやりを含めて考えると，公―公共―私という三分法において，公共の場での他者とのコミュニケーションを通した他者への関心を広げることによって，思いやりの範囲は広がり，人間の公共心がより広い範囲で涵養(かんよう)されると考えることができるのである。

　数千人から数万人の従業員がいる組織においては，なかなか組織全体のための公共性を個人が持つことは難しい。結局，自分に与えられた仕事を着実にこなすことが組織にとってもプラスであると考えるのが普通である。しかし，やや楽観的な見方ではあるが，このように公共において公共性が涵養され，社会全体に公共性が行き渡るように，職場という公共の場を通して，組織においても公共性（支援と勤勉の意識）が涵養されうると考えることができるはずである。そしてそこで涵養された支援と勤勉の意識が大きくなり，職場のために自分に何ができるかという考え方から，役割を超えて組織のために自分に何ができるかということを自発的に考えることにつながると考えることができるだろう。職場をコミュニティ的にすること，つまり相互に関わりあうことを通して他者への関心あるいは職場への関心が生まれ，それが組織全体への関心へとつながることは十分に考えられることである。

　ここまでコミュニタリアニズム，そしてモラルサイエンスの公共哲学の考え方から，支援，勤勉，創意工夫のバランスのよい実現について考えてきた。ここまでの議論を踏まえて改めて言えば，組織と個人の間に職場を置き，その職場をコミュニティ（関わりあう場）にすることで，個人の周りにある世界への関心が，自己の責任や役割の積極的な遂行，やるべきことをきちんとやる意識，お互いを助けあう意識，あるいは自己の成長への意欲へとつながると考えることができるのである。また一方で，職場は組織からのさまざまな施

策やコントロール，方針を適切な形で実行する組織と個人の媒介者ともなりうる。組織と個人の関係において，その間に公共空間である職場を置くこと，そして職場がコミュニティとしての機能を持つことで，組織における支援，勤勉，創意工夫のバランスのよい実現の可能性が見えてくるのである。

次節では，この章のまとめとして，「関わりあう職場によるマネジメント」という形で，ここまでの公共哲学の知見を踏まえた議論をまとめることにしよう。

3 │ 関わりあう職場のマネジメント

ここまで公共哲学，とくにコミュニタリアニズムとモラルサイエンスの考え方から，本書の問題意識への展開を図ってきた。一見，経営管理あるいは経営組織とは縁遠い分野の議論ではあるが，すでに見てきたように，公共哲学が社会における協働と秩序と自律のバランスのよい実現を果たそうとする点において，本書の問題意識と重なる部分は少なくない。そこで改めて，ここまでの議論から本書の問題意識への示唆という点から考えることにしたい。

まず，組織において支援や勤勉をもたらすためには，支援や勤勉を促進するだけでなく，それによって自律が失われることも考える必要がある。そして，これにはさらに2つの示唆がある。1つは，支援や勤勉といった他者指向の公共的行動と自律的な行動を同じ議論の俎上に載せる必要があるということである。近年の組織行動論では，研究上の焦点化を行うがゆえに，次章以降で触れる組織市民行動に代表されるような支援や勤勉に関わる行動と，創意工夫のような自律的な行動を同じフレームワークの中で論じることがほとんどなかった。たとえば，支援や勤勉をもたらす要因は何か，そしてその心理メカニズムはどのようなものかといったように研究上の焦

点を絞るために，その要因が同時に自律的な行動にはどのような影響をもたらすのかといったことは研究上の枠外に置かれていたのである。もちろん自律的な行動に焦点が絞られた場合でも同様である。しかしわれわれには，経営管理という視点，よりよい経営管理を実現するという視点から，この2つの行動を同時に議論することが求められるはずである。

　2つめは，そのうえで支援と勤勉と創意工夫をバランスよくマネジメントすることがやはり求められるということである。これは，すでに述べてきたように3つの行動が起こることが善き経営組織の状況であると考えられることと同時に，協働と秩序と自律の逆転共生の関係に見られるように，どちらかを強化するのではなく，バランスよくマネジメントすることが組織において最もよい状態であると言えるからである。次章で触れるコミットメント経営や組織文化などの強い価値観によるマネジメントのように，組織における助けあいや規律を強調することによって組織において自律が失われてしまうという問題は，新しい視点が生まれにくくなるという点で組織において大きなデメリットであると考えるし，キャリアなどの個々人の目的を組織のために犠牲にするという個人の視点からも好ましくない。一方，反対に自律だけを高め，公共的な側面を強調しないのも，組織が単なる個の集合になってしまうという点で組織の力が十分に発揮できなくなると同時に，個々人の自律的な行動が他者の自律的な行動を阻害することを考えると，やはり個人の視点においても好ましいとは思えない。

　次に，コミュニタリアニズムの考え方では，秩序や協働と自律を上からではなく，コミュニティを基盤として下から生み出そうと考えている。この点が本書の問題意識への2つめの大きな示唆である。この考え方の背後には，公私一元論あるいは公私二元論から，公—公共—私（組織—職場—個人）の公私三元論への思考上の転換がある。

経営組織論の観点から考えれば，経営組織において職場を単に組織上の1つの単位としてではなく，コミュニティとして個人が相互に関わる場と捉えることで，個人は他者への関心を広げ，支援や勤勉のモラルを持つことになると考えることができる。また，このような関わりあう職場の存在が，自己の責任を意識しやすくし，役割の積極的な遂行，そして役割外であっても自分にできることを探し実行することを促す。さらには，他者との関係の中で自分の意義や役割，仕事における目的を積極的に見いだすことができるようになることで，キャリア意識や仕事における個人的な動機の向上にもつながると考えることができる。職場の中での関わりあいを強くすることで，それを通して職場の他者をより理解することになる。それによって，大きな組織の中で代わりがいくらでもいる歯車であるという感覚から，職場における代わりのいない存在であるという意識を持つことができるのである。これはやや楽観的な見立てであるが，本書が想定するコミュニタリアニズムの公共哲学の考え方に基づく，支援と勤勉と創意工夫のマネジメントはこのようなものであり，以下本書では「関わりあう職場のマネジメント」と呼ぶことにしよう。

4 本書の問いと，実現のためのマネジメント

ここまで，第1章とこの第2章では，職場に焦点を当てた支援と勤勉，創意工夫のマネジメントの可能性を論じ，序章で示した基本仮説の導出を試みてきた。第1章では，タマノイ酢のケースからいわば帰納的に，本章では公共哲学，とくにコミュニタリアニズムとモラルサイエンスの考え方から，関わりあいの強い職場が支援や勤勉，創意工夫をもたらす可能性を論じてきた。実際のところで言えば，第1章で議論されたタマノイ酢におけるマネジメントの実態と，本章で議論してきた観念的な関わりあう職場のマネジメントはぴっ

第2章　協働と秩序と自律　63

たりと重なるわけではない。たとえば、タマノイ酢のマネジメントでは、導入時研修によってある種の価値観を新入社員に浸透させていた。このようなマネジメントは本章の議論では下からではなく、上からのマネジメントとなる。また、ジョブ・ローテーションによる組織内での職場間の人の異動が、タマノイ酢における助けあいや支えあいととことんやる姿勢をもたらす重要なマネジメントの１つであることが指摘された。しかし、本章で議論された関わりあう職場のマネジメントでは、それに十分に対応する議論はなされておらず、単に開放的なコミュニティということで表現されるのみである。またタマノイ酢のケースでは、本書が注目する自律的な創意工夫行動についてはそもそもあまり見いだすことができていなかった。

　このように、２つの章で別々に議論してきたマネジメントの姿に不一致な点があっても、基本仮説の導出という点において、この２つの章における議論は十分な示唆を与えてくれたと考えることができるだろう。少なくともわれわれは、職場における関わりあいをマネジメントすることによって、職場において互いに助けることややるべきことをきっちりやること、自分たちなりに仕事のうえで創意工夫しようとすることが促されるメカニズムを理解し、その可能性を確認することができた。そもそも当然ながらそのメカニズムを具体的に整理して言えば、支援に関しては、①仲間意識や職場への愛着によるもの、②共有する目標達成のため、③支援の必要があることの認識から、④お互いさまといった互酬性による、⑤他者との関わりの中、自身ができることをやろうとする、といったことが考えられる。次に勤勉に関しては、上記のうち③を除く①②④⑤のメカニズムが職場において働き、勤勉へとつながると考えられる。一方、自律的な創意工夫行動は上記①②とともに⑤と同じようなメカニズムだが、⑥関わりあうことによって自身のアイデンティティを理解し自分らしさを求めるため、そして⑦職場や組織へ早く貢献したい

という意欲，といったことが考えられる。改めて，ここまで議論してきた関わりあう職場のマネジメントはこのようなメカニズムによって支援，勤勉，創意工夫をもたらすと考えられるのである。

　また，この章で触れた「限られた思いやり」の観点を加味すれば，職場における身近な思いやりを経験することによって，より大きな思いやりを育むことにつながる。タマノイ酢のケースにおいても，職場における関わりあいが，ジョブ・ローテーションを通して，職場間での助けあいや支えあいをもたらしていた。これらのことからは，職場レベルでの関わりあう職場のマネジメントを通して，組織全体へと支援や勤勉，創意工夫が広がっていく可能性があることが示された。

　さて，序章で先取りして触れた基本仮説と，それを実現するための「関わりあう職場のマネジメント」が，第1章と第2章の議論から導出された。では，この基本仮説と関わりあう職場のマネジメントは，経営管理論あるいは組織行動論においてどのように位置づけることができるだろうか。第3章，第4章では経営学においてこの基本仮説とそれを実現する関わりあう職場のマネジメントを定置していきながら，この関わりあう職場のマネジメントについての考察をより深めていくこととしたい。

第Ⅱ部

経営学における関わりあう職場のマネジメント

第**3**章

上からのマネジメントと下からのマネジメント
経営管理論における位置づけ

● は じ め に

　第Ⅱ部となる第3，4章では，第Ⅰ部で導出された基本仮説とそれに基づく関わりあう職場のマネジメントを，それぞれ経営管理論と組織行動論において位置づけていこうと考えている。より丁寧な言い方をすれば，タマノイ酢のケースと公共哲学の議論から導出された基本仮説，ならびに関わりあう職場のマネジメントが経営管理論や組織行動論においてどのように議論されてきたかを確認し，さらにそれぞれの文脈で基本仮説と関わりあう職場のマネジメントとの違いを考察しながら，その特徴をより浮き彫りにしようと考えている。

　まず，この第3章では，経営管理論において関わりあう職場あるいは支援や勤勉，創意工夫をもたらすマネジメントがどのように議論されてきたのか，という点について既存研究から検討することにする。まず，職場における人間関係や社会的関係の重要性に着目した古典的経営管理論に触れる。古典的経営管理論においても，人間関係論をはじめとして職場における社会関係とそれによる自発的な支援や勤勉の重要性が指摘されてきた。また，本書の観点とは異なるものの，組織と個人の間にある職場あるいは小集団の役割も指摘されてきた。

　次に，コミットメントという概念に着目して，従業員の高い貢献意欲や支援行動や勤勉意識を引き出すコミットメント経営，さらに

その発展的研究であるハイコミットメント型人的資源管理論の2つの研究群と関わりあう職場のマネジメントの相違点を検討する。これらの研究においては，組織の理念，あるいはそれによるコミットメントを増大することによって，より自発的な支援や勤勉がもたらされると考えられてきた。しかし一方で，画一的な理念や価値観による問題点も指摘されている。それはちょうど前章で指摘した上からのマネジメントによる問題と重なりあう。

最後に本書のスタンスに近い，関係に着目した社会関係資本によるマネジメントと協働的コミュニティの議論から関わりあう職場のマネジメントの特徴を浮き彫りにする。

1 職場から組織へ――古典的経営管理論の視点

本書が提示する関わりあう職場のマネジメントは，組織と個人の関係において職場という存在を間に置き，職場を通して組織と個人の関係を考えようとする点，つまりマネジメントの主体として職場に注目しているのが1つの特徴的な点である。近年の経営管理論ではあまり職場そのものへの注目が集まっているとは言えない。しかし，職場への注目は経営管理論における古典的な研究において見ることができる。たとえば，ホーソン工場実験を行ったメイヨー（E. Mayo）やレスリスバーガー（F. J. Roethlisberger）たちは，作業環境（照明や休憩時間など）と生産性の関係の調査を行う中で，作業環境よりも工場内あるいは働く人々の間のインフォーマルな人間関係，そこに発生するモラール（士気）やチームワークが生産性に大きな影響を与えていることを見いだした。とくに Mayo（1933）では，ホーソン工場実験やミュール紡績の事例などをもとに，持続的共同作業（チームワークの組織）の重要性が再三繰り返し述べられている。また，ホーソンのリレー組立実験で対象となった女性工員たちは，

自律的なチームとなり良好な協働関係によって生産性の大幅な向上を成し遂げている。

　ホーソン工場実験を起点とする人間関係論と呼ばれる経営管理論は，生産技術や労働環境といった仕事の設計に着目してきた科学的管理法をはじめとする経営管理から，人間関係やモラールあるいはそれらを管理する監督行動（リーダーシップ）に着目する経営管理へとパラダイムをシフトさせることになったが，あわせて小集団やチームワークの重要性とそれによってもたらされる支援や勤勉も強調されていたのである。また，イギリスにおいてもタビストック研究所のチームが，石炭採掘所における技術システムの変化がもたらす作業集団の自律性の喪失から，技術システムとそれに連動する社会システムの重要性を示唆している（Trist & Bamforth, 1951）。

　このように，古典的経営管理論において職場やそこで起こる支援や勤勉といった行動の重要性はすでに注目されていた。というよりも，組織全体の管理システムのあり方を示したファヨールによる管理過程論は例外にせよ，古典的経営管理論が念頭においた工場や石炭採掘の現場における仕事においては，組織イコール工場あるいは石炭採掘の現場であり，組織をマネジメントするということと職場をマネジメントするということにそれほど大きな隔たりがなかったことが背景として挙げられるだろう。しかしながら，組織の規模が大きくなるにつれ，組織と職場は異なるフィールドになっていった。いわゆる新人間関係論と呼ばれるリカート（R. Likert）による一連のシステム4の研究では，工場（あるいは組織）の中の小集団に着目し，小集団による参加型管理を提唱している。ここに至って，経営管理論において組織（工場）と職場（作業小集団）は明確に階層状の関係になり，経営管理は集団や職場のマネジメントではなく，複数の職場や小集団を含む組織のマネジメントということが前提となったと言える。このような産業や組織の規模の大規模化に伴い，

職場のマネジメントという主題は注目されない課題となっていったと言えよう。

　また一方で，古典的経営管理論以後，積極的に他者を助けたり，組織のルールや規範をきっちり守ったり，あるいは役割を超えて組織に貢献したりといった行動は，組織文化や組織理念，規範によるマネジメント，従業員の組織へのコミットメントによるマネジメントの文脈で注目されるようになってきた。そこでは，定められた仕事をしっかりとこなすように組織が個人をコントロールするという考え方ではなく，強く（指し示すような）コントロールをしなくても自発的に個人が組織の意図をくんで行動するという考え方でマネジメントが考えられるようになる。組織が大規模になり，また企業を取り巻く市場や技術が複雑になり，変化のスピードが早くなったことにより，組織メンバーに細かく具体的な行動を定めたうえでそれをコントロールするというマネジメントがしにくくなっている。Mayo（1933）においても「産業組織が大きくなればなるほど，単に技術的進歩に依存するのみならず，グループのあらゆる成員の自発的な人間的協同関係に依存することが大きくなる，というのは真実である」と述べられている。このように変化にあわせてトップダウンで仕事やルール，手続きを改変し，そこで従業員にイメージ通りに行動してもらうというよりも，役割を超えて自発的に行動することをマネジメントすることが重要になってきたのである。

　これらのことをやや逆説的に言えば，産業や組織が大規模化してくることによって，職場のマネジメントへの注目が薄れる一方で，他者を助けたり，組織のルールをきっちり守ったり，役割を超えて組織に貢献するような行動が重要視されてきたのである。本書の基本仮説に含まれる，職場のマネジメントと，支援，勤勉，創意工夫の行動は，企業の大規模化や企業環境の変化スピードの高速化といった変化とともに，互いに結びつかないままに注目が入れ替わっ

てしまっていたのである。

2 コミットメント経営と組織における関わりあい

続いてこの節では，古典的経営管理論以降に注目されたコミットメントによるマネジメントについて検討する。コミットメントによるマネジメント（以下，コミットメント経営）においては，すでに述べたように，具体的に1つひとつの行動をきっちりとさせるマネジメントというよりは，コミットメントを背景に自発的に従業員に行動させるマネジメントが根底にある。その概要について触れ，さらに本書の関わりあう職場による支援，勤勉，創意工夫を生むマネジメントとの関わりについて検討することにしよう。

◆ コントロールからコミットメントによるマネジメントへ

古典的経営管理論からコミットメントによるマネジメントへの転換を最初に明示的に示したのは Walton（1985）であろう。Walton（1985）は，コントロールによる経営管理の時代が終わり，コミットメントによる経営管理へとマネジメントの考え方を転換することを提唱した。ここで言う「コミットメント」とは，組織への愛着や一体感，あるいは経営理念や組織文化，組織の価値観の内在化を意味する。一方，ここで言う「コントロール」とは，手順や役割を明確に決め，従業員にできる限りマネジメント側が意図する行動をとらせようとする行為を指す。たとえば，マニュアルを整備したり，特定の成果を上げたものを評価したり，すべきでないことに対して罰則を用意したりすることで従業員は特定の方向の行動にコントロールされることになる。自発的な要素があるとすれば，それらの行動をより熱心にすることや，より多くやるべき仕事をこなすことといった点についてだけである。

このコントロールを基盤としたマネジメントと対比したうえで，改めてコミットメント経営の特徴を述べれば，たとえば，コントロールを基盤としたマネジメントでは，組織内の調整がルールや手続きに依存したのに対して，コミットメント経営では共有された目標や価値，伝統といったものに依存することになる（Walton, 1985）。ゆえに，仕事の設計は固定的なものから状況に応じて変更できる柔軟なものへと変わり，トップダウンによるコントロールからフラットで相互に影響しあうようなシステムへと変わる。そしてこのようなコミットメント経営は，自律的な目標の拡張や継続的な改善をもたらし，その成果として企業に高い業績をもたらすとしている。

表3-1に見られるように，Walton（1985）の指摘する点を見れば，職場という要素についてはあまり触れられていない[1]が，コミットメント経営が考えているものは，本書が焦点を当てている支援，勤勉，創意工夫のマネジメントに近い。その点から言えば，Walton（1985）の主張は，コミットメントを高めることによって，コントロールをしなくとも，従業員はマネジメント側が期待する行動をとるという点である。つまり，手綱をきちんと握って，馬を御すことをしなくとも，馬にちゃんと進むべき大まかな方向や進むときの考え方を教え込んでおけば，馬はまたがっているだけで乗り手の望む方向へと勝手に進んでくれるという考え方である。

◆ 初期コミットメント経営の問題意識

このようなWalton（1985）の見解は，この時期彼だけが主張したものではない。強い組織文化の重要性を示すことになったDeal & Kennedy（1982）の「シンボリック・マネジャー」やPeters &

---

[1] 具体的に職場について触れた部分はないが，フラットな組織形態であったり，現場に多くの権限をもたせたりする指向は，職場や現場に焦点を当てたマネジメントであることを示唆しているとも言える。

表 3-1 Walton (1985) による 3 つの経営管理戦略の違い

	コントロール	移行期	コミットメント
職務設計の原則	個人の職務内における個人的配慮	上位システムの成果へと拡張された個人の責任の範囲（QWL や EI あるいは QC のような参加型サークルを通じて）	上位システムの成果へと拡張された個人の責任
	職務設計は職務を単純化し，断片化する。また行動と思考を分離する	伝統的な職務設計あるいは説明責任と変更なし	職務設計は職務の内容を高め，仕事全体を強調し，行動と思考を接合する
	説明責任は個人に焦点が当てられる		基本的な責任単位としてのチームの多用
	定められた職務の定義		変化する状況に依存するような義務の柔軟な定義
期待される成果	最低限の成果を定めた測定される標準		より高いところに置かれることを強調。動態的で市場価値を指向する「ストレッチ目標」
組織構造，システム，スタイル	階層化され，トップダウンのコントロールを伴う構造	組織構造，コントロール，権威に関する変更なし	相互の影響システムを持つフラットな組織構造
	調整とコントロールはルールと手続きに基づく		調整とコントロールは共有された目標や価値，伝統に基づく
	特権や地位による権威をより強調		マネジメントは問題解決，関連する情報や専門性を重視
	ステータスシンボルは階層を強めるために配布される	いくつかの見えるシンボルが変化	固有の階層を強調しないために最低限の地位の違い
給与・報酬の方針	個人にインセンティブを与えるための多用な支払い方法	典型的には変更なし	公平・公正をつくり，集団の達成を強化する多用な報酬
	職務の評価に焦点を当てた個人的な支払い		個人的な支払いはスキルと習熟度にリンク
	沈滞時には，時間給に対して集中したカット	従業員グループの間の犠牲の平等	犠牲の平等
雇用の保証	従業員は変動するコストとみなされる	変革に携わることが失業につながらないようにする保証	変革に携わることが失業につながらないようにする保証
		レイオフを避けるための余分な努力	離職を避け，再雇用を促進するための高いコミットメント
			人的パワーを維持すること，訓練することを優先
従業員の発言方針	従業員からの発言は狭い範囲でのアジェンダのみ。そのリスクは強調される	企業統治に変更なし。場当たり的なコンサルテーションのメカニズム	従業員参加は広い範囲において促される。その利益が強調される。新しい企業統治のコンセプト
	知る必要のある情報のみが厳格に伝えられる	情報は追加的に共有	仕事上の情報は広く共有される
労働者と経営者の関係	敵対的な関係	ほぐれた敵対的な関係	相互作用的な関係
			組合，経営サイド，労働者がそれぞれの役割を再定義

(注) QWL：Quality of Working Life, EI：Employee Involvement, QC：Quality Control の略。
(出所) Walton (1985) をもとに筆者作成。

Waterman (1982) の「エクセレント・カンパニー」も，強い理念や価値観がそこで働く人々の自発的な行動を生んでいることを示している。また，コントロールからコミットメントへという転換は示していなかったが，Ouchi & Price (1978) では階層的クラン (hierarchical clan, あるいはセオリーZ)，Ouchi (1980) ではクラン (結社) という表現で，信頼やコミットメントをベースにした組織について類型が示されている。ただし，Ouchi らは，Walton (1985) と同様にコミットメントを基盤とした組織のマネジメントに着目しながらも，従業員をコントロールするという考え方からコミットメントや信頼に基づく組織を考えた。

彼らは，組織におけるコントロールのメカニズムとして，市場 (market) メカニズム，官僚制 (bureaucratic) メカニズム，そしてクラン (clan)・メカニズムという3つのメカニズムを挙げている (Ouchi & Price, 1978; Ouchi, 1980)。市場メカニズムでは，価格のメカニズムによって調整や協働が行われ，官僚制メカニズムでは権威や正統性のメカニズムによって調整や協働が行われる。そして，クラン・メカニズムでは共有する価値や規範によって調整や協働が行われる。これら3つのメカニズムは，組織間あるいは組織内の集団間の関係をも含んだものであるが，本書が焦点を当てている職場あるいは集団内の個人の観点から考えると，市場メカニズムはその行動に十分な対価が支払われるためにお互い協力をしたり助けあったりするということであり，官僚制メカニズムでは上位者が協力することや助けあうことを支持するからそうすることになる。一方，クラン型の組織では画一的な価値観が浸透しており，メンバーは組織の目的や価値を共有しているために，協働し目的に沿った形で調整が行われるようになる。Ouchi らのこのクラン型組織の考え方は，セオリーZとして提示され，具体的な経営管理手法を伴う経営管理の新しいパラダイムとして示されることになる。

さて，Ouchi らの考え方をベースにすれば，コミットメントを高めることも，コントロールの1つの方法ということになる。マニュアルや手順やパワーによって行動させる直接的な方法ではないが，コミットメントを高めることによって間接的に従業員をコントロールしていると言えるからである。Walton（1985）のコントロールが狭義のコントロールだとすると，Ouchi らのコントロールはコミットメントによるものも含む広義のコントロールであると言えよう。

さてすでにわかるように，コントロール，管理，マネジメントという言葉はあまり区別されず議論が進められてきた。しかしこれらの言葉をその場その場で用いていくことは，議論の混乱や誤解を招く恐れがある。そこでこのような流れを踏まえたうえで，本書では，それぞれの著者があえて用いている場合を除いて，コントロールとは狭義のことを指す。つまり，管理者が明確な行動のイメージをもって，特定の行動へと差し向けようとする場合をコントロールと呼ぶことにする。一方で，広義のコントロールはマネジメントあるいは管理という言葉で呼ぶことにしたい。

◆ 初期コミットメント経営と関わりあう職場のマネジメント

ここで示してきた，理念や価値観をベースにした組織という類型それ自体は，1980年当時においても決して新しいものではない[2]。ただし，理念や価値観をベースに，従業員の組織に対するコミットメントを基盤とした組織を肯定的に，つまり組織に業績をもたらす

2　たとえば Etzioni（1996）では服従関係に基づく組織の類型として，強制的組織，功利的組織，規範的組織の3つを挙げているが，規範的組織は組織の提示する価値観によって組織と個人の服従関係が成立する組織であり，その姿はここで示すコミットメント経営に近い。ただし Etzioni（1996）は，会社組織は規範的組織に分類されるケースもあるが，一般的には功利的組織に分類しており，規範的組織に分類される組織としては宗教組織や政党を挙げている。

第3章　上からのマネジメントと下からのマネジメント

図3-1　コミットメント経営のフレームワーク

理念・価値観 → 組織への愛着・同一化 → 助けあい秩序維持

と示された点で新しく，コミットメントを基盤とした組織やその管理は，まさしくこの時点における経営管理における1つのパラダイム転換であったと言えるであろう。そしてコミットメントに基づくマネジメントは，クレド・マネジメント（credo management）というような形で，現在も多く実践されている有効なマネジメントである。また，本書の基本仮説に引きつけて考えれば，価値観へのコミットメントを重視した経営は，従業員に価値観を浸透させ，お互いの好意を醸成することで組織への献身，あるいは組織の仲間同士の相互扶助をもたらすマネジメントであると考えることができる。またその背後にあるメカニズムも，組織あるいは職場の中での互恵性を想定している点で，本書が提示する関わりあう職場のマネジメントの考え方と共通する部分もある。

しかし，コミットメント経営は価値観の画一化を前提にしている点で，関わりあう職場のマネジメントの考え方とは異なる。さらに言えば，コミットメント経営が持つ欠点の1つである画一性による組織の停滞（Ouchi & Price, 1978）は，この点に起因するものでもある。コミットメント経営においては，組織のメンバーは共通する価値観を持つことになり，それがコミットメントの源泉になり，組織の強さの源泉ともなる。その一方で，組織のメンバーが共通の価値観を持つことは，新しい価値観が生まれにくいと言うこともできる。なぜなら，画一的な価値観のもとでは，既存の価値観に異を唱える人が少なく，新しい価値観を示す人もそれを受け入れる人も少ないからである。それゆえ，コミットメント経営では組織が停滞してし

まう危険性を常に持つことになる。

　この点について，より具体的に言えば，理念や組織文化を通じて組織のメンバーの価値観を画一化するということを基盤に置く点で，コミットメント経営と本書が目指すコミュニタリアニズムの考え方を基盤としたマネジメントとは異なると言うことができよう。つまり，本書が提示する基本仮説に基づく関わりあう職場のマネジメントは，職場の中で人々が関わりあうことを通じて，相互に助ける行動や勤勉さを維持する行動，そしてそれぞれの仕事において創意工夫する行動が起こると考えている。そのメカニズムの1つとして集団への愛着や価値の共有があることは事実であるが，必ずしもそれだけをマネジメントの基盤としない。むしろ，関わりあいを通して他者との違いを認識することで，自己のアイデンティティを感じ，その結果自律的な行動に結びつくことや関わりあうことで互いを知り，その結果お互い助けあえることも，関わりあう職場のマネジメントは含んでいる。

　このような，コミットメント経営と関わりあう職場のマネジメントという2つのマネジメントの間の違いは，2つの点でより具体的に示すことができる。1つは，コミットメント経営が上からのマネジメントを指向している点である。コミットメント経営においては，強い理念や価値観は，新人の組織社会化の強化やクレド・マネジメントによる経営理念の浸透など，上からのマネジメントによってなされることになる。第1章で取り上げたタマノイ酢のケースは，関わりあう職場のマネジメントの側面も持っているが，導入時研修において組織の考え方を浸透させるという点では，このコミットメント経営の側面も含んでいると言えよう。

　そしてもう1つの違いは，職場を介したマネジメントではないという点である。つまり，コミットメント経営は，組織と個人の1対1関係を念頭に置いており，組織が直接個人を管理するという考え

方で議論がなされている。価値観や目標を共有することによって，相互の助けあいや組織メンバーの勤勉を促すという点では，コミットメント経営と関わりあう職場のマネジメントに共通する点はあるが，コミットメント経営がそれを上からのマネジメントによる画一的な価値観によって成立させようという点では異なると言える。

3 │ ハイコミットメント型人的資源管理と組織における関わりあい

その後，コミットメント経営はより実践的な方向へと進み，ハイコミットメント型人的資源管理の研究[3]として成熟していった。支援や勤勉，創意工夫行動をもたらすマネジメントという点は後に述べるとして，ここではコミットメント経営の実践的な展開を行ってきたハイコミットメント型人的資源管理論の議論を追うことにしよう。

◆ ハイコミットメント型人的資源管理論の進展

ハイコミットメント型人的資源管理論の研究のうち，実践的な事例をもとにして，改めてコミットメントを高めるマネジメントの有効性を議論した研究群（Pfeffer, 1998; O'Reilly & Pffefer, 2000）の主張は，人的資源管理論に位置づけられることからもわかるように，会社組織における人的資本（human capital）の重要性，人材重視の経営管理を主張するものである。つまり，人材を重視するような施策，人材に投資する施策を充実させることによって従業員のコミットメ

---

3 ほぼ同義であるが，High-Involvement HRM とする研究もある（Lawler, 1992; Guthrie, 2001）。あるいはこれらの研究群を High-Performance Work System（HPWS）と呼ぶこともある（Huselid, 1995; Evans & Davis, 2005）。それぞれの主張は微妙に異なる部分もあるが，ここでは統一して「ハイコミットメント型人的資源管理（HRM）」とする。

ントが高まり、さまざまな組織業績へと結びつくと考えたのである（Guthrie, 2001）[4]。

フェファー（J. Pfeffer）らの研究では、ハイコミットメント型人的資源管理を改めて人材を重視する経営であることを示したうえで、そのロジックを実践的な事例によって分析したが、その後、さらにハイコミットメント型人的資源管理論は、より実証的な方向へと研究が進み、定量データによるハイコミットメント型人的資源管理の有効性の実証研究が蓄積されることになった。コミットメント経営の研究は、フェファーらの事例分析からの一般化と並行して、定量データによるその妥当性の検討へと研究が進んだのである。その嚆矢となった研究として Arthur（1992, 1994）が挙げられる。彼は、経営組織におけるさまざまな人的資源管理の特徴を分類したうえで、コスト削減型（cost reduction）とコミットメント増大型（commitment maximizing）の2つの人的資源管理のタイプがあることをクラスター分析から明らかにした（Arthur, 1992）。これらの分類は、先に示した Walton（1985）の示唆したコントロール型とコミットメント型とほぼ一致している。

具体的には、①分権化、②従業員参加プログラム、③人材訓練、④スキルレベル、⑤監督、⑥手続き、⑦社会性、⑧賃金水準、⑨従業員への手当、⑩ボーナス、の10のカテゴリにおける違いを企業戦略や企業の置かれている環境から明らかにし、その結果、10のカテゴリにおいて、より人材を重視するコミットメント増大型とそうではないコスト削減型に分かれることが示された[5]。また Arthur

---

4 これ以外の実践的な研究として、Katzenbach（2000）がある。コンサルタントである著者は、コミットメントの強い従業員が高い業績を示すことを踏まえ、コミットメントを高める5つのパスを示した。

5 実際には、コスト削減型とコミットメント増大型の2つのタイプの下位にそれぞれ3つのタイプがあることが示されている。

(1994) では、この2つの類型をもとに業績との関係が調査され、コミットメント増大型のほうがコスト削減型よりもよい組織業績[6]を上げていることが示された。つまりこの段階で、Walton (1985) から続くコミットメント経営の妥当性の主張は、支持されたと言うことができる。

その後も、高業績につながる人的資源管理あるいは経営管理手法の実証研究が蓄積されていったが、結果的に高業績の経営管理 (HPWS) とされたのは従業員のコミットメントを高める経営管理手法であった。たとえば、組織のさまざまな業績との関係を詳細にかつ大規模に調査した Huselid (1995) は、人的資本を重視する経営管理つまり人的資源管理の充実が高い組織の業績をもたらすという考えのもとに、13項目に及ぶHPWSの尺度を策定した。これら13項目は、大きく従業員のスキルや組織構造に関わる項目[7]と従業員のモティベーションに関わる項目[8]に分かれる。これらの項目はいずれも、実施されていれば人材を重視する人的資源管理を行っているとみなすことができる項目である。Huselid (1995) は離職率、生産性に加え、財務的な業績などを従属変数として分析を行い、人材を重視する人的資源管理は、離職率や生産性を介して財務的な業績に影響を与えていることを明らかにした。彼はコミットメントという用語はとくに用いていないが、人材を重視する人的資源管理は組織へのコミットメントを高めることにより、組織レベルの離職率を下げ、生産性を上げること、そして長期的関係の中で、人材が成長

---

6 Arthur (1994) の調査は、アメリカの製鋼工場を対象に行われ、組織業績として1トン製鋼するための労働時間と廃棄率を用いている。前者は生産効率を測り、後者は生産の質を測定している。

7 スキルや組織構造に関わる項目としては、たとえば、1年以上勤務した従業員が受ける研修の平均時間などが挙げられる。

8 従業員のモティベーションに関わる項目としては、たとえば、会社の正式な成果評価を受け取る従業員の割合などが挙げられる。

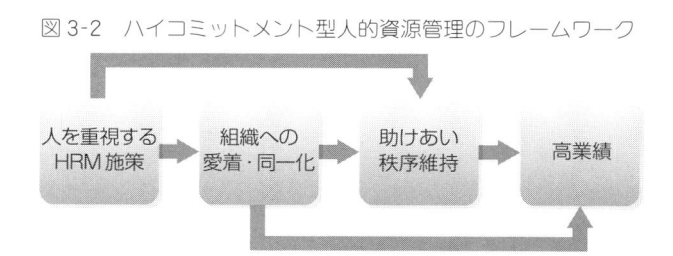

図 3-2 ハイコミットメント型人的資源管理のフレームワーク

人を重視する HRM 施策 → 組織への愛着・同一化 → 助けあい秩序維持 → 高業績

し，それらの人材が活躍することで業績を上げると考えられている。

ここまで見てきたように，初期コミットメント経営からハイコミットメント型人的資源管理（HRM）へとマネジメント研究が進展するうえで，研究の焦点は高業績を上げる HRM という視点へと徐々に移ってきた。より具体的に言えば，強い理念や価値観を注入することで組織へのコミットメントを高めることが高い業績を上げるという初期コミットメント経営のフレームワークは，コミットメントを高める HRM 施策とは何かという問いに変換され，長期的に人を大事にすること，成長や育成を主眼に置くことといった人を重視する HRM 施策が有効であるという考えに落ち着く。そして人を重視する HRM 施策が本当に高業績をもたらすのか，あるいは高業績をもたらす HRM 施策とは何かという実証的な問いへと変換され，高業績の経営管理（HPWS）の研究へと至る。もちろん HPWS の研究は労務管理論や人的資源管理論からの系譜も含んだ研究分野であるが，経営管理論からの系譜は以上のようにまとめられるであろう。

◆ **ハイコミットメント型人的資源管理論と関わりあう職場のマネジメント**

さて，関わりあう職場のマネジメントの観点からハイコミットメント型 HRM の研究群を見ると，ハイコミットメント型 HRM はコミットメントを高める施策という点で，支援や勤勉といった行動を

もたらす可能性が高いと考えられる。つまり、従業員の組織へのコミットメントが高くなることで組織メンバーとの一体感が高まり、そこに互恵性の規範が生まれると考えられるからである（Evans & Davis, 2005）[9]。ハイコミットメント型 HRM の研究群がコミットメント研究の延長線上にあると考えれば、この点は明らかであろう。また、実際にハイコミットメント型 HRM が支援や勤勉を含む組織市民行動[10]にポジティブな影響を与えることも、少ないながらも実証研究がなされている（Sun *et al.*, 2007; Gong *et al.*, 2010）。

ただし、ハイコミットメント型 HRM は、初期コミットメント経営とは異なり、組織における理念や組織文化を直接的に浸透させることで、コミットメントを高めるという考え方ではなく、雇用した人を大事に育てることを通じて組織と個人の関係を濃密なものとすることで、コミットメントを高めるという考え方である。その点では、理念や価値観、組織文化を注入する初期コミットメント経営に比べると上からのマネジメントという色彩は弱く、画一的な価値観による問題は起きにくいと考えられる。しかし、ハイコミットメント型 HRM は組織レベルの HRM 施策を起点とするために、マネジメントの規模は組織全体に及び、効果が間接的になりがちである。とくに組織規模が大きい場合には、それは顕著になると考えられる。また、ハイコミットメント型 HRM 施策により、創意工夫行動がも

9　彼らのモデルでは、ハイコミットメント型 HRM 施策が社会的関係を強め、その結果、高業績につながると考えている。つまり、コミットメントをベースとしたモデルではなく、関係をベースとしたモデルである。この社会的関係として、①弱い紐帯の構築、②互恵性の規範の一般化、③メンタルモデルの共有、④役割構築、⑤組織市民行動の5つの変数を取り上げている。彼らは、自律型チームによるマネジメントやチーム単位の評価制度を採用することによって、つながりが多くなり、互恵性の規範が高まると論じているが、実証研究を行っているわけではない。

10　組織市民行動の詳しい定義などは、本書第4章を参照。

たらされるかどうかという点については，その可能性は示唆されるものの，実際に明示的に示した研究は今のところ見あたらない。

本書が提示する関わりあう職場のマネジメント，ならびに基本仮説は，決して組織レベルの施策に対して疑義を示すものではなく，その有効性は十分にあると考えている。第1章で見てきたように，マネジメントにおいて組織レベルでできることもあれば，職場レベルでできることもある。また，ハイコミットメント型HRMは，高業績をもたらすHRM施策というところにその主たる研究関心があり，本書の射程よりも広い範囲の研究である。もちろん，本書が提示する関わりあう職場のマネジメントも，3つの行動が職場で起こることによって職場ひいては組織に高業績をもたらすと考えているが，研究のスタンスはやや異なる。そのため単純に本書のスタンスから，ハイコミットメント型HRM研究の限界を指摘することはできない。この章の目的は，本書が提示する関わりあう職場のマネジメントの優位性を示すためではなく，これまでの研究との違いを吟味することによって，関わりあう職場のマネジメントの特徴を理解しようというものである。

そのうえで，ハイコミットメント型HRMの研究が，関わりあう職場のマネジメントにもたらす知見を改めて述べるとするならば，具体的なHRM施策によって支援や勤勉をもたらすことを明らかにしたことを挙げられる。つまり，個人的な要因によってこのような行動がもたらされるだけでなく，組織的な要因（ハイコミットメント型HRM）によってもこれらの行動がもたらされることを明らかにしたことであろう。また，支援や勤勉をもたらすHRM施策が高業績をもたらすことも，本書が示す関わりあう職場のマネジメントにポジティブな意義を付加してくれるだろう。

4 社会関係資本によるマネジメント

　ハイコミットメント型 HRM は，人的資本（human capital）を中心においたマネジメントである。つまり，人を重視した経営管理（人的資源管理）をすることによって，企業の高業績が見込まれるという考え方である。一方で，社会や地域に公共性をもたらすものとして社会関係資本[11]（social capital）という概念をもとにした研究が，社会学や政治学，経済学などの分野で近年進んでいる。社会関係資本とは，信頼やつきあいの濃さ，つまり人ではなく人と人とのつながりに関する概念である。経営学においても，社会関係資本の概念を用いた研究が近年増えている。これら社会関係資本の研究の要点を誤解を恐れず一言で言えば，信頼やつきあいといった社会関係資本と呼ばれる資本を蓄積している社会や地域，組織，集団に所属するメンバーあるいは個人は，その資本を蓄積していない社会や地域，組織，集団に所属するメンバーあるいは個人よりも多くの便益を得ることができるということである。たとえば，近所との家族づきあいが古くから醸成されてきた地域と転勤族が多い地域では，犯罪の発生率が異なるといったことである。この節では，人と人のつながりに注目した社会関係資本と，その社会関係資本をもとにしたマネジメントについて触れていくことにしよう。

◆ 社会関係資本とは何か

　上記のようなシンプルな主張を持つ社会関係資本は，多様な分野から多様なアプローチで研究されている。そのために，社会関係資本という概念自体も，実際は多様に定義されている[12]。しかしなが

　11　social capital の訳に関しては，社会関係資本あるいは社会的関係資本があるがここでは社会関係資本を統一して用いることにする。

ら,多様な定義がなされる社会関係資本の概念ではあるものの,それらの概念はその研究の指向性から大きく2つに分けることができる(Coleman, 1988; 金光, 2003; Leana & Van Buren, 1999; Adler & Kwon, 2002)。

1つは,社会関係資本の公共財(public goods)としての側面を強調する研究である。これらの研究群では社会,コミュニティ,組織または集団といったマクロレベルあるいはメゾレベルの現象を取り上げる傾向がある。たとえば,イタリアやアメリカのコミュニティに着目したパットナムの研究(Putnum, 1993, 2000)や国家レベルの信頼の概念に着目したFukuyama(1996)は公共財としての社会関係資本を取り上げた研究の代表である。これらの研究では,社会関係資本を蓄積していることで,そこに所属するメンバーがさまざまな便益を得ることを明らかにしたうえで,社会や地域において社会関係資本を蓄積するような試みの重要性を指摘する。

もう1つは,私的財(private goods)としての側面を強調する研究である。これらの研究群では,個人レベルであれ,組織レベルであれ,社会的なネットワークを構築することによって構築した主体自身にさまざまな便益があると考える。代表的な研究群としては,社会ネットワーク論に基づいた研究が挙げられよう。たとえば,友人関係を広く持つ個人はそうでない個人よりもさまざまな便益を得ることができるといったことである。

経営管理論においては,社会関係資本の私的財としての側面を強調するアプローチが中心であった。つまり,さまざまなつながりを持つことが,つながりを持つ個人あるいは組織にとってさまざまな便益をもたらすというスタンスの研究である。しかし,近年はマネジメントにおける公共財としての側面に焦点を当てる研究も多くは

---

12 たとえばAdler & Kwon(2002)を参照。

表 3-2 社会関係資本の 2 つの捉え方の違い

性質／属性	社会関係資本	
	公共財	私的財
分析レベル	マクロあるいはメゾ（社会単位）	ミクロ（個人）
個人の利得	間接的	直接的
集団の利得	直接的	付随的
必要なつながり	弾力的	壊れやすい
個人の動機づけ	弱いあるいは中程度	強い

（出所） Leana & Van Buren (1999) より筆者作成。

ないがなされている。ただし，それらは知的資本（intellectual capital）を構築するために組織における社会関係資本の重要性を指摘する研究（Nahapiet & Ghoshal, 1998）や前節で触れた HPWS が高業績をもたらすロジックを説明するために社会関係資本を用いる研究（Evans & Davis, 2005）[13] であり，支援や勤勉あるいは創意工夫をもたらすものとして関わりあいに着目する本書の視点とはやや異なる[14]。

これらの研究は，経営現象において社会関係資本の重要性を指摘するものではあるが，組織において社会関係資本を中心においたマネジメントを指向する研究ではない。その点でマネジメントとして組織内の社会関係資本に焦点が当てられた研究は，筆者の知る限り決して多くはない[15]。以下では，その中で社会関係資本の経営組織への適応を目指し，組織的社会関係資本（organizational social

---

13 Evans & Davis（2005）の研究では内的社会構造（internal social structure）と名づけている。

14 Evans & Davis（2005）では，本書でも第 4 章以降で着目する組織市民行動そのものが社会関係資本の 1 つとして取り上げられている。一方で，Bolino *et al.*（2002）のフレームワークでは，組織市民行動が社会的関係資本を大きくすることが提示されている。

15 コンサルタントによるより実践的な研究としては，Cohen & Prusak（2001）がある。

capital) を提示する Leana & Van Buren (1999) の先駆的な研究を見ることにしよう。

◆ マネジメントにおける社会関係資本の活用——組織的社会関係資本

　Leana & Van Buren (1999) が考える組織的社会関係資本には連帯性 (associability) と信頼 (trust) の2つの要素が含まれている。連帯性は，個人の目標や活動よりも集団の目標や活動を優先するといった，参加者の積極的な意思や能力と定義される。そのため，ここでいう連帯性は，集団主義 (collectivism) あるいは社会性 (sociability) とは区別される。連帯性は，確かに協調性やコミュニケーション能力などを含むが，単に協力して仕事を進めることができる能力だけではなく，それを個人の目標よりも集団の目標を重視して進めていこうとする意思を含むという点で異なると，Leana & Van Buren (1999) は考えている。彼女たちによれば，組織的社会関係資本を蓄積した組織に所属する個人は，この連帯性が強いと特徴づけることができると考えられる。

　一方，組織における信頼は個人に集合的な行動をもたらす要因でもあり，集合的行動の結果生まれるものでもある。そして，この信頼には大きく2つのタイプがあり，1つは壊れやすい信頼 (fragile trust)，もう1つは弾力的な信頼 (resilience trust) と呼ばれる[16]。壊れやすい信頼とは，行動に関する報酬がきちんと支払われるだろうという交換関係が土台にある信頼である。たとえば，レストランでお金を払えば，それ相応の食べ物を提供してくれるだろうというよ

16　この2つの信頼はいわゆる道具的信頼 (instrumental trust) と関係的信頼 (relational trust) に，それぞれ対応する。ここでは Leana & Van Buren (1999) に沿って壊れやすい信頼と弾力的な信頼という用語を用いて説明をしていくことにする。

うな信頼である。壊れやすい信頼は，便益とコストが均衡する交換関係の場合には成立するが，便益とコストが不均衡な交換関係の場合には成立しない。その点で壊れやすい信頼であると言える。一方，弾力的な信頼は，規範や価値観を共有するような人間関係が基盤となる信頼であり，より強く壊れにくく，便益とコストが不均衡な交換関係にあっても成立する信頼である。

　また，信頼は1対1の信頼（dyadic trust）なのか，あるいは社会や集団内の広範な信頼（generated trust）なのかという違いもある。つまり，特定の人を信頼するという信頼か，同じ社会や集団に属する人ならば信頼できるという信頼の違いである。「お上の言うことは信頼できない」というのは役人全般に対する広範な信頼がない状態であり，「あの人の言うことなら信頼する」というのは1対1の信頼ということになる。このように分類される信頼を踏まえると，組織的社会関係資本が蓄積された組織においては，後者の弾力的な信頼が組織内に広範にあると特徴づけられ，そうでない組織では壊れやすい信頼が1対1の関係で結ばれることによって特徴づけられる組織であると言うことができる。

　連帯性と信頼（広範な弾力的な信頼）という2つの要素を持つ組織的社会資本は，組織へのコミットメントや仕事の柔軟性，あるいは集団主義的な組織，知的資本などをもたらす（Leana & Van Buren, 1999）。また，社会関係資本をもたらすマネジメントとして，長期雇用のような安定的な雇用関係，強い互恵性の規範，そして官僚制と特定化された役割を挙げている。詳しく見ていくと，社会関係資本は長期的に蓄積される一方で，一度の裏切り行為で破壊される側面を持っている。それゆえ，社会関係資本を蓄積するためには，長期的な雇用関係であると同時に，急な人員削減などを行わない安定的な雇用関係が必要となる。また強い互恵性の規範は，社会関係資本を維持するために必要とされる。これは，個々人が互恵的に行動

することを促すだけでなく，組織あるいは集団においてチームワークを促すためにも必要とされる。そして，社会関係資本をもたらすマネジメントの3つめとして，官僚制と特定化された役割を Leana & Van Buren（1999）は挙げている。きっちりとした手続きや役割を組織内に定めることで安定的な組織運営が可能になり，互恵的な規範がなくとも，お互いが協力することができるようになる。つまり，お互いの行っている役割と手続きが明確であることで，ある種の「見える化」が達成されるのである。その結果，相互に役割が代替可能になり，支援しやすい状況が生まれるのである。

　前節で，社会関係資本には公共財としての側面と私的財としての側面があることを述べた。これに関して Leana & Van Buren（1999）は，組織的社会関係資本を基盤にしたマネジメントを展開するうえでは，公共財としての組織的社会関係資本と私的財としての組織的社会関係資本のバランスを保つことが重要であると述べ，どちらか一方の社会関係資本を強くすることは組織を維持するうえで望ましくないと述べている。

　すでに述べたように，組織的社会関係資本が蓄積された組織では，組織内で柔軟に仕事をこなすことができ，知識や情報の蓄積が積極的になされるといった成果をもたらす。しかし一方で，このような組織的社会関係資本は，それを維持するためにコストがかかることが考えられ，またイノベーションの障害になったり，外的な環境への適応が遅れたりといった硬直的な組織になってしまう恐れもある（Leana & Van Buren, 1999）。これは，コミットメント経営がかかえる問題と同根と言える。ただしこの点については，組織的社会関係資本があるがゆえに，各個人が失敗を恐れず積極的なリスクテイクができる（Nahapiet & Ghoshal, 1998）とも考えることができ，その点では諸刃の剣としての側面を持っていると言える。

図 3-3　Leana & Van Buren（1999）による組織的社会関係資本のモデル

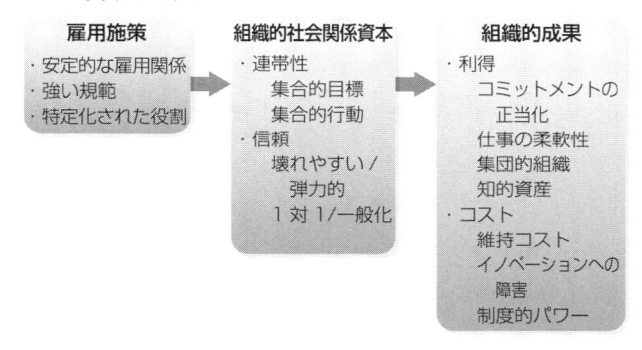

雇用施策
・安定的な雇用関係
・強い規範
・特定化された役割

組織的社会関係資本
・連帯性
　集合的目標
　集合的行動
・信頼
　壊れやすい／
　　弾力的
　1対1／一般化

組織的成果
・利得
　コミットメントの正当化
　仕事の柔軟性
　集団的組織
　知的資産
・コスト
　維持コスト
　イノベーションへの障害
　制度的パワー

◆ **社会関係資本と関わりあう職場のマネジメント**

　改めて社会関係資本の議論を考えると，社会関係資本は，その関係が閉鎖的であることと開放的であることの双方を射程に入れていることがわかる。ここで言う閉鎖的とは，村社会や仲のよい友達グループのような，固定的であまりメンバーの入れ替わりのない関係を指し，反対に開放的とは，関係が柔軟で，入れ替わりが頻繁に行われるような関係を指す。たとえば，バート（R. S. Burt）による構造的空隙（structural hole）やグラノベッター（M. Granovetter）の弱い紐帯（weal tie）の議論は，開放的であるネットワークの強みを強調したものであるが，一方で当然ながら信頼や規範の醸成は閉鎖的ネットワークの持つ特徴である（Coleman, 1988）。

　この閉鎖的かつ開放的な側面を示す点で，社会関係資本をもとにしたマネジメントは，閉鎖的な関係における信頼をベースに置く初期コミットメント経営とは異なる視点をわれわれに提供してくれる。初期のコミットメント経営では，長期的関係を前提とし，組織メンバーに画一的な価値観を浸透させるという点で，価値観の似通ったメンバーによる閉鎖的な側面を重視している。一方，社会関係資本

では閉鎖的な関係の強みとともに，開放的な関係の強みをも強調する。ただし，社会関係資本はこの2つの側面を持ちつつも，どちらかの側面を強調する研究が多く，彼女らの組織的社会関係資本のフレームワークにおいても，両者のバランスを重視すべきだと述べつつも，結果的にコミットメント経営に近い，閉鎖的な集団の強みを強調しているマネジメントと見ることができる。

このような限界はありつつも，Leana & Van Buren (1999) による組織的社会関係資本の議論は，組織における支援や勤勉，創意工夫をもたらす関わりあう職場のマネジメントに対し，重要な論理的基盤を与えてくれる。つまり，相互に関わりあうことが，連帯性や広範な弾力的信頼を生み，組織内あるいは集団内に社会関係資本を育むのである。結果として，組織的社会関係資本を蓄積した組織や集団内では，秩序や相互扶助の精神（市民精神）が生まれ，仲間への信頼から積極的なリスクテイキングといった行動が生まれると考えられるのである。このことは，社会関係資本の公共財としての側面を強調したパットナムがコミュニタリアニズムを主張する論者の1人として捉えられる（菊池，2004）ことからも当然であり，そもそも議論としての社会関係資本の考え方とコミュニタリアニズムが親和的であるのも自然である。

ただし，社会関係資本をもとにしたマネジメントの考え方と，関わりあう職場のマネジメントとの間には違いもある。社会関係資本の考え方は社会（あるいは組織や集団）と個人が1対1の関係であることを前提とした議論であり，第2章で議論してきた公共哲学の観点から言えば，公私一元論あるいは公私二元論の立場に近い。つまり組織と職場の役割を分化するという考えはみられない。一方，関わりあう職場のマネジメントでは，職場内で関わりあうことによって職場内において個人に支援や勤勉，創意工夫という行動がもたらされると考えると同時に，職場を超えてこのような行動が起こされ

るためにも，職場の役割が重要であると考えている。つまり，組織に対して自分ができることをやろうと考えるうえでも，職場レベルでの支援や勤勉，創意工夫といったことがスタートとして重要になると考えている。

　また，この視点を持つことによって，上からのマネジメントではなく，下からのマネジメントが強調されることになると考えている。社会関係資本の議論は，開放的なネットワークの利点を指摘するものの，組織に利益をもたらす社会関係資本はやはり閉鎖的なネットワークにおける関係性によってもたらされること，あるいは Leana & Van Buren (1999) に見るように，強い規範や価値観による上からのマネジメントを強調する。これは，社会関係資本という概念を中心に置きつつも，それによってもたらされる組織的成果と，それをいかに組織的に生み出すかという観点からの議論であることによるものであろう。つながりを作るという仕組みは，職場レベルであれば関わりあいを持たせる工夫ができるが，組織レベルであるとどうしても理念や価値観を共有させるという方法に行き着いてしまう。結果として，社会関係資本を基盤としたマネジメントはどうしても上からのマネジメントという視点から離れることができなくなってしまい，コミットメント経営が抱える問題を同じようになぞることになっているように思われる。

5 　*協働的コミュニティ*

　最後に Adler ら (Adler & Hecksher, 2006; Adler *et al.*, 2008) によって示された協働的コミュニティ (collaborative community) について検討することにしよう。Adler は，前節で述べてきたような人と人の関係を重視したマネジメントをより進める形で，複数の個人の間に成立するコミュニティに注目したマネジメントを提示した。端的

に言えば、組織的社会関係資本が閉鎖的な関係とそれによって蓄積される広範で弾力的な信頼をマネジメントの中心に置いたことに対し、協働的コミュニティでは同僚間の開放的な対話によって形成される内省的信頼をマネジメントの中心に置いたのである。

　まず Adler & Heckscher（2006）は、本章第2節で述べた Ouchi（1980）の3つのコントロール・メカニズムをもとに、それら3つのメカニズムが相互排他的な関係でないことを示したうえで、コミュニティ（Ouchi の類型ではクラン）型の新しい形として内省的信頼に基づくコミュニティを提示した。すでに述べたように、伝統的信頼が閉鎖的なコミュニティの中で伝統あるいはカリスマによる規範をもとに形成されるのに対し、内省的信頼は、同僚間の開放的な対話によって形成される[17]。そして伝統的な信頼ではなく、コミュニティがこのような内省的信頼に基づくとき、また階層的あるいは市場的な組織のメカニズムとバランスがとれているとき、そのマネジメントは知識のマネジメントにおいて最も有効なマネジメントであると Adler らは述べる。つまり3つのメカニズムの1つによって管理されている状態よりも、市場、官僚制、クランの3つの管理メカニズムがバランスよく組織の中に存在し、さらにコミュニティ（クラン）が伝統的あるいはカリスマによる規範ではなく、内省的信頼によって形成されていることが、今日重視される知識を重視する経営に最も有効な組織の状態であると言うのである。さらに Adler らは、とくにコミュニティ（クラン）型に着目し、知識のマネジメントを重視する専門家組織においては、協働的コミュニティが有効なマネジメントとして登場していることを示した（Adler & Heckscher,

---

　17　この点に関しては、Adler & Heckscher（2006）がハバーマスの主張を引用していることからも、協働的コミュニティが、本書が参考にするコミュニタリアニズムの考え方と親和的であると同時に、同一線上の議論であると考えることができるだろう。

表 3-3　Adler et al.（2008）によるコミュニティの 3 類型

	ゲマインシャフト	ゲゼルシャフト	協働的
構造			
分業	共有された規範によって調整される機械的分業	価格や権威あるいは双方によって調整される有機的分業	意識的な協力によって調整される有機的分業の拡張
相互依存性	垂直的依存	水平的相互依存	協力的相互依存性，水平的かつ垂直的
紐帯構造	ローカル，閉鎖的	グローバル，開放的	よりグローバル，開放的紐帯，同様により強い閉鎖的紐帯
価値			
信頼の基盤	忠誠 名誉 義務 地位の差異	誠実 能力 自覚 統合	貢献 関係 誠実 同僚間の協働（collegiality）
正当的権威の基盤	伝統あるいはカリスマ	合理的・合法的正当性	価値合理性
価値	集団主義	合理主義的個人主義	同時的高い集団主義と個人主義
他者への指向	排他主義，個別主義	普遍主義	同時的個別主義と普遍主義
自己への指向	依存的自己観	独立的自己観	相互依存的自己観

（出所）　Adler et al.（2008）より筆者作成。

2006; Adler et al., 2008）。

　協働的なコミュニティは，（さまざまな意味を含む）信頼を基盤とした組織であるが，ゲマインシャフト的コミュニティとゲゼルシャフト的コミュニティ（Tönnies, 1887）と対比される形で提示される。具体的には，協働的コミュニティはその構造の面で 2 つのコミュニティとは異なる側面を持っている。ゲマインシャフト的コミュニティでは，機械的な分業のもと，垂直的で伝統的な規範に基づいて調整が行われ，ゲゼルシャフト的コミュニティでは，水平的な相互依存性を持つ有機的な分業のもとで，価格あるいは権威によって調整が行われる。一方，協働的コミュニティでは公式的な手続きによる垂直的あるいは水平的な相互依存関係を持つ。しかしながら，それらの公式的な手続きは，階層的な上位者を定めるためでも，成果を評価するためでもなく，より協働しやすくすることを目的に設計

され,同僚間で互いの違いを評価し,成果を改善していくよう協働するために用いられる。これらのことからもわかるように,ゲマインシャフト的なコミュニティが忠誠に,ゲゼルシャフト的コミュニティが合理的な一貫性や自律性にそれぞれ価値を置いているのに対し,協働的コミュニティにおいて重視されるものは,共有する目的のための相互依存的な貢献である。

まだ十分な議論がなされてはいない協働的コミュニティという考え方であるが,その考え方は,プロフェッショナル組織を対象にしている[18]ものの,これまでのコミュニティ（クラン）的組織（コミットメントや信頼を基盤とする組織）の考え方を踏まえながらも,共有された目標を第一の価値とした相互依存的な関係とそれによって生成される内省的な信頼など,新しい視点を提供するものであり,本書の考え方と合致する点が非常に多い。とくに,相互依存的な関係と共有された目的の重要性については,コミュニタリアニズムの考えを経営組織論へと転換するうえで,大きな示唆を与えてくれている。ただし,本書が注目するいくつかの点については,まだ十分な検討がされていないと思われる。

それは大まかに言えば,彼らの議論がプロフェッショナル集団を前提として捉えているが,いわゆる会社組織においても同様の議論が成立しうるかということである。具体的にまず1つは,適用対象の問題である。ホワイトカラーをはじめとして知識労働者が多く,彼らのマネジメントが企業においても重要な点であることから考えれば,知識労働者の典型であるプロフェッショナルにおける知見が会社組織の従業員においても十分適用できると考えられるが,専門性がプロフェッショナルよりは希薄である会社組織の従業員においても,協働的コミュニティが実現可能かといった点は検討が必要で

---

18 Adler et al.（2008）では,医療分野におけるプロフェッショナル集団を対象としている。

あろう。もう1つは適用範囲の問題である。やはり協働的コミュニティも組織と職場の役割を分化せず，公私一元論（あるいは二元論）を緩やかに前提としている点である。彼らの議論は，協働的コミュニティと個人というような二元的な捉え方である。もちろん，内省的信頼を基盤としていることからも，協働的コミュニティは，下からのマネジメントの考え方に共感的である。しかし，大規模な組織であればあるほど，上からのマネジメントは組織全体には行き渡らなくなる。たとえば1000人規模の会社で相互依存的に目的を共有し，同僚間の開放的な関係の中で共有する価値を形成するというのは実現可能性としてはそれほど高くはないだろう。

　改めて言えば本書では，この2つの点を克服するうえで，組織と個人の仲介者（あるいは媒介者）としての職場に注目する意義があると考えている。また，職場を組織と個人の間に位置づけることで，組織と個人を一元的あるいは二元的に考えることで起こる陥穽を乗り越えられると考えている。この点が，他のマネジメントと同様に，協働的コミュニティと関わりあう職場のマネジメントの異なる点である。

6 経営管理論における関わりあう職場のマネジメント

　この章では，第1章，第2章で示してきた支援や勤勉，創意工夫をもたらす関わりあう職場のマネジメントについて経営管理論の観点から定置することを試みてきた。Walton（1985）の指摘以降，コミットメント経営という形で，従業員をいかにコントロールするかというスタンスから，いかに従業員の会社への強いコミットメントを導き出すかというスタンスへと，経営管理の焦点は移ってきた。また，そのコミットメントを重視する経営管理も，詳細に見れば，初期は組織理念や組織文化に，その後は人材を大事にすること，そ

表 3-4 関わりあう職場の

	コミットメント経営	ハイコミットメント型HRM
マネジメントの主体	組織	組織（とくにHRM）
公共性の源泉	コミットメント 忠誠心	コミットメント 社会的関係
個人の 自律的行動	抑制	—
ネットワーク 構造	閉鎖的	—
具体的な マネジメント	強い組織文化・規範 組織社会化	人を重視するHRM施策

して関係を重視することへと，その焦点は移ってきた。また，関係を重視する経営管理においては，コミットメントだけでなく，関係そのものから生まれる信頼や規範などが，支援や勤勉な行動を生み出すと考えている。表3-4は，ここまで議論してきた理論の主張を本書の視点からまとめたものである。端的に言えば，本書が考える関わりあう職場のマネジメントは，コミットメント経営とは異なるスタンスであるが，社会関係資本によるマネジメントや協働的コミュニティとはきわめて近いスタンスを持っていると言える。

いわゆる新人間関係論に含まれる，従業員のより積極的な動機を導くマネジメント以降，経営管理論では，セオリーZや強い文化論など，強い規範や価値観による閉鎖的なコミュニティと強い組織のアイデンティティを形成することによって，組織と個人の一体化を促し，支援や勤勉の意識を高めるマネジメントが提唱されてきた。しかし，閉鎖的なコミュニティにおける規範や価値観によるマネジメントは，組織の中の画一的な価値観を生み出し，（それが強みにつながるものの）個人の革新的な行動を阻害してしまう恐れがあることがこれまでの研究からは指摘されてきた。支援や勤勉，創意工夫行動のマネジメントという観点から見れば，コミットメントによるマネジメントは，お互い助けあい，やるべきことはきちんとやると

マネジメントと諸理論の比較

社会関係資本による マネジメント	協働的コミュニティ	関わりあう職場の マネジメント
主として組織	組織と個人	主として職場
信頼，互恵性	信頼	信頼，モラル
促進	促進	一定程度までは促進
原則として閉鎖的	開放的かつ閉鎖的	原則として開放的
安定的な雇用関係 強い規範 特定化された役割	有機的組織 垂直的かつ水平的相互依存関係	関わりあう職場設計

いう意識は高まるものの，組織としての活力は失われがちになるという欠点を持っている。一方，社会関係資本によるマネジメント，協働的コミュニティ，そして関わりあう職場のマネジメントは，支援や勤勉を促すことと，創意工夫行動のような自律的な行動が同時に達成できると考えている点でコミットメント経営とスタンスが異なる。ただし第2章において，過度に支援や勤勉を促すことはやはり創意工夫行動に代表される自律を抑制してしまう可能性があることを，逆転共生という形で指摘した。

これを踏まえれば，組織においては，支援や勤勉が適度に維持されているときは，社会関係資本によるマネジメントや協働的コミュニティが想定するような組織になるが，ある一定程度以上の支援や勤勉を促すと，その規範が強くなり，コミットメント経営のように自律を抑制してしまうと考えることができるだろう。またより積極的に言えば，コミュニタリアニズムの考え方に基づく関わりあう職場のマネジメントでは，Bellah *et al.* (1985) が，「強い共同体の上に強い個人主義が成立する」と述べたように，逆転共生の可能性を考慮しつつも，相互に関わりあいの強いコミュニティをつくることが，支援や勤勉だけでなく，自律をも形成すると考えている。

コミットメント経営と，社会関係資本によるマネジメント，協働

的コミュニティ，関わりあう職場のマネジメントの2つめの違いは，コミットメント経営が閉鎖的な組織を想定しているのに対し，他の3つのマネジメントは（その強調する程度は異なるが）開放的なコミュニティも想定していることである。企業組織は確かに閉鎖的なコミュニティの側面を持つが，一方で，新入社員や中途入社をはじめとして人の出入りもある，本来開放的なコミュニティである。とくに今日では，人材の流動性が高くなり，人材の多様化も進んでおり，閉鎖的なコミュニティとしての企業組織よりは，開放的なコミュニティとしての企業組織を考える必要があるだろう。このような背景においては，閉鎖的な仲間内での支援や勤勉ではなく，異なる価値観の人々も含む組織の中での支援や勤勉を目指す必要があるだろう。

　3つめの違いはすでに述べてきているように，マネジメントにおいて何を重視するかという点の違いである。コミットメント経営は，両者もコミットメントを高めるという点では同じであるが，当初の組織理念や組織文化といった価値観を重視するマネジメントの立場と，人を重視するマネジメントの立場がある。一方，社会関係資本によるマネジメント，協働的コミュニティ，そして関わりあう職場のマネジメントは人それ自体よりも，人と人のつながりや関係を重視する。むしろ，協働的コミュニティや関わりあう職場のマネジメントでは，つながりや関係をつくることによって人が育つと考える。これらの点から考えても，職場における関わりあいの強さを重視する関わりあう職場のマネジメントは，コミットメント経営の後に位置づけられるマネジメントの考え方であり，社会関係資本によるマネジメント，協働的コミュニティと同じ群に属するマネジメントと位置づけることができるだろう。

　では，本書が提示する関わりあう職場のマネジメントと社会関係資本によるマネジメントや協働的コミュニティとの違いはどこにあ

るだろうか。ここまで述べてきたように，三者の間に根本的な違いはない。また，個別の違いはそれぞれのところで触れてきた。そのうえで両者と関わりあう職場のマネジメントとの共通の違いは，組織と個人の関係の捉え方とそれに伴うマネジメント主体の考え方にある。関わりあう職場のマネジメントでは，組織―個人という二元的な捉え方ではなく，組織―職場―個人という三元的な捉え方である。これまでの経営管理論では，暗黙に組織と個人という二元的な考え方が前提であったが，二元的な考え方では，組織と個人は常にどちらかが優先されるという考え方（公私一元論），あるいはバランスをとる（公私二元論）か，個人を組織に近づける（同一化）という考え方であった。社会関係資本によるマネジメントも協働的コミュニティも，組織と個人の関係は二元的関係が前提になっているため，開放的な協働と秩序を指向していても，マネジメントの主体は暗黙的に組織（あるいは個人）にある。そのため組織的社会関係資本の議論のように，考え方のスタンスは異なっていても，実践的には強い規範や安定的な雇用関係といったコミットメント経営，またはハイコミットメント型人的資源管理に近い経営管理になってしまう。一方で，協働的コミュニティは，そもそもマネジメントすることを射程に入れた概念であるかどうかは議論が残るが，その点で下からのマネジメントによって成立していると捉えることができる。そして，個人の縦横に結ばれるネットワークを重視している点で，具体的には個人に依存するコミュニティとなっている。

　しかし，本書が提示する関わりあう職場のマネジメントは，三元的な捉え方をもとに，そのマネジメントの焦点を職場に置いている。経営管理において組織全体をよりよくマネジメントするという視点ではなく，組織の中にある職場をよりよくマネジメントすることで，組織全体が活性化されると考えている。職場に積極的な意義と役割を持たせることで，支援と勤勉と創意工夫の適度なバランスを維持

することができるのではないかと考えている。その理由は，すでに述べているように，組織と個人の間に職場という主体を挟むことで，相互に関わることが可能になるからである。それによって職場を通して公共性が涵養され，一方で職場において自己の意義や責任をより自覚することにつながると考えるからである。また，別の角度から言えば，職場をマネジメントの中心に置くことで，組織規模の大きさに影響されることなく，支援と勤勉，創意工夫のマネジメントが可能になるということも言える。この章の冒頭に述べたように，経営管理論では，産業において組織規模が拡大するにつれて，その対象である組織と職場は乖離することになった。つまり，もともと小さな組織や職場を管理する理論であった経営管理論は，組織を管理する理論になり，職場を管理する理論が置き去りになってきた[19]。その点で職場への注目は，もう一度，経営管理論における職場のマネジメントへの回帰を促すものであるとも言える。

---

19 実際は職場のマネジメントは，リーダーシップ論へと引き継がれてきたと言うことができる。

第**4**章

支援・勤勉・創意工夫をもたらすメカニズム
組織行動論における位置づけ

● はじめに

　第3章では，コミットメント経営を中心に，経営管理論における本書の基本仮説とそれに基づく関わりあう職場のマネジメントを位置づけた。この章では，組織行動論における本書の基本仮説と関わりあう職場のマネジメントを位置づけていく。なぜなら，本書の基本仮説は，組織行動論にも新しい知見をもたらすと考えるためである。ただし，組織行動論はより個人へと研究の焦点を傾斜させていったことによって，マネジメントあるいは経営管理といった実践面での手法に対する注目は近年薄くなってきた。それは，具体的なマネジメント手法の個人への影響の探求というよりは，個人の行動や態度の背後にある心理メカニズムの探求に焦点を当ててきたと言い換えてもよいだろう。つまり，陽を照らすとまぶしいために帽子を目深に被るが，暑いためにマントは脱ぐ，という陽を照らすという行為がもたらす旅人の行動あるいは特定の旅人の行動をもたらす行為を明らかにすることではなく，まぶしいから旅人は帽子を目深に被り，暑いから旅人はマントを脱ぐ，という目深に被る，あるいはマントを脱ぐという行動のメカニズムを明らかにしようと試みてきたのである。そのため，関わりあう職場のマネジメントという考え方は，マネジメント手法よりも心理メカニズムに焦点を当ててきた組織行動論ではうまく位置づけることは難しい。ただし，基本仮説は因果とそのロジックを含むことから，すでに述べたように，組

織行動論に新しい知見をもたらすことができると考えられる。また組織行動論の知見も，本書の基本仮説をより精緻化するうえでいくつかの知見をもたらすだろう。

1つは，組織行動論が本書の基本仮説に関わる実証研究を蓄積している点である。直接的に本書の基本仮説そのものを検証した研究はないが，部分的に基本仮説に関する要素を検証した研究はある。これらの研究からは，職場における関わりあいの強さがもたらすものや，3つの行動がもたらされるメカニズムを理解することができる。本書の基本仮説を支える心理メカニズムを組織行動論の知見は改めて示してくれるだろう。

もう1つは，職場における関わりあい，助けあい，やるべきことをきっちりこなす，あるいは創意工夫といった本書の基本仮説を実証研究に展開するうえでの道具立てを組織行動論が用意している点である。第Ⅲ部の実証研究のパートでは，この章で触れる組織行動論の概念を用いて調査と分析が行われる。本書では統計的分析を念頭に置いた質問紙調査を行うが，質問紙による調査を行うためには，それぞれの概念に基づく質問項目が必要となる。調査方法を含め，多くの実証研究を蓄積してきた組織行動論を検討することは，本書の実証研究に向けた準備にもなるだろう。

1 関わりあう職場——仕事の相互依存性

職場において関わりあうとはどういうことを意味するのだろうか。職場で頻繁にコミュニケーションをとることも関わりあいであるし，プライベートでも遊びに出かけたり，タマノイ酢のケースで見られたように，公私にわたって相談しあったり教えあったりすることも職場において関わりあいが強いことを感じさせる。あるいはお互いのことを常に気にかけるような間柄であることや，仕事そのものが

周囲と関わりあわなければ進まないといった仕事の性質上の関わりあいの強さもある。ここに挙げた関わりあいはその性質から、行動（頻繁にコミュニケーションをとる、相談する）、態度や価値観（互いのことを常に気にかける間柄）、構造（仕事の性質における周囲との関わりあい）に分けることができるだろう。また、これらは相互に関係しあうことが容易に理解できる。態度・価値観の側面も互いに気にかける間柄であれば、コミュニケーションを頻繁にとるだろうし、相談する機会も増えるであろう。また、一緒に仕事を進めることや接触する機会が多ければ、通常はコミュニケーションの機会も増え、間柄も近しくなるであろう。その点では、関わりあいの強い職場では行動、態度・価値観、構造のどのレベルの関わりあいも強く、関わりあいの弱い職場ではどのレベルの関わりあいも弱くなる傾向があると考えることができる。

　このように職場における関わりあいの強さと言っても多義的で多面的である。しかし、本書では職場における関わりあいの強さが多義的で多面的であることは承知のうえで、構造の側面におけるそれを職場における関わりあいの強さとして捉えていくことにしたい。具体的には、後の節で述べるように、仕事における相互依存性の強さを関わりあいの強さとして取り上げる。その理由は、職場のマネジメントという観点から考えたとき、行動や態度・価値観に注目することはあまり得策ではないからである。それは、コミュニケーションが頻繁に起こる職場、あるいはお互いがお互いを気遣う職場、という関わりあいが重要だということが示されたとしても、結局そのような職場を構築するための手立てがさらに求められることになるからである。態度や行動の関わりあいの強さを構築する手立ては数多くある。社内運動会の実施や飲み会の企画もそうであろうし、ITによる情報共有のシステムや互いの顔が見えるようなオフィスレイアウトの工夫も手立ての1つであろう。もちろん職場の長が積

極的に話しかけることや，冗談を言うといったことも職場における態度や行動レベルの関わりあいを強くすると考えられる。しかし，このような手立ての有効性を１つひとつ検討することが有効であるとも思えない。つまり，マネジメントの観点からはその手立てが求められるものの，態度や行動レベルでの関わりあいに注目する限り，一方でその手立ては無数にあり，それらの手立ての有効性を検討することは本質的な解決とは言えないのである。

　このような理由から，本書では，職場における関わりあいの強さを仕事における相互依存性という職務設計に関わる概念で捉えることにする。後に述べるように，この仕事の相互依存性は，仕事そのものの相互依存性と目標の相互依存性の２つの概念を包含する概念である。また仕事の相互依存性は，当然職場における関わりあいの強さにつながる行動や態度・価値観に影響を与えるマネジメント上の手立ての１つであると考えられるが，抽象度がやや高い概念である。態度や行動に注目することの問題と，個別の手立てに限定されないという点で，扱いやすい変数であると言える。仕事の相互依存性そのものが本書の基本仮説の概念に適するだけでなく，実証研究においてもあるいは実践的応用においても扱いやすい変数であるという点も，仕事の相互依存性を積極的に取り上げる理由である。

　また，実証研究においては職場における関わりあいの要素として含まれるであろう集団凝集性（集団におけるまとまりの良さ）を取り上げている。しかしながら本書では集団凝集性を職場における関わりあいとしては取り上げない。その理由としては次の２つが挙げられる。１つは，すでに述べたように，マネジメントの可能性を考えるために，職務設計に関わる概念がふさわしいと考えるからである。もう１つの理由は，集団凝集性が閉じたコミュニティの要素であると考えられることである。関わりあう職場のマネジメントでは，お互いの差異を認識するような開かれた職場コミュニティを念頭に考

えている。集団凝集性を職場における関わりあいの強さとして考えると，閉じたコミュニティとしてのマネジメントとの違いが見えにくくなる。もちろん，仕事における相互依存性は集団凝集性を高める，つまり職務設計上，関わりが強くなることで集団のまとまりが良くなることは十分に考えられることである。また第3章で述べてきたように，それが支援や勤勉行動，あるいは創意工夫行動をもたらすことも考えられる。しかしながら本書では，関わりあいの強さがまとまりが良くなることによって3つの行動をもたらすだけでなく，互いの違いを認識することあるいは他者の責任を感じることによって3つの行動をもたらすこともロジックとして射程に入れている。集団凝集性を職場における関わりあいの強さとして考えることは，このコミットメント経営や社会関係資本の想定するロジックをなぞるだけになってしまい，本書が提示する関わりあう職場のマネジメントが含む多様なロジックの一部だけをフォローする形になってしまう。このような理由から，あえて職務設計に関わる仕事と目標の相互依存性を職場における関わりあいとして取り上げることとした。そして実証研究で集団凝集性を取り上げるのは，まさに上記の多様なロジックを見極めようと考えるからでもある。

◆ 客観的な相互依存性と主観的な相互依存性

　職場における関わりあいの強さとして本書が注目する「仕事の相互依存性（task interdependence）」は，一般的には「集団のメンバーが与えられた仕事を有効にこなすために互いに依存しあう程度」と定義づけることができる（Kiggundu, 1981）。他にも多くの研究者が仕事の相互依存性を定義づけているが，近年の組織行動論における多くの研究で用いられる定義は，この定義に類似したものである（Van der Vegt *et al.*, 2001 など）。ただし，このように定義づけられる仕事の相互依存性には，客観的な相互依存性と主観的な相互依存性

の2つの捉え方がある（Saavedra et al.,1993; Langfred, 2000b; Bachrach et al., 2006 を参照）。前者は Thompson（1967）をはじめ組織論において議論がされてきた仕事の相互依存性であり、後者は社会心理学をベースとした研究において議論がされてきた仕事の相互依存性である（Stewart & Barrick, 2000）。この2つの捉え方は、大まかに言えば、客観的に相互依存性を捉える研究から、主観的に相互依存性を捉える研究へと移ってきたと言える。別の言い方をすれば、仕事の相互依存性は、経営組織論において、当初は社会学を理論的ベースとするマクロ組織論において研究されていたが、後に社会心理学を理論的ベースとするミクロ組織論によって研究されてきたと言うことができる。

　まず客観的な仕事の相互依存性とは、より詳細に言えば、組織構造や技術システムによって規定される仕事の相互依存性である。たとえば、組織論の古典的な研究である Thompson（1967）や Van de Ven et al.（1976）は、仕事の相互依存性を蓄積的（pooled）、連続的（sequential）、互恵的（reciprocal）、チーム（team）の4つのタイプに分けている。

　蓄積的なタイプとはメンバーそれぞれがまったく独立的に仕事を進めるやり方である。たとえば、営業現場で営業マンがそれぞれのノルマを持って営業を行い、その営業成果の積算が営業部署の成果になるような場合や、椅子工場などで各々の作り手が独立して同じ椅子を製作し、全員の生産した椅子の合計が職場の成果になるような場合である。連続的なタイプとは、前工程を受けて後工程が生産あるいは仕事をしていくようなタイプである。典型的なベルトコンベア方式の組立ラインはこの連続的なタイプである。また、浮世絵版画のように下絵→彫り→摺りというように技術別に分業されている場合も連続的なタイプであると言える。互恵的なタイプとは、連続的な仕事の進め方でありながらも一方通行でなく、仕事が相互に

行き来するようなタイプである。組立ラインにおいて後工程で不具合が生じたときに，前工程に戻って修正が行われるような仕事のタイプである。最後に，チームタイプとは，職場で遂行する仕事のプロセスに連続的な側面がなく，メンバー相互にやりとりしながら仕事を遂行していくようなタイプである。もちろん，蓄積的→連続的→互恵的→チームと進むにつれて，仕事の相互依存性は高くなる。このような4つの相互依存性のタイプあるいはその程度は，生産技術や職務の設計そのものによって規定されることになる。

　一方，主観的な立場では，仕事の相互依存性は個々人の仕事における当事者が認識する他者との相互依存の程度と捉えている (Kiggundu, 1981, 1983; Van der Vegt et al., 2001, 2003; Van der Vegt & Janssen, 2003)。客観的な仕事の相互依存性が職場における仕事の設計や技術固有の性格によって直接的に規定されるのに対し，主観的な相互依存性は，仕事の遂行における人々の振る舞い方の性格としての相互依存性であり，当事者の認識する相互依存性 (Wageman, 1995) であり，尺度化された相互依存性の項目によって当事者の認識としての相互依存性が測定されることになる。

　これらのことを踏まえれば，客観的な相互依存性が主観的な相互依存性に影響を与える，つまり客観的な相互依存性が高ければ主観的な相互依存性も高くなると考えることができるが，一方で両者は必ずしも同じではなく，独立的である側面も持っていると考えることができる。たとえば，同じベルトコンベア方式の生産ラインであっても，相互に情報を共有し，現場で臨機応変にラインをコントロールしているラインと，持ち場の作業を黙々とこなし，調整は監督者が行うラインでは，客観的な仕事の相互依存性は変わらなくとも，主観的な相互依存性は異なるであろう。

　また Kiggundu (1981) によれば，仕事の相互依存性の測定という観点から見ると，これまでの研究における仕事の相互依存性は幅

(scope),資源(resource),重要性(criticality)の3つに分けることができる[7]。まず仕事の相互依存性における幅とは,特定の仕事と他の仕事の間のつながる幅のことを指す。たとえば,その仕事をこなす間に他の仕事をしている人と連絡をとった回数(Blau, 1966),あるいは他の仕事結果が自分の仕事に及ぼす影響や,依存する他者のために用いた時間(Overton et al., 1977)といったことで測定することができるような,典型的な仕事の相互依存性の要素である。2つめに,仕事の相互依存性における資源とは,特定の仕事をするうえで,別の仕事に与える(あるいはもらう)資源の程度のことを指す。たとえばこれらの資源には,道具や材料,装置,情報などやりとりされうる資源すべてを含んでいる。3つめに,重要性は,特定の仕事をするうえで,他の仕事との関係の重要性の程度であるが,重要性は測定することが難しいとしている。Kiggundu (1981) は,これらを踏まえ,仕事の相互依存性を主体的相互依存性(initiated interdependence)と客体的相互依存性(received interdependence)に分け,議論を行っている。前者は,自分の仕事が他者に影響を与える程度を示し,後者は自分の仕事が他者からの影響を受ける程度を示す。

このように,客観的―主観的という2つの捉え方を持つ仕事の相互依存性であるが,本書では,以下の3つの理由から仕事の相互依存性を主観的なものとして捉えることにしたい。

1つめは,研究の対象となる人々がホワイトカラーを含み,調査のうえで他者とのコミュニケーションの頻度や連絡をとった回数な

---

7 ただしKiggundu (1981) が挙げた研究は,客観的な仕事の相互依存性を念頭に置いたものが多い。Kiggunduは仕事の相互依存性を職務特性理論に組み込んだモデルを提唱したが,この研究以降組織行動論においても仕事の相互依存性が注目されるようになり,組織行動論で用いられる質問紙による主観的な仕事の相互依存性が測定され始めるようになった。

どから，客観的な相互依存性を規定することが難しいことが挙げられる。また，規定できたとしても，多くは互恵的あるいはチームタイプの相互依存性になると想定され，客観的な相互依存性に大きな違いがないと考えられるからである。さらに，主観的な相互依存性にも，客観的な相互依存性はある程度反映されていると考えられるからである。

2つめは，後に述べるように，仕事の相互依存性がもたらす影響として，仕事のうえでの責任感など心理的なメカニズムを想定しているためである。確かに，主観的な相互依存性は，客観的な職務設計に影響を受けるものの，主観的であるがゆえにまったく同じ状況であっても，当事者の認識によって異なる相互依存性の程度になってしまう可能性もある。しかしながら，関わりあう職場が個々人の行動にもたらす影響という点から考えた場合，より重要なのは関わりあうという事実だけではなく，この職場は他者との関わりあいが強いという当事者の感覚であろう。

3つめは，なにより先行研究の知見を活かしたいと考えるからである。すでに述べたように，近年では，仕事の相互依存性は主観的なものとして研究が蓄積されてきた。また，それに伴って，質問項目などが整備，検討されてきている。近年の研究の知見を活かすうえでも，仕事の相互依存性を主観的なものとして捉えることが有意義であると考える。

◆ 目標の相互依存性

本書では，主観的な相互依存性を仕事における相互依存性として取り扱うが，客観的に相互依存性を取り扱った研究に意味がないというわけではない。また，主観的に相互依存性を取り扱った研究は，組織行動論において心理的な側面に傾斜し，客観的に相互依存性を取り扱った古典的な研究に比較して，マネジメントあるいは経営管

理といった側面への関心が総じて薄くなっている。さらに、想定されるモデルはより細かくなり、解剖学的に行動や態度の背後にあるメカニズムを理解しようという研究へとその指向は向いている。その指向の結果として、組織行動論では大まかな概念は、より細かく腑分けされ、それぞれの概念を測定する項目が整備されていくようになる。主観的な相互依存性も、本来の仕事の相互依存性とともに、別の次元が示されてきた。そのうちの1つが本書で取り上げる目標の相互依存性である。

　Wageman（1995）は、職場において相互依存関係にあるのは、仕事そのものによってではなく、仕事に含まれるいくつかの資源が相互依存的であるために、仕事が相互依存的になると考えた。彼によればそうした資源は、①仕事のインプット、②仕事のプロセス、③目標、④評価、の4つである。仕事のインプットは、スキルや資源の分配、仕事を決める技術などであり、これによって規定される相互依存性は、先に示した客観的な相互依存性である。また、仕事のプロセスにおける相互依存関係は、仕事の遂行における人々の振る舞い方による相互依存性であり、主観的な相互依存性に対応する。目標による相互依存性は、目標が個人で設定されているのか集団で設定されているのか、といった相互依存性であり、評価の相互依存性は評価が職場や組織単位なのか、個人なのかといった相互依存性を示す。

　本書では、職場における関わりあいの強さとして主観的な仕事の相互依存性、Wageman（1995）によれば仕事のプロセスの相互依存性を取り上げるが、加えてもう1つ、目標の相互依存性も取り上げることにする。目標の相互依存性は「共有された集団の目標やフィードバックが課せられている程度」と定義づけることができる（Van der Vegt et al., 2001）。目標の相互依存性を関わりあう職場を表現するものとして取り上げる理由としては、近代組織論の泰斗であ

るBarnard (1938) を取り上げるまでもなく，目標あるいは目的という概念が，組織論でこれまで多く議論がされてきていること，ひいては組織の成立における基本要件であり，組織において重要な役割を果たすと考えているからである。さらに，目標の相互依存性を仕事の相互依存性とともに取り上げた研究は少なくないが，評価の相互依存性を取り上げた研究はそれほど多くない。これは，多くのマネジメントにおいて，目標と評価あるいは成果とがセットで考えられることが多いからであろう。目標が相互依存的であれば，評価や成果も相互依存的であることが通常である。研究の焦点がそこに離齬があるかどうかという点にあれば，両者を取り上げる理由はあるが，本書は職場における関わりあいとして取り上げるため，マネジメント上目標に連動する成果や評価の相互依存性は取り上げず，目標の相互依存性を取り上げ，仕事の相互依存性とともにこの2つの相互依存性によって職場における関わりあいを捉えることにする。

◆ 自律性と仕事における相互依存性の関係

次の第5章からの第Ⅲ部で触れるが，本書の分析において仕事の相互依存性とともに職務の自律性を仕事の特性として，行動に影響する要因として取り上げる。この職務の自律性は，職務特性理論 (Hackman & Oldham, 1976) における職務特性の1次元として取り上げられ，仕事において自律的に行動できる程度を示す概念である。ここで，仕事の相互依存性と職務の自律性の関係について考えておくことにしよう。一見すると職務の自律性は，仕事の相互依存性と相反する概念であると考えられる。つまり，集団において仕事が相互依存的に進められているほど，個人の自律性が低くなると考えられやすい。しかしながら，既存研究では職務の自律性と仕事の相互依存性は独立であり，それぞれ異なる概念であると想定されている (Langfred, 2005)。職務の自律性とは，自分のやり方で仕事を進める

ことができたり，自分で仕事の計画やスケジュールを立てたりすることができるようなことを指す。一方，仕事の相互依存性はこれまでも述べてきたように，自分の仕事を有効に遂行するうえでの，他者に依存する程度である。

　たとえば，特定のスター開発者が中心となっている研究開発プロジェクトのような場合でも，彼の仕事はデータの収集や繰り返し実験を行うなどのサポートする人々に依存している。サポートする人々の仕事が進まなければ彼の仕事は進まない。しかしながら，このようなプロジェクトの場合，スター開発者がプロジェクトの進め方やスケジュールの決定に大きな権限を持つであろう。このような状況では，仕事の相互依存性も高いが，自律性も高くなると言える。また，研究開発のケースではないが，高度にマニュアル化したセル生産方式では，自律性も低いが，仕事の相互依存性も低いという状況になるであろう。目標の相互依存性についても同様に，自律性は高くとも，集団で目標が定められている場合や，自律性が低くとも個人で目標が定められている状況では，単純に目標の相互依存性と自律性は相反する関係にあるとは言い難い。

　また，職務の自律性は，個人レベルと捉えることもできるし，集団レベルと捉えることもできる。つまり個々人によって自律性が異なるとも考えられるが，職場の業務やマネジャーの方針などによって職場ごとに自律性のあり方が異なるとも考えられる。たとえば，一般的には職位が高い人ほど裁量権は大きくなり，自律の程度は大きくなるだろう。しかし一方で，定型的な業務を行う職場と研究開発の職場では，後者のほうが自律の程度は大きくなるはずである。このように，職務の自律性と仕事の相互依存性は一見相反する関係にあるように捉えられるが，実際は独立の概念であり，異なる仕事の状況を示す概念であると言える。

　分析を少し先取りするようだが，職務が自律的であるほど支援や

勤勉，創意工夫の行動が起こりやすいと考えられる。なぜなら職務が自律的でなければ自発的な行動や役割外の行動をとりづらいからである。しかしながらここまで述べてきたように，自律的であっても職場が相互依存的である場合もあるし，そうでない場合もあるだろう。本書の分析では，このような点を踏まえて分析を行っていく。

2 組織における支援と勤勉
——組織市民行動・向社会的組織行動・組織的自発性

　次に，本書の基本仮説の3つの行動について検討することにしよう。本書で注目する3つの行動（支援，勤勉，創意工夫）は，どれも自発的で役割外の行動という側面を持っている。実は，すでにこのような行動の重要性は，早くからKatz & Kahn（1978）が指摘していた。そして，組織行動論において実証研究の方法が確立されてくるに従い，彼らが指摘した行動（革新的／自発的行動）を概念化し，測定項目を開発し，それに基づいた実証研究の蓄積がなされるようになってきた。しかしながら，それは1つの概念として概念化されるのではなく，それぞれその他の意味を含みながら概念化されることになった。とくに，その行動の性格から支援と勤勉に関わる行動と創意工夫行動は分けて議論がなされ，さらに支援と勤勉に関わる行動も，その捉え方によって主として3つの異なる概念として概念化がなされることになった。まずこの節では，支援と勤勉に関わる3つの行動（組織市民行動，向社会的組織行動，組織的自発性）の概念を見ると同時に，その行動が起きるメカニズムについて検討することにしよう。

◆ 支援と勤勉行動——組織市民行動・向社会的組織行動・組織的自発性の概念との関係

　職場の中での支援する行動や，職場においてやるべきことをきっ

ちりこなす行動は習慣的な側面を持ち，なかなか気づきにくい。たとえば，隣で作業をしている人の道具が壊れていたら貸してあげるとか，別の人が担当している営業でトラブルが発生していたらできる限りサポートしようとするといったことは，組織で働いているうえでは自然の振る舞いとして示されることでもある。また，その人が持つ能力や資質に依存するものと考えることも自然である。Katz & Kahn (1978) がその重要性を指摘した革新的／自発的行動には，同僚への支援／援助，組織内の秩序の遵守，好意的な組織風土の醸成といった，支援や勤勉に関わる行動が含まれている。また，それ以外にも組織の改善のための創造的行動や，さらなる責任を果たすために学習や自己鍛錬するような自律的な行動も含まれている。

(1) 組織市民行動

このような革新的／自発的行動に関してはいくつかの研究者が概念化し，それぞれ個別の行動として取り上げている。このうち最も研究蓄積がある概念が最初に取り上げる「組織市民行動 (organizational citizenship behavior: OCB)」であろう。

田中 (2001) によれば，組織市民行動の萌芽的概念としては，Smith *et al.* (1983) が「協力，有用性，示唆，善意の姿勢，利他主義による無数の行為」を組織市民行動として捉えている。その後 Organ (1988) によって初めて明確に組織市民行動は概念定義された。そして現在では，一般的には組織における行動のうち，

①従業員が行動を示したことに対してはっきりと報酬が与えられるわけではなく，示さなかったことに対して罰せられることもないもの

②従業員の職務記述書には含まれないもの

③従業員が彼らの職務の1つとして行うように訓練されていないもの

という3つの条件を満たすものと定義づけられる (Podsakoff *et al.,*

2000, 2003; 田中, 2001)。

　このように定義される組織市民行動には，いくつかの下位次元があることが示されている。しかしながら，それらの下位次元は研究者によってまちまちである。たとえば，初期の研究である Smith *et al.* (1983) では，因子分析の結果，OCB を利他主義（altruism）と，一般化された服従（generated compliance）の2つの次元に分かれることを示しているし，同じく初期の研究である Organ (1988) では，利他主義，誠実さ，スポーツマンシップ，礼儀正しさ，臣民の美徳の5つの次元から OCB が構成されるとした。また，Williams & Anderson (1991) は，組織市民行動のうち組織に利益になる行動（OCBO）と，特定の個人にとって利益になる行動（OCBI）の2つの次元に分類した。この2つの次元は，それぞれ Smith *et al.* (1983) の利他主義と一般化された服従に対応する次元である。OCB の包括的なレビューを行った Podsakoff *et al.* (2000) は，OCB を，

①仲間を助ける行動などの援助行動（helping behavior）
②不平などを言わずに仕事を行うスポーツマンシップ（sportsmanship）
③組織に対する善意の行動などの組織忠誠（organizational loyalty）
④組織のルールや規則を守る組織的服従（organizational compliance）
⑤建設的な提案などを行う個人的な自発性（individual initiative）
⑥責任を積極的に引き受けようとする市民的道徳心（civic virtue）
⑦自発的に自己研鑽(けんさん)を行う自己開発（self-development）

の7つに分けている。また，これ以外にも多くの下位次元が OCB には存在するが，LePine *et al.* (2002) によれば，これらの下位次元は相互に強い関係を持ち，影響を受ける要因も次元相互でそれほど大きな違いがないことが明らかにされている。

(2) 向社会的組織行動

　向社会的組織行動（prosocial organizational behavior: POB）は Brief & Motowidlo（1986）によって示された，Katz & Kahn（1978）が指摘した革新的／自発的行動に準じた概念である。彼らは，向社会的組織行動を「(a) 組織のメンバーによって，(b) 彼（もしくは彼女）が職務を遂行するうえで相互作用する個人，集団，組織に対して，(c) 対象となった個人，集団，あるいは組織の幸福（welfare）を促進することを意図した行動」と概念定義している。彼らによれば，このように定義される向社会的組織行動は Katz & Kahn（1978）の示す革新的／自発的行動よりもより広い概念であるとされる。Brief & Motowidlo（1986）によれば，上記のように定義される向社会的組織行動は，以下のようにさらに 13 の具体的な行動に細分化される。

　①同僚への仕事に関する援助
　②同僚への個人的なことに関する援助
　③個人的な決定における寛容さの顕示
　④組織のやり方にそって顧客にサービスを提供する
　⑤組織のやり方に反して顧客にサービスを提供する
　⑥顧客の個人的なことに関して援助する
　⑦組織の価値やポリシー，ルールに対して従う
　⑧手続きや管理上，あるいは組織の改善を提案する
　⑨ふさわしくない手続きやポリシーに対する異議
　⑩仕事に対し必要以上に努力を傾ける
　⑪追加的な仕事を自発的に行う
　⑫短期的に厳しい時期でも組織に居続ける
　⑬外部に組織を好意的に伝える

　①同僚への仕事に関する援助とは，組織市民行動に示されるような負荷の多い同僚の仕事を手伝うような行動である。②同僚への個

人的なことに関する援助は，家族の問題など個人的な問題に関する援助行動である。これらの行動はときに組織の目的と不一致を起こし，組織にとっては逆機能をもたらす。③個人的な決定における寛容さの顕示は，個人的にえこひいきするような意思決定に対して寛容な態度を示すことである。このような行動も基本的には組織にとって望ましくない結果をもたらすことになる。

　④組織のやり方にそって顧客にサービスを提供するとは，企業が提供する商品やサービスが顧客にとって明らかに有益であり，その場合これらの行動は向社会的組織行動として捉えられる。⑤組織のやり方に反して顧客にサービスを提供するとは，一方で，商品やサービスの欠点を不必要に説明するなど，組織に利益をもたらさないが，顧客にとっては有益である情報などを提供することであり，これも向社会的組織行動であると言える。⑥顧客の個人的なことに関して援助するとは，顧客が仕事とは関係ない点で困っているのを助けるということで，これも1つの向社会的組織行動である。たとえば，家電の出張修理に出かけ，ついでに他の家電を直すようなケースがこれに当たる。ここで，④〜⑥の行動は，顧客に対する向社会的組織行動であり，本書の職場内の同僚に対する行動とは異なる行動である。

　⑦組織の価値やポリシー，ルールに対して従うということについては，組織市民行動にも含まれていたが，このような組織に対する従順な行動も向社会的組織行動と言える。⑧手続きや管理上，あるいは組織の改善を提案するとは，組織活動においては，仕事のデザインや生産工程の改善，管理手法の改善，あるいは戦略や組織構造に関する提案などであり，重要な行動である。これらの行動は組織の目的に合致している限りは基本的には機能的な行動である。

　⑨ふさわしくない手続きやポリシーに対する異議とは，いわゆるホイッスル・ブロワーと呼ばれる行動である。組織の行うことに対

して異議を示すことは逆機能的な行動に見えるが，企業が間違った方向へ進もうとするときに異議を示すことは長期的には機能的な行動であり，向社会的組織行動である。⑩仕事に対し必要以上に努力を傾けるというのは，Mowday *et al.* (1982) の組織コミットメントの定義にも含まれるが，仕事に対してより大きなエネルギーを傾ける行動も向社会的組織行動である。この行動は本書が取り上げる勤勉の行動に含まれる行動である。⑪追加的な仕事を自発的に行うとは，必要以上の仕事への努力と近い行動であるが，プロジェクトを進めるうえで障害となる事由を取り除く必要があれば行動を起こしたり，脅威から組織を守ったりするような追加的な仕事を能動的に行うことが含まれる。⑫短期的に厳しい時期でも組織に居続けるという，組織への忠誠心も1つの向社会的組織行動ということができる。この行動は，Katz & Kahn (1978) の指摘した組織を維持するために必要な行動（①組織に所属し，居続けてもらう行動，②役割を果たす行動，③役割を超えた組織行動〔革新的／自発的行動〕）としては，革新的／自発的行動には含まれず，組織に所属し，居続けてもらう行動に含まれるような行動であると考えられる。⑬外部に組織を好意的に伝えることも，忠誠心を示すもう1つの行動として，外部に組織のよい評判を伝えることが挙げられる。このようなことによって組織の評価は上がり，組織にとって利益をもたらすことになる。

　ここまで見てきたように，Brief & Motowidlo (1986) が提示した向社会的組織行動は，Katz & Kahn (1978) の革新的／自発的行動に準じて作られた概念であるにもかかわらず，組織におけるより広い行動を含んでいると言える。また組織市民行動との重複も多いこともわかる。

(3) 組織的自発性

　組織市民行動がKatz & Kahn (1978) の革新的／自発的行動を概念化したものの中で最も研究蓄積のある概念である一方で，Katz

& Kahn が指摘した第 3 の行動を最も忠実に概念化したものが George & Brief (1992) による組織的自発性 (organizational spontaneity) であろう。George & Brief (1992) は，Katz & Kahn (1978) の第 3 の行動の 5 つに準じて，組織的自発性を，①他者への支援／援助，②組織の防衛，③建設的な提案，④自己開発，⑤善意の拡張，という 5 つの次元からなる行動と捉えた。George & Brief (1992) は，OCB と向社会的組織行動と自発的行動とのそれぞれの違いについて触れている。まず，OCB と自発的行動の違いであるが，OCB が報酬システムとの関連性がないことを明確にしていることに対し，組織的自発性は必ずしも関連性がない行動というわけではないことを述べている。違いを明確にする例として，George & Brief (1992) は，組織がよいコスト削減案を出した人に対し，なんらかの報酬を与えるとしたとき，その結果示されたコスト削減の提案行動は，OCB には含まれないが組織的自発性には含まれる。また，創造的な改善提案をした人がその貢献に対して金銭的に報われる場合だと，それは OCB とは言えなくなるが，組織的自発性には含まれる。つまり，OCB が行動の背景にある動機の要因をも含んだ概念であるのに対し，組織的自発性は役割を超えて組織のために行動するという行動レベルでは類似しているが，動機については考慮しない点が OCB との大きな違いである。

　一方，向社会的組織行動との違いについては，向社会的組織行動の概念が広く，組織にとっての逆機能的行動をも行動の範疇に入れていることを挙げている。たとえば，組織のメンバーの，組織の目標とは異なる個人的な目的を援助する行動も向社会的組織行動には含まれる。あるいは，組織のやり方とは異なっても，顧客のために誠意を見せることも，向社会的組織行動に含まれる。組織的自発性はあくまで組織にとって有益であることのみを対象とする。この点が 2 つの行動の違いであると言える。表 4-1 は，George & Brief

表 4-1 自発的行動に関わる3つの行動概念の違い

行動次元	行動概念		
	組織市民行動	向社会的組織行動	組織的自発性
組織的に機能的―逆機能的	機能的行動を含む	機能的・逆機能的行動を含む	機能的行動を含む
役割内―役割外	役割内・役割外行動を含む	役割内・役割外行動を含む	役割外行動を含む
金銭的再換算の可能性	公式的な報酬システムにおいては認識されない	公式的な報酬システムにおいて認識することができる	公式的な報酬システムにおいては認識されない
能動的―受動的	能動的・受動的行動を含む	能動的・受動的行動を含む	能動的行動を含む

(出所) George & Brief (1992) より筆者作成。

(1992) による組織的自発性と組織市民行動 (OCB), 向社会的組織行動 (POB) との行動レベルにおける違いを示したものである。

ここまで見てきたように, 組織行動論においては, 本書が注目する組織における公共的行動 (支援と勤勉) に関して, 細かくそれらの行動についての検討がなされてきたと言える。しかし誤解を恐れずに言えば, 本書はここで取り上げた3つの行動のどの立場もとらない。というのは, 本書では職場において, 仲間を助けるという行動と, やるべきことをきっちりする行動に着目しているからである。もちろんこの2つの行動は, 組織市民行動や向社会的組織行動ならびに組織的自発性との共通項もある。その点で, 本書ではここで紹介した3つの行動のいずれかの概念を取り上げるというよりは, これらの研究からの知見を借用する形で議論を進めたいと考えている。

◆ 組織の中で人はなぜ自発的に他者を助け, 勤勉に働くのか

では, なぜ人は組織の中で自発的に他者を助け, 勤勉に働くのだろうか。以下では, 組織市民行動, 向社会的組織行動, 組織的自発性の研究をはじめとする組織行動論の研究から, この点を整理することにしよう。もちろん, ここではこれらの行動の要因を網羅的にリストアップすることが目的ではないから, このような行動をもた

らすロジックに着目し，それらの要因をその対象レベルによって分類したうえで，主要な要因を示すことにしよう。

(1) 支援や勤勉を促す個人的要因

　人は必ずしも善意だけで人を助け，秩序を守り，やるべきことをきっちりやるわけではない。過去の組織行動論の研究からはそのロジックは大きく3つ考えることができる。まず1つめに，多くの研究が前提としている社会的交換関係によるものである。これは，見返りを得るために他者を助ける行動やルールを守って行動すると言うことができる。すぐに見返りがなくとも，いま他者のために行動を起こすことが，いずれ自分の利益として返ってくると考えるからである。これは同じ組織のメンバーとして一緒に働くからこそ発生するものであり，職場や組織において互恵的な規範が強く共有されているほど，より説明力を増すロジックとなる。2つめは，強い集団の価値やメンバーシップを持っているために，組織の方針やルールを守ることと同時に，組織がよりよくなるように仲間を助けるような行動を起こすというものである。1つめのロジックが利己的なロジックだとすると，これは利他的なロジックであると言える。組織コミットメントや組織の価値観が強いことがこれらの行動にプラスの影響を与えるのには，このようなロジックがあると考えられる。3つめは，利己的な理由として，印象操作・印象管理によるものである。一般的には他者を助けることやルールを守ることはよいこととされ，好意的に受け止められるのが普通である。そのため，組織や職場における自分の印象をよくしようと他者のために行動を起こすようになる。これが上司の「受け」をよくするなど，自分の評価を高めようということが目的として含まれるのであれば，それはより利己的なものになるだろう。

(2) 支援や勤勉を促すコンテクスト

　このような利己的・利他的理由があると考えられる，OCBを代

表とする他者への支援や勤勉行動であるが、これらの行動を引き起こすとされるより具体的な要因としては、個人の心的態度や職場の公平感、個人の性格や能力に注目するような研究が多かった。その要因は多岐にわたり、研究蓄積も多いが、ここではその要因を詳細に検討する紙幅はないため、簡単に触れておくことにしよう。Organ & Ryan (1995) は、OCB の先行要因のメタ分析を行っているが、そこで取り上げられた変数は、職務満足感、組織コミットメント、リーダーの配慮行動、公正性の知覚といった職場への個人の好意的な態度に関わる変数や協調性のような性格特性、それに加えて性別や勤続年数など個人の属性に関わる要因が、主として取り扱われる傾向にあったと言える。

　しかしながら、近年では個人を取り巻くコンテクストへの注目を促す研究もある。George & Jones (1997) は、実証研究を行っていないが、組織的な自発性を引き起こすコンテクストやそのレベル（個人、集団、組織、組織間）によって分類している。コンテクストは、通常環境や組織要因などを指し、個人よりも上位のレベルを指すが、彼らは間接的に影響をもたらす個人レベルの要因もコンテクストとして捉えている。本書が注目する職場もこのコンテクストに含まれるため、それぞれどのような要因があるか見ることにしよう。

　まず、個人レベルのコンテクストとしては、能力のレベル、自己有能感、役割定義、個人間の関係、支援を要求する行動を挙げている。このうち、自己有能感は主に個人の能力開発のような自発的行動に影響を与えるとされており、本書が着目する支援や勤勉といった行動との関連性は指摘されていない。個人の能力については、OCB の研究においてもよく取り上げられる要因である (Podsakoff et al., 2000 など)。これは、そもそも仕事についての知識や能力がなければ他者を助けることができないからである。

　次に、本書が注目している職場については、集団レベルのコンテ

クストとして，集団規範，仕事における相互依存性，目標という3つが挙げられている。まず1つめの集団規範に関しては，集団規範が組織的な自発性を促進するものであれば，組織的な自発性は高まり，逆に組織的な自発性を支持しないものであればむしろ抑制するであろうと述べている。タマノイ酢のケースで見られたように，互いに支えることが組織や職場の規範として根づいている場合，その職場では支援行動が積極的に起こるのは自然なことであるし，逆に他者を助けることより，自身の業績が重視される規範があれば，支援行動は起こりにくくなるだろう。2つめに，本書が関わりあう職場を捉える概念として着目している，仕事における相互依存性に関しては，相互依存性が高いほどお互いを助ける機会を増やし，建設的な提案がしやすくなる一方で，相互依存性が低いほど個人が自分の活動に集中するため，お互いを助ける機会や建設的な提案が制限されることになるだろうと述べている。3つめに，目標はそれが個人なのか集団なのか，そしてその目標の程度がどの程度かということが影響すると George & Jones (1997) は述べている。まず，個人で目標が設定される場合，高い目標や厳しい目標設定は，自分の目標達成が困難で，他者を助ける時間がないために，支援行動などの組織的自発性を減少させてしまうと考えられる。一方，集団で目標が設定される場合，組織的自発性を促進するケースと抑制するケースが考えられる。高い目標や厳しい集団の目標の場合，同僚を助けたり，建設的な提案を上げたりする行動を促進すると考えられるが，一方で組織を防衛したり善意を普及したりするタイプの自発性は，組織目標の達成に直接影響しないために抑制されることになると考えられる。仕事の相互依存性と目標の設定に関しては，本章第4節においてより詳細にこれまでの研究を検討することにしたい。

　さらに，組織的自発性を促す組織レベルのコンテクストとしては，組織構造，組織文化，会社の方針 (company policy)，報酬制度が挙

げられている。組織構造に関しては，機械的組織よりも有機的組織のほうが，組織的自発性を促すと考えられる。また，報酬制度に関しては，個人を評価するシステムでは役割に準じた行動をとりがちになるが，集団業績を評価する報酬システムにおいては，集団が業績を上げることに貢献する支援行動などが促進されると考えられる。

最後に，組織間レベルのコンテクストとしては，系列など親会社や関係会社の影響があるとGeorge & Jones（1997）は述べている。たとえば，トヨタのサプライヤーはトヨタの組織文化に影響を受けるように，取引相手などの文化や規範に関係を継続していく間に似てくると彼らは述べ，その規範が組織的自発性を促進するようなものであれば，そのような行動が自分たちの組織においてもその規範が浸透し，組織的自発性が促進されることになると述べている。

ここまで見てきたように，組織における支援や勤勉をもたらす要因は，個人にまつわる要因がほとんどであった。つまり，このような行動を起こすかどうかは個人によって違うと主として考えられてきたのである。これは支援や勤勉をもたらすロジックからもわかる。しかし，すでに述べたように，近年では個人レベルに限らない職場（集団），組織，組織間レベルの要因も検討されはじめている。つまり，組織において支援や勤勉といった行動を起こすかどうかは，個人だけでなく職場や組織によっても違う，そこに所属する人が積極的に支援や勤勉行動をとる職場や組織があると考えられるようになってきたのである。

3 *組織における創意工夫行動──進取的行動*

組織市民行動に代表される支援や勤勉に関わる行動に比べて，Katz & Kahn（1978）の革新的／自発的行動に同様に含まれている創意工夫行動は組織行動論においてそれほど注目を浴びず，結果と

して近年に至るまで研究蓄積はそれほど多くはなかった。しかしながら，近年，進取的行動としてこのような創意工夫する行動が組織行動論の研究の俎上にあがり，多くの研究蓄積がなされるようになり始めている。

◆ 進取的行動

　本書が注目する行動は，支援行動や勤勉行動だけではない。Katz & Kahn (1978) が指摘するように，組織における第3の行動には，組織をよくするためのアイデアを出したり，自分の仕事を改変したり，といった組織を改善するような行動も含まれる。具体的なこれらの行動は多岐にわたる。本書では，このうち自分の役割や仕事を拡張したり，仕事のうえでさまざまな工夫をしたりする行動に焦点を当てるが，このような行動は組織行動論では総称して進取的行動（proactive behavior）と呼ばれている（Grant & Ashford, 2008; Crant, 2000）。すでに述べたように，具体的な行動としての進取的行動は多岐にわたるが，一般的に進取的行動は，「従業員が，彼ら自身あるいはその環境に影響をもたらす先見的行動」と定義されている（Grant & Ashford, 2008）。このように定義される進取的行動は2つの点で他の組織行動とは異なる点を持つ。1つは，未来指向あるいは将来を予見したうえでの先見的な行動であること，もう1つは従業員が意図的に行う行動であり，組織やリーダーから強制的に行わされる行動ではないことである。本書では，仕事において，やり方や進め方について創意工夫を自ら行うような行動に焦点を当てているが，このような行動もこの2つの特徴を持つ進取的行動の1つであると捉えることができる。

　ただし，この定義あるいは特徴は総称的な概念として進取的行動を捉えるものであり，すでに述べたように，具体的な行動には本書が注目する行動以外にも，さまざまな行動が含まれる。たとえば，

本書の関心に近い行動としては、ジョブ・クラフティング行動[2]（job crafting; Wrzesniewski & Dutton, 2001），責任の負担行動[3]（taking charge; Morrison & Phelps, 1999），仕事の改訂行動[4]（task revision; Staw & Boettger, 1990），などがある。ただし、このうちジョブ・クラフティング行動は、自身の欲求や状況への適合のため、といった行動の源泉も概念には含まれている。本書では、このような行動がどのような職場において起こるのか、ということにそもそも関心を置いている。その点では、行動の源泉を含むジョブ・クラフティング行動とは同義ではない。本書では、ジョブ・クラフティング行動を含みつつ、行動レベルにのみ焦点を当てた進取的行動として、創意工夫や自律的行動を捉えていくことになる。

◆ 組織の中で人はなぜ役割を超えて創意工夫をするのか

では進取的行動は、どのような要因によって促されるのだろうか。進取的行動は多様な行動を総称する概念であり、実際の研究では前記したような具体的な行動に焦点を当てて研究がなされているが、研究そのものがまだそれほど蓄積されていないうえ、その焦点は基本的には個人に当てられており、職場の要因に関してはなおさら研究がなされていない。Crant（2000）では、進取的行動に影響を与える要因を個人の要因と状況の要因に分け、進取的行動に関する統合的なモデルを提示している。個人の要因には、進取的パーソナリ

2　ジョブ・クラフティング行動とは、従業員が自分自身の欲求や状況により適合するために、彼ら自身によって企てる個人の活動のことである（Wrzesniewski & Dutton, 2001; Leana *et al.*, 2009）。

3　責任の負担行動とは、組織にとって効果的な機能的変化を意図した自由裁量の行動と規定される（Morrison & Phelps, 1999）。

4　仕事の改訂行動とは、個人が特定の仕事の手続きや要求が不適切であるとみなしたとき、彼らが仕事を最も効果的に進められるように、手続きや要求を改変するような行動のことである（Staw & Boettger, 1990）。

ティ (Bateman & Crant, 1993) や役割に対する自己有能感 (Axtell & Parker, 2003) など進取的な行動に関わるパーソナリティや態度と，仕事への没頭や達成欲求といったそれ以外のパーソナリティや態度が含まれている。一方，状況的要因には組織文化や組織規範，組織のサポートなどが含まれており，集団の文化や規範において自律的に行動することが推奨されるような価値観において進取的行動が促されることを示している。また，Grant & Ashford (2008) は，同様に進取的行動をもたらす状況の要因として，説明責任 (accountability)，曖昧性 (ambiguity)，自律性 (autonomy) を挙げている。

説明責任に関しては，自分の行動や思考を説明，あるいは正当化する必要がある状況（自分の行動に対して説明責任がある状況）では，人は評価や印象をよくするために進取的行動をとるように動機づけられると考えている。次に，曖昧な状況では，人は進取的行動をとりやすいと言う。ここで言う曖昧な状況とは，自分の役割がはっきりしないことや，仕事の手順が定まっていないことなどを指す。このような曖昧な状況を避け，役割や仕事の手順をある程度定めるために，人は進取的行動をとると考えることができる。最後に，仕事における自律性も進取的行動に影響を与えると考えられている。自律的であることは，自分の裁量範囲が広く自己責任が高くなるのと同時に，仕事における自己効力感を与える。この自己効力感がより自律的にさまざまな工夫をするような進取的行動に影響を与えると考えられている (Axtell & Parker, 2003)。

ただし，Crant (2000) も Grant & Ashford (2008) も，個人を取り巻く状況的な要因が進取的行動に影響を与えることは示唆するものの，この点に関しての実証的な研究はまだなされていない。また当然ながら，本書が想定しているような関わりあう職場と進取的行動の関係についても実証的な研究はなされていない。さらに，これらの状況的要因も当然ながら職場レベルでの影響を想定しているわ

けでもない。それらを踏まえると、ここまで説明してきたような状況的要因は、進取的行動に影響を与えると十分に予測できるものの、まだ実証的には明らかになっていないという関係であるのが、組織行動論における現状と言えよう。

4 | *組織行動論における関わりあう職場と支援・勤勉・創意工夫*

さて、ここまで見てきたように、関わりあう職場において支援と勤勉、そして創意工夫が促されるという本書の基本仮説は、組織行動論の概念を用いれば、仕事の相互依存性が高い職場においては、組織市民行動と進取的行動が促進される、と言い換えられることになる。では、仕事の相互依存性が高いことは、なぜ組織市民行動や進取的行動に影響を与えると考えられるであろうか。

これまでの研究からは、仕事や目標の相互依存性は、組織市民行動や協調行動などの個人の自発的行動 (Organ, 1988; Pearce & Gregersen, 1991; Wageman, 1995; Bachrach et al., 2006)、職務満足や仕事へのモティベーション (Kiggundu, 1981, 1983; Hirst, 1988; Morgeson & Humphrey, 2006; Humphrey et al., 2007)、成果そのもの (Mitchell & Silver, 1990; Van der Vegt & Janssen, 2003; Langfred, 2000b, 2005) などに影響することが示されている。しかしながら、進取的行動との関係はまだ研究がなされていない。またこれらの研究の多くは、仕事の相互依存性を個人レベルの変数として捉えているために、その結果から単純に進取的行動への影響を導き出すのは難しい。

ただしこのうち、組織市民行動や協調行動などの個人の自発的行動への影響に関わる研究からは、仕事の相互依存性は次のようなメカニズムで自発的行動をもたらすと考えられている。1つめは責任感の知覚である。人は仕事を最初から最後まで任されることによっても責任を感じる (Hackman & Oldham, 1976) が、自分の仕事ぶり

が他者の仕事に影響を与えることを自覚することによっても，自分が仕事をきっちりやらねばならないという責任を感じる（Wageman, 1995）。つまり，自分の仕事に責任を感じることによって，職場において言われたことをただこなすのみならず，より自発的に行動するようになると考えられる。

　2つめは，相互依存的になることによってメンバー間が親密になり，互恵性や互酬性が生まれやすくなることである。互恵性や互酬性の意識が高い職場においては，将来自分に返報されることを期待して，人は利他的な行動をとるようになる。つまり，相互依存性が高まることによって親密度が増し，互恵性や互酬性が働き，自発的な行動をとることが考えられる。ただしこの場合の自発的行動は他者を助ける利他的な支援行動や秩序を維持するような勤勉行動に限られよう。また，支援行動だけに限って言えば，相互依存性が高まることで集団の凝集性が強まり，助ける行動を頼みやすくなることがある。Anderson & Williams（1996）では，支援を求める行動を通じたプロセスのような社会的交換関係をベースにして支援行動がもたらされることが明らかになっている。ただし，彼らの研究では，支援を求める行動に着目しているために，支援行動が自発的な行動かどうかという点では判別が難しい。つまり，頼まれるから支援したというケースと，支援を求めているようだから支援したケースとの違いがはっきりとはわからない。ともあれ，これらのことからは，仕事の相互依存性や目標の相互依存性は，責任感の知覚や集団内の互恵性／互酬性の規範が生まれることによって，支援や勤勉な行動が生まれると考えられる。支援行動について，仕事の相互依存性との関係に関する実証研究がなされ，そのメカニズムもある程度理解されているが，勤勉という点では，まだ十分にそのメカニズムが理解されているわけではない。もちろん支援に結びつくメカニズムが，勤勉行動においても当てはまることはあるが，支援とは別に実証研

究がなされ，理解されているわけではない。これは組織市民行動として2つの行動が研究においてまとめて取り扱われることも背景にある。

　一方，仕事の相互依存性と進取的行動の関係については，すでに述べたようにまだ研究蓄積がほとんどなされておらず，直接的に検討した研究はほとんどない。この章でも取り上げた Leana & Van Buren（1999）や Nahapiet & Ghoshal（1998）からは，相互に信頼している関係においては，失敗に対する周囲の許容があるために，積極的にリスクテイクする行動を促すことが示唆されるし，社会関係資本の議論においても，相互に緊密なネットワークを持つこと（社会的つながりが強いこと）は集団の中での自我を増大させ，メンバーの集団への積極的な参加を促すことが示唆される（Putnum, 1993; Adler & Kwon, 2002 など）。また，そもそも集団において目標の相互依存性が高く，目標が共有されている集団では，個々人の責任範囲のみならず，集団により貢献するために個々人は自分なりによりよい成果をもたらすように努力をするだろうとも考えられる。しかしながら，このようなメカニズムは，まだ組織行動論においては議論も実証研究もほとんどなされていない。

　このように考えていくと，仕事の相互依存性と支援行動や勤勉行動，あるいは創意工夫行動の関係は，緩やかに示唆され，経験的にも理解できる部分が少なくないが，十分な実証研究がなされてきているわけではないことがわかる。その点では，本書の基本仮説が明らかになることは，副次的ではあるが組織行動論においても意義のあることと言える。ともあれ，ここまでの議論を踏まえ，組織行動論の方法に則りながら，第Ⅲ部における実証研究を通して，基本仮説を改めて検討していくことにしよう。

5 ここまでの議論を振り返って

　この第Ⅱ部では，第Ⅰ部において示された職場における関わりあいと支援，勤勉，創意工夫との関係と関わりあう職場のマネジメントを，経営管理論ならびに組織行動論の既存研究において位置づけてきた。第3章では経営管理論，とくにコミットメント経営の観点から基本仮説と関わりあう職場のマネジメントを位置づけ，本章では組織行動論の観点から，これら基本仮説と関わりあう職場のマネジメントを構成する概念とその関係を説明するロジックについて検討してきた。ここで改めて，第2章の公共哲学からの示唆を含め，既存研究から示されたことを簡単にまとめてみることにしたい。

　第Ⅰ部では，支援，勤勉，創意工夫行動を個人に促すためには，職場レベルで関わりあうこと，コミュニティとしての職場が重要であることが示唆された。つまり職場における関わりあいを強くすることが，その職場における個人の支援，勤勉，創意工夫行動を促すという基本仮説である。また，この基本仮説を含む関わりあう職場のマネジメントでは，関わりあう職場を閉じたコミュニティにせず，開かれたコミュニティにすることが1つの重要な要素として提示された。もう少し言えば，関わりあうことで各人の価値観が似通い，その職場や組織の価値観がそこに入るメンバーに強制的に浸透されるような職場ではなく，むしろ関わりあうことで自己と他者の違いが認識されるような場であり，その違いを理解したうえで共通価値が下から形成されるような場である。このような関わりあう職場が3つの行動をもたらすロジックは第2章の最後に述べた通りである。

　第Ⅱ部では，この基本仮説と関わりあう職場のマネジメントの考え方を経営管理論と組織行動論において位置づけようと試みてきた。まず，経営管理論においても支援や勤勉，あるいは創意工夫行動を

引き起こすマネジメントについて古くから議論はなされてきたが，これら役割外の行動を積極的に引き出す，あるいはこれらの行動を引き起こすことを主たる目的としたマネジメントについては十分には議論がなされてきてはいなかった。そのなかで，経営管理論で近年中心的な役割を果たしているコミットメントを用いた経営管理は，役割外の行動を引き起こす可能性を持ったマネジメントとして，関わりあう職場のマネジメントに近いマネジメントであると言うことができる。しかしながら，コミットメント経営は価値を揃えることを念頭に置く点で，開かれたコミュニティを念頭に置く本書のスタンスと異なり，同時に本書が懸念する閉じたコミュニティの問題を抱えてしまっている。また，近年ではコミットメント経営はコミットメントを強くする施策を打つことで人的資源をより活用でき，組織の成果を上げるという視点から議論が展開され，3つの行動を引き起こすマネジメントという点での検討はほとんどされてはいない。

より本書のスタンスに近いマネジメントのあり方も萌芽的に示されてきていた。組織的社会関係資本の議論は社会関係資本を基盤においた組織を提示し，協働的コミュニティでは内省的信頼を基盤においたうえで，メンバー間の相互依存性から生まれる下からのマネジメントを指向する組織を提示している。両者とも萌芽的な研究ではあるが，本書のスタンスにより近い組織であると言える。しかしながら，両者のマネジメントも組織と職場の役割を明確にしているわけではない。とくに組織的社会関係資本の議論は，具体的なマネジメントの施策としてはコミットメント経営と同様に上からのマネジメントを指向している。また協働的コミットメントも下からのマネジメントを示唆するが，職場というよりはより大きな組織において実現することを前提としていると言える。

経営管理論という立場から見れば，基本仮説と関わりあう職場のマネジメントは，古典的コミットメント経営そして社会関係資本に

よる組織あるいは協働的コミュニティの延長線上にある考え方であると言える。しかしながら，これらの研究と大きく異なる点は，その主体を職場に置いている点であると言うことができるだろう。関わりあう職場のマネジメントにおいて，組織と職場の役割は（ちょうど国家とコミュニティのように）明確に区別される。職場がコミュニティを創出し，組織はそれをサポートすることが関わりあう職場のマネジメントにおけるそれぞれの役割である。

　一方，組織行動論において本書の基本仮説は仕事と目標の相互依存性と支援，勤勉，創意工夫行動の関係として捉えることができる。仕事や目標の相互依存性は，技術や組織構造の観点からスタートした概念ではあるが，現在では職務設計の1つとして取り上げられている。一方，支援や勤勉は自発的行動や組織市民行動の1つとして，創意工夫行動は進取的行動として組織行動論では捉えられてきた。これらの関係については既存研究で検討した研究はそれほど多くない。とくに，創意工夫行動との関連の研究は，進取的行動の研究がそれほど進展していないことから，ほとんどなされていない。この理由の1つはこれらの行動の要因をパーソナリティや個人の心的態度など個人的な要因に求めることがほとんどであったからである。ゆえに，仕事と目標の相互依存性が要因として用いられる場合においても個人レベルでの職務のあり方として行動との関係が捉えられてきた。本書の基本仮説は関わりあう職場のマネジメントという考え方の上にあることから，仕事や目標の相互依存性は個人レベルではなく，職場レベルの要因として捉える必要がある。また，その関係（とくに支援と勤勉との関係）のロジックも，社会的交換関係あるいは職場における互恵性の規範からもたらされるものと考えられてきている。つまり，関わりあうことで仲が良くなり，お互い様の感情が芽生えることからお互い助けあい，勤勉に働くと考えてきた。本書ではこれら閉じたコミュニティがもたらすロジックだけでなく，

関わりあうことで自己のアイデンティティを理解し行動することや，共同の責任を感じることで行動することも射程に入れている。つまり，因果の関係については同じであるがそのロジックをもう少し多様に考えている。

　以上，これらの点が第Ⅰ部で導出した本書の基本仮説と関わりあう職場のマネジメントの経営管理論ならびに組織行動論における現在地である。

第Ⅲ部

関わりあう職場のマネジメントの実証分析

第5章

分析フレームワークと調査概要

● はじめに

　第1章と第2章において，序章で示した「関わりあう職場が支援と勤勉と創意工夫を職場のメンバーに促す」という基本メッセージを，基本仮説として導出した。とくに第2章では，基本仮説に加え，その基本仮説を支える組織と職場と個人という公私三元論の考え方を中心とした関わりあう職場のマネジメントを提示した。第3章では既存の経営管理理論の理論との相違をもとに，改めて基本仮説と関わりあう職場のマネジメントの経営管理理論における位置づけとその特徴を明らかにしてきた。一方，第4章では，主に基本仮説で提示される関係性について，組織行動論の理論や概念との対応を検討し，その関係性のロジックと第6章と第7章で行われる実証研究に向けての概念的検討が行われた。この第5章では，ここまでの議論を踏まえ，第6章と第7章の実証研究に向けて分析フレームワークの提示と分析方法，調査の概要，そして予備的分析の結果を示す。

1 調査のスタンスと分析フレームワーク

◆ 調査のスタンス

　前章までに検討してきた本書の基本仮説は，人々が関わりあっている職場においては，そこで働く人たちの間で助けあいややるべきことをきっちりする行動，そして創意工夫行動が起こっているとい

うものである。より関係に着目して表現するならば、関わりあう職場は、そこで働く人の助けあう行動、勤勉に仕事をする行動、そして創意工夫する行動に影響を与えているということができる。第6章、第7章では調査結果をもとにこの基本仮説を検討することになる。

さて、より詳しい分析について示す前に、本書で用いたデータの概要について触れることにしよう。本書では、インタビューによる質的データと質問紙による量的データの2つのタイプの調査データを用いている。より具体的には本書には以下の4つの調査によるデータが用いられている。このうち1と2のデータは、すでに第1章で用いられている。

1 2007〜08年に行われたタマノイ酢を対象としたインタビュー調査：タマノイ酢第1期調査
2 2008年に行われたタマノイ酢を対象としたインタビュー調査：タマノイ酢第2期調査
3 製造業10社の147職場を対象とした質問紙による調査：質問紙調査（A調査）
4 大手製薬会社のR＆D部門を対象とした質問紙による調査：質問紙調査（B調査）

一般的に、経営組織論におけるさまざまな実証研究はその目的から、探索的な調査と検証的な調査に大まかに分けることができる。学術的には、前者を仮説発見型、後者を仮説検証型と呼ぶこともある。仮説発見型の調査は理論を構築するために用いられ、経営現象の背後にあるロジックやある結果をもたらす要因を探索するために行われる。質的データはその特徴から仮説発見型の研究に用いられることが多い。一方、仮説検証型の調査はすでに構築した理論とそ

の理論から導き出された仮説を検証するために行われる。統計的な検定を行うことが可能な量的なデータは仮説検証型の研究に用いられることが多い。その分類に従うならば，第1章で提示された調査は基本仮説を発見するために，第6章，第7章で提示される実証研究はその仮説の検証として用いられることになるのが自然であろう。

しかし，本書の以下の質問紙調査による実証分析は，厳密な意味で基本仮説を検証しているとは言えない。むしろ探索的な意味合いを含んだ傍証的調査というのが正しいであろう。それは，本書が想定している基本仮説を厳密な意味で検証することが難しいということが理由である。すでに見てきたように，本書では「関わりあう職場」という概念を1つのキー概念に置いている。関わりあう職場とは，その職場にいる人々が相互に関わりあいながら仕事をすることを意味し，マネジメントの観点から言えばメンバー同士の仕事上の接触頻度を増やすマネジメントを言う。そのうえで本書では，第4章で述べたように，仕事の相互依存性や目標の相互依存性がその代表的な側面であり，関わりあう職場を表現する最も適切な要素であると考えている。しかしながら，関わりあって仕事をするということにはマネジメントという側面に着目したとしてもさまざまな側面が含まれるだろう。たとえば，職場の人の仕事上の話がよく耳に入る職場のレイアウトといったことや，朝礼や職場のミーティングが頻繁に行われているといったことも，関わりあう職場の要素として取り上げることができるだろう。

しかし本書においては，「仕事の相互依存性」と「目標の相互依存性」を用いて関わりあう職場を規定し，2つの変数を用いて分析を進めていく。そこに本書が厳密には基本仮説を検証するものではないという理由がある。つまり，本来であれば関わりあう職場という本書が考える職場を余すことなく測定する尺度を構築し，行動への影響を検討する必要があるが，本書では既存の尺度によって代替

して分析を行う。この点で，基本仮説を厳密に検証しているわけではなく，基本仮説の傍証的調査と言わざるをえないのである。その点から言えば，以下で示される結果は，ここまでの章で検討してきた基本仮説のロジックをきっちり検証するものではなく，基本仮説のロジックを補強するために行われると言うのが適切であろう。

　一方で，本書の質問紙による実証研究は探索的な意味合いも含んでいる。1つは単純に関わりあう職場と3つの行動の関係を見るだけでなく，3つの行動に直接的・間接的に影響を与える変数を探索的に追加している点である。第Ⅰ部と第Ⅱ部で述べてきたように，関わりあう職場と支援，勤勉，創意工夫の行動の関係を説明するロジックはいくつか考えられそうである。とくに第3章で触れたコミットメント経営のロジックは有力なものの1つであるが，本書の基本仮説ではそれだけではないロジックを想定している。分析ではいくつかの有力な仲介変数を用い分析することで，関わりあう職場のマネジメントとコミットメント経営との違いを探索することを試みる。また，探索的である点として，職務の自律性を分析モデルに含んでいることも挙げられる。これは，職務の自律性がそもそもないことには，役割を越えた行動を起こしにくいと考えたからである。本書の分析では基本仮説に，職務の自律性の影響を組み込むことによって，より複雑なモデルとして基本仮説の傍証を行おうと考えている。

　もう1つの探索的という意味合いは，より詳細な分析において関わりあう職場の要素である仕事の相互依存性と目標の相互依存性を分解して分析している点である。先に述べたように，関わりあう職場の代理変数として本書では仕事の相互依存性と目標の相互依存性を用いている。概念的に区別されるこの2つの概念は，ともに関わりあう職場を表現する概念であるが，それぞれ独立的に変数に影響することも十分考えられる。そのため以下の分析では，それぞれの

相互依存性の影響についても探索的に分析を行う。これを通して，関わりあう職場のマネジメントがどのようなプロセスでそれぞれの行動をもたらすのかが明らかになると考えている。

◆ **調査の目的と分析フレームワーク**

このような傍証的・探索的調査というスタンスに立ったうえで，調査の目的と分析のフレームワークを示すことにしよう。まず，実証研究で検討する本書の基本仮説は，関わりあう職場が支援と勤勉と創意工夫を職場のメンバーに促す，というものである。改めて図示すれば図 5-1 のようになる。

第 4 章で述べてきたように，本書の実証分析では，組織行動論の概念を用いてこの基本仮説を検討することにする。その理由は，それらの概念による研究蓄積がすでに多く行われていること，そしてそれらの概念を測定するための測定尺度がすでに開発されているからである。そして，職場における関わりあいの強さは仕事の相互依存性と目標の相互依存性に，支援行動と勤勉行動は組織市民行動，向社会的組織行動，組織的自律性のうちとくに研究蓄積のある組織市民行動の援助行動（helping behavior）と忠誠行動（loyal behavior）に対応させて考える。さらに創意工夫行動は進取的行動に対応させて分析する。このように，基本仮説を構成する概念は組織行動論の概念と対応させたうえで実証研究が行われる。ゆえに，本書の基本仮説は実証研究のうえでは，図 5-2 のように示されることになる。このうち，仕事の相互依存性と目標の相互依存性は，職場レベルの変数であり，個々人の仕事が相互依存的かどうかではなく，所属する職場において相互依存的かどうかが問われる。一方，3 つの行動は個人レベルの変数となる。傍証的な分析においては，この職場における仕事と目標の相互依存性が組織市民行動の援助行動と忠誠行動，そして進取的行動への影響を分析する。この分析を通して基本

第5章 分析フレームワークと調査概要　141

図 5-1　本書の基本仮説

職場における関わりあいの強さ → 支援／勤勉／創意工夫

図 5-2　実証研究における本書の基本仮説

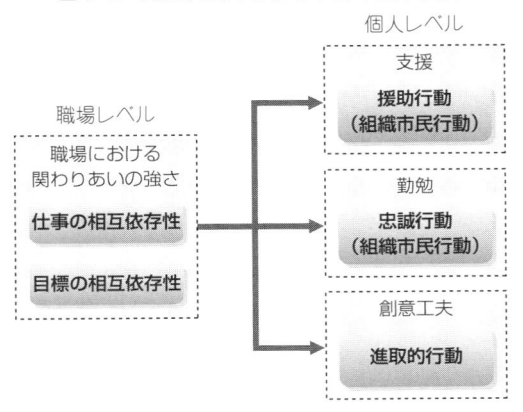

職場レベル
- 職場における関わりあいの強さ
  - **仕事の相互依存性**
  - **目標の相互依存性**

個人レベル
- 支援
  - **援助行動（組織市民行動）**
- 勤勉
  - **忠誠行動（組織市民行動）**
- 創意工夫
  - **進取的行動**

仮説を検証（傍証）するのが調査の第1の目的である。

次に，分析の探索的な側面について触れることにしよう。すでに述べたように，第6章，第7章の分析では，基本仮説に含まれる概念だけでなく，他の概念変数も含む分析を行う。具体的には，職務の自律性，組織コミットメント，集団凝集性の3つの変数である。このうち，集団凝集性は職場レベルで調査が行われる。探索的な調査においては3つの主たる目的を持っている。1つは，すでに図5-2で示されているように，仕事の相互依存性と目標の相互依存性を分解して，3つの行動への影響を検討する点である。2つめにコミットメント経営のロジック，つまりコミットメントが高まり，職場の仲がよくなることで支援や勤勉，創意工夫が生まれるというロジックを改めて検討することである。本書の基本仮説は，コミット

図 5-3　本書の分析フレームワーク

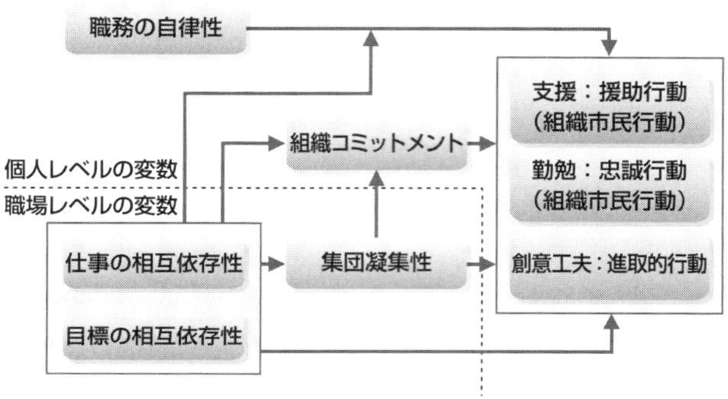

```
職務の自律性 ──────────────────────┐
                │                 ↓
                │    組織コミットメント ─→ 支援：援助行動
                │         ↑              （組織市民行動）
個人レベルの変数  │         │
─────────────────┼─────────┼────── 勤勉：忠誠行動
職場レベルの変数  │         │       （組織市民行動）
                │         │
  仕事の相互依存性 → 集団凝集性 ─→ 創意工夫：進取的行動
  目標の相互依存性 ──────────────↑
```

メント経営のロジックを含みながらも，自分のやるべきことを認識することや，やらざるをえない点を感じることで行動を起こすといった，それ以外のロジックも含んでいる。それ以外のロジックを直接検証するわけではないが，関わりあう職場がコミットメント経営のロジック以外のロジックにおいても3つの行動に影響を与えることを，組織コミットメントと集団凝集性の仲介効果を分析することで明らかにする。3つめの探索的調査の目的は，職場における関わりあいの強さの間接的効果を明らかにすることである。職務自律性，つまり仕事のやり方の自由度があることは，そもそも3つの行動を起こすうえで前提の状況である。仕事のやり方の自由度がなければ，役割外の行動を自発的に行うとは考えにくいからである。しかし，仕事のやり方の自由度があってもすべての人が役割外の行動を自発的に行うわけではない。職場において関わりあいが強いこと，つまり職場において仕事や目標が相互依存的であることによって，仲間のために，あるいは仕方なしに，あるいは同じ目標を達成するために，その自由度が役割外の行動を自発的に行うという方向につながると考えられる。そこで，職務の自律性が3つの行動に与える影響における仕事と目標の相互依存性の間接的効果を，分析では明

らかにする。

これらを踏まえて、基本仮説の検証（傍証）としての分析と基本仮説にまつわるさらなる探索としての分析を含む本書の分析フレームワークは図5-3のようになる。第6章では、支援と勤勉行動への影響、第7章では創意工夫行動への影響についてそれぞれこの分析フレームワークをもとに分析が行われる。

2　分析方法——クロスレベル分析

本書の分析フレームワークは、職場レベルの変数（職場における関わりあいの強さなど）と個人レベルの変数（支援、勤勉、創意工夫行動など）を含んだモデルである。このように異なるレベルの変数の間の関係を分析するために、クロスレベル分析という手法が用いられる[1]。クロスレベル分析とは、対象の属性のレベルが異なる変数の影響関係を分析する手法である。たとえばある学校において、生徒の数学の成績の影響要因を、各学級において教師がとった教育スタイルと個々人の自宅学習時間の2つの変数で見ようとしたとき、個人の成績と自宅学習時間は個人レベルの変数であり、教師がとった教育スタイルは集団レベル（学級レベル）の変数である。このような場合において、異なるレベル間の関係（この場合、学級での教育スタイルと生徒の成績）を見ようとする際に、クロスレベル分析という手法が用いられる。では、なぜクロスレベル分析をわざわざ用い

1　本書の分析では、階層線形モデリング（hierarchical linear modeling: HLM）という方法によってクロスレベル分析を行う。階層線形モデリングは、下のレベル（この場合個人レベル）のデータが上の階層（この場合職場レベル）によってグルーピングされていて、入れ子状になっているデータの分析を行う場合に用いられる統計手法である。詳しくはRaudenbush & Bryk (2002) を参照。

る必要があるのか。それは，通常のレベルを揃える方法では，解釈において誤謬が生じる可能性があるからである。

　組織行動論において言えば，組織文化の組織コミットメントへの影響を見るように，これまでも仮説あるいは分析モデルの段階では異なるレベル間の分析を想定したケースは少なからずあった。しかし従来の方法では，異なるレベル間の影響関係を仮説として提示しながらも実際はレベルを揃えて分析を行ってきた。たとえば，組織文化の組織コミットメントへの影響を見る場合，組織あるいは個人レベルのどちらかで分析レベルを揃えてきた。組織レベルで揃える場合には，組織単位で集約した組織コミットメントの平均値を用いて組織文化との関係を見るような分析を行い，個人レベルで揃える場合には，個人が個々に認識する組織文化と組織コミットメントの関係を見るというように分析を行ってきた。つまり，分析を行うために，研究者が恣意的に本来個人レベルの概念を組織レベルとして扱ったり，本来組織レベルの概念を個人レベルとして扱ってきたりしたのである。

　では，このようにレベルを揃えて分析することには，どのような誤謬を引き起こす可能性があるのだろうか。それは端的に言えば，組織レベルの発見事実を個人レベルまで無批判に拡張してしまう，あるいは個人レベルの発見事実を無批判に組織レベルへと拡大解釈してしまうという誤謬を引き起こす危険性が生じるのである（Kozlowski & Klein, 2000）。たとえば，組織レベルで揃えた場合で言えば，組織文化が組織レベルで平均値化された組織コミットメントに影響を与えていたとしても，あくまでそれは平均値化された組織レベルの組織コミットメントへの影響である。組織コミットメントを本来個人レベルの変数であると考えているならば，組織の中には組織コミットメントが高い人もいれば低い人もいることになる。たとえば，極端に高い人が数人いて他は低いかもしれない組織や，お

おむねみんな高いが,極端に低い人たちがいる,といったことを十分に反映することができない。個人の情報を組織レベルに集約することによって,情報が矮小化され,誤った結果を導く可能性があるのである[2]。

また,個人レベルで揃えた場合には,組織文化は個人レベルでの認識を聞いているため,その人はそう思っているかもしれないが,同じ組織で異なる認識の人もいるだろう。そうすると,そこでは組織文化は組織の中でもバラバラな個人レベルの変数として捉えていることになってしまう[3]。つまり,組織で共有化されたものとしての組織レベルの組織文化と個々人の組織コミットメントの関係を分析しているとは言えなくなってしまうのである。ゆえに,ある特定の組織文化を強く感じている人はその価値観に共鳴するために,組織コミットメントが高くなる,というように個人の知覚に基づく個人レベルの因果関係は明らかにすることができても,ある特定の組織文化が強いことが,コミュニケーションを円滑にし,働きやすくすることからそこで働く人の組織コミットメントを高めるといったような,組織文化の個人の知覚を介さない文脈的影響を明らかにすることはできないのである。また個人レベルで分析をした場合,図5-4にあるような誤謬を起こす可能性がある。図5-4のようにデータが分布している場合,個人レベルのみで分析していれば,組織文化が強くなれば組織コミットメントが高まるという結果が示されるであろう(図5-4の左図)。しかし,職場レベルで個人をまとめた場合,職場レベルの組織文化と個人の組織コミットメントは職場の組織文化が高いことが個人の組織コミットメントを低くしてしまうと

---

2 もちろんあくまで可能性があるというだけであり,常に間違った結果を導くわけではない。

3 組織風土研究のように,このような立場をとる研究もある。この場合の個々人が自覚する組織風土は心理的組織風土と呼ばれる。

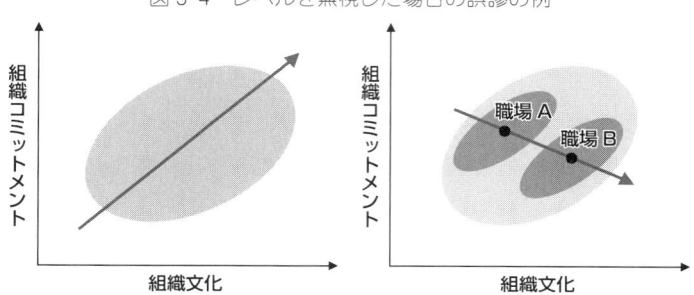

図 5-4 レベルを無視した場合の誤謬の例

いう結果になる場合もある(図 5-4 の右図)。組織文化を職場レベルで共有されるものと規定するならば、このような誤謬が起こりうる可能性がある。

このように、どちらかのレベルに揃えた結果として発見事実は限定的になってしまうため、その結果をもって組織レベルの組織文化が個人レベルの組織コミットメントに影響を与えている、あるいはそのロジックを検証しているとは言えなくなってしまうし、そもそも本来クロスレベルで分析されるものをシングルレベルで分析することによって、結果の誤謬を起こしてしまう可能性を潜在的に持っているのである。クロスレベル分析では、それぞれの変数のレベルを維持したまま異なるレベルの変数間の関係を分析することが可能であり、このような解釈の誤謬をおかす危険性がなくなる。本書の分析では、クロスレベル分析の1つの主要な手法である階層線形モデリング(HLM)を用いて、分析フレームワークに基づき分析を行っていく。

3 調査概要

第6章と第7章では実証研究の結果が示されることになる。2つ

の章で述べられる実証研究は，当然ながら本書の目的に沿ってなされたものであるが，それぞれ調査自体は独立に行われ，それぞれの調査データに基づいて分析が行われている。以下では，便宜上第6章での調査をA調査，第7章での調査をB調査と呼ぶことにしよう。

◆ A調査の概要

A調査における調査対象は，製造業10社（74職場）の従業員である。10社は従業員数50～500人の企業である。調査対象には正規従業員と非正規従業員が含まれているが，職場レベルの変数は職場のメンバー全員の平均値によって測定する必要があるために，とくに区別せず分析を行った[4]。調査は，それぞれの企業の協力のもと，留め置き法で行われ，2064人に質問紙が配られ1918人からの回答を得た。回収率は92.93％であった。正規従業員は1695人，非正規従業員は177人（不明46人）であった。職場レベルで分析するために，4人以上の職場についてのみ分析対象とし，結果的に1751人，174職場のデータを用いて分析を行った。平均の職場人数は10.06人であった。平均年齢層は35～39歳であり，全体の17.2％を占めた[5]。

◆ B調査の概要

B調査における調査対象は，大手製薬会社B社の研究開発部門に所属する正規従業員である。調査は，B社の協力のもと，社内LAN経由で行われ，送信数は1112人，うち851人から回答を得た。

---

4 行動に関する分析では正規従業員と非正規従業員の間に有意な差は見られなかった。
5 調査では，調査対象の意向もあり具体的な年齢ではなく，年齢の幅によって聞いた。

回収率は76.5%であった。職場レベルで分析するために，A調査と同様に職場の回答者の人数が4人以上の職場についてのみ分析対象とし，結果的に810人，53職場のデータを用いて分析を行った。平均の職場人数は15.28人，調査対象者の平均年齢は39.48歳であった。

4 調査に用いられる測定尺度と予備的分析

A調査，B調査においてクロスレベル分析で用いられた主要な変数は，それぞれの調査において用いられた支援行動（A調査），勤勉行動（A調査），創意工夫行動（B調査）の3つの変数と両調査で共通に用いられた仕事の相互依存性，目標の相互依存性，集団凝集性，職務自律性，組織コミットメントの5つの変数である。第7章，第8章ではより探索的な分析で，これ以外の変数も用いて分析を行っている。それらの測定尺度については，個別の章で触れることにして，ここでは基本仮説とそれに関連する主な変数についてのみ触れることにしよう。

◆ 職場における関わりあいとしての仕事の相互依存性と目標の相互依存性

本書の基本仮説のもう1つのキー概念である関わりあう職場は仕事の相互依存性と目標の相互依存性によって測定がされる。仕事の相互依存性は，Kiggundu (1983) を参考に作成され，「自分の仕事を完了するには多くの他の人の仕事に依存している」「私が仕事をやらなければ，他の人の仕事が完了しない」といった能動的な相互依存性と受動的な相互依存性を含む項目[6]で構成されている。一方，

6　A調査では3項目，B調査では5項目で構成されている。

目標の相互依存性はVan der Vegt et al. (2003) をもとに項目が作成された。それぞれ「私の職場では，職場の成果に関する責任を共同で負っている」「私の職場では，職場として達成すべき明確な目標をもっている」の項目である[7]。それぞれの調査における因子分析（最尤法／プロマックス回転）では，A調査においては仕事の相互依存性と目標の相互依存性に対応する2つの因子が抽出された[8]が，B調査では能動的な相互依存性と受動的な相互依存性がさらに分かれ，3つの因子が抽出された[9]。目標の相互依存性を除き，改めて5項目で因子分析（最尤法／プロマックス回転）を行ったところ1つの因子に収束したことから，B調査においても仕事の相互依存性は受動的な側面と能動的な側面を含む1つの変数として分析を行うこととした。信頼性は，A調査において仕事の相互依存性が$\alpha=0.740$，目標の相互依存性は$\alpha=0.689$，B調査において仕事の相互依存性は$\alpha=0.795$，目標の相互依存性は$\alpha=0.547$であった。B調査における目標の相互依存性の信頼性の低さは項目数の少なさに依存すると考えられる。

◆ 支援行動・勤勉行動としての組織市民行動

支援行動と勤勉行動の項目は，組織市民行動（OCB）の行動として作成されたVan der Vegt et al. (2003) をもとに作成された。彼

---

7 A調査では3項目，B調査では2項目で構成されている。
8 2因子間の因子相関は0.580であった能動的相互依存性と受動的相互依存性に対応する因子の因子相関は0.533，能動的相互依存性と目標相互依存性に対応する因子の因子相関は0.348，受動的相互依存性と目標相互依存性に対応する因子の因子相関は0.432であった。
9 能動的相互依存性と受動的相互依存性に対応する因子の因子相関は0.533，能動的相互依存性と目標相互依存性に対応する因子の因子相関は0.348，受動的相互依存性と目標相互依存性に対応する因子の因子相関は0.432であった。

らは，援助行動（helping behavior）と忠誠行動（loyal behavior）をOCBの下位次元と考えている。援助行動は4項目で構成され，援助行動に含まれる項目の例としては，「私は仕事負担の多い同僚をよく助けている」「私は欠勤した人がいれば，その人の仕事を助けている」が挙げられる。一方，忠誠行動も4項目で構成され，忠誠行動に含まれる項目の例としては，「私は仕事上の義務や責任を逃れようと思ったことはない」「私は仕事に費やす時間を惜しまない」が挙げられる。他者を助けるような支援行動として，OCBの援助行動の項目が用いられ，やるべきことをきっちりこなすといった勤勉行動として，OCBの忠誠行動が用いられた。8項目を因子分析（最尤法／プロマックス回転）した結果，事前に想定した2つの行動に対応する因子は抽出されたが，2つの項目に関しては想定した因子への負荷が小さかった[10]。しかしながら，改めてそれぞれの行動に関して4項目ずつで因子分析をした結果，それぞれ1因子に収束したため，本書では事前の想定通りの項目によって援助行動と忠誠行動の変数を作成した。信頼性はそれぞれ援助行動が$\alpha = 0.751$，忠誠行動は$\alpha = 0.677$であった。

◆ 創意工夫行動としての進取的行動

第4章で見てきたように，進取的行動はこれまで存在したさまざまな類似の概念を総称して捉えるために定義づけられた概念であることから，現在まだ具体的な質問項目は開発されていない。またジョブ・クラフティング行動や責任負担行動の項目もまだ十分に開発されてはいない。そのため本書では，項目を開発した数少ない研究のうち，Leana *et al.*（2009）のジョブ・クラフティング行動の項目として開発されたものを進取的行動の項目として用いた。実は

10　2因子の因子相関は0.639であった。

Leana *et al.*（2009）の尺度自体も，責任負担行動（Morrison & Phelps, 1999）の項目などをもとに作成されたものだが，研究上はジョブ・クラフティング行動の項目として用いられている。第4章で詳細に検討したように，ジョブ・クラフティング行動や責任負担行動は，定義上は異なる概念であるが，具体的な行動レベルではきわめて類似した行動である。その点で，進取的行動としてジョブ・クラフティング行動の項目を用いることに問題はないと考えている。

また，本書が想定する進取的行動はジョブ・クラフティング行動が想定する自身の動機づけを高めるためという行動の意図を必ずしも含んではいないが，Leana *et al.*（2009）の項目は，ジョブ・クラフティングの項目として作成された尺度にもかかわらず，項目そのものは動機が含まれたものではない。これらのことから本書が想定する進取的行動として用いることに問題はないと考える。具体的な項目としては，「私は，仕事をより良くするための新しい方法を，自分自身で取り入れている」「私は，仕事の中に新しい取り組みや試みを積極的に取り入れるようにしている」「私は，これまで用いていなかった方法ややり方を自分自身で新しく取り入れている」が挙げられる。因子分析（最尤法／プロマックス回転）を行った結果，5項目は1因子に収束した。作成された5項目による信頼性は$a = 0.857$であった。

◆ それ以外の尺度

(1) 集団凝集性

職場内の関係の良さを示す集団凝集性は，Dobbins & Zaccaro（1986）をもとに3項目が作成された。具体的な項目は「私の職場では，率直な話し合いや意見交換が行われている」「私の職場では，メンバーに心配事や悩み事を何でも相談できる」「私の職場では，上司と部下が自由に話し合える風通しの良さがある」である。A

調査では信頼性は $\alpha = 0.681$，B調査では $\alpha = 0.722$ であった。

(2) 職務自律性

職務の自律性に関しては，A調査とB調査ではやや異なる項目が用いられている。A調査では，Langfred (2004) をもとに3項目作成された。代表的な項目は「私の職場では，私は自分の仕事の仕方を自分で決めている」「私の職場では，私は自分で仕事のスケジューリングを行っている」である。「私の職場では」という文言が項目の先頭に共通してついているが，これは現在の仕事における個人の自律性の程度について尋ねている項目である。一方，B調査では個人変数として，Morgeson & Humphrey (2006) のWDQ (work design questionnaire) に含まれる自律性に関わる項目をもとに8項目が作成された。彼らは自律性を3つの下位次元（意思決定の自律性，計画の自律性，仕事の方法の自律性）に分けているが，B調査では1次元の変数として取り扱った。代表的な項目は「私の仕事では，進め方のスケジュールを自分で決めることができる」「私の仕事では，仕事をどのように進めるのかを自分で決めることができる」「私の仕事では，仕事を実行するにあたって，自分なりの工夫をしたり，意思決定をする余地がある」である。B調査の項目では「私の職場では」という項目はついていないが，同じく現在の仕事における個人の自律性の程度について尋ねる項目である。A調査では信頼性は $\alpha = 0.750$，B調査では $\alpha = 0.906$ であった。

(3) 組織コミットメント

組織コミットメントは，Allen & Meyer (1996) と Mowday *et al.* (1982) をもとに項目が作成された[11]。組織コミットメントは一般的には情緒的・継続的・規範的の3つの下位次元から構成されるが，本書では行動に影響すると考えられる情緒的コミットメントだ

---

11 A調査では4項目，B調査では6項目が用いられている。

けを用いる（以下，単に組織コミットメントと表記する）。代表的な項目は「私は，この会社に愛着をもっている」「私は，会社の一員であることを誇りに思う」である。A調査では信頼性は $\alpha = 0.850$，B調査では $\alpha = 0.837$ であった。

◆ 予備的分析——合意指標

すでに述べているように，本書の分析ではクロスレベル分析が用いられ，分析モデルには職場レベルの変数と個人レベルの変数が含まれる。本書では，職場レベルの変数は個人レベルで回答されたものを職場単位で集約し，平均したものが用いられるが，作成された職場レベルの変数が十分に職場レベルの変数として妥当かどうかを検討する必要がある。たとえば仕事の相互依存性は，高い職場もあれば低い職場もあるといったように職場の方針によって異なるとも考えられるが，その人の担当する仕事によって職場内でもばらつきがあるとも考えられる。職場レベルの変数として妥当であるためには，職場間で高い職場と低い職場がばらつく一方で，職場内では比較的同じレベルである必要がある。なぜならもし個人によるばらつきが大きい変数であるならば，それは職場レベルの変数としてふさわしくなく，個人レベルの変数として取り扱う必要があるからである。このような理由から職場レベルで取り扱う変数に関しては，その集団内の合意度を検討する必要がある。本書の分析では，集団内の合意度をICC(1)，ICC(2)によって検討する（Bartko, 1976; James, 1982）。ICC（inter class correlation）とは，変数の分散を集団間の違いによってもたらされる分散と集団内の違いによってもたらされる分散とに分解し，それぞれの要素から集団間のばらつきと集団内のばらつきを比較することで集団内の一致度を測定する指標[12]である。

表5-1は2つの調査で用いられた職場レベルの変数の各調査における各合意指標の値である[13]。一般には，ICC(1)に関しては0.12程

表5-1 2つの調査における3つの職場変数の合意指標の値

	A調査		B調査	
	ICC(1)	ICC(2)	ICC(1)	ICC(2)
仕事の相互依存性	.134	.607	.126	.688
目標の相互依存性	.131	.601	.133	.700
集団凝集性	.150	.639	.138	.709

度,ICC(2)に関しては0.5以上あれば集団レベルの変数として取り扱うことが可能であるとされている (James, 1982; Bartel & Milliken, 2004; Klein *et al.*, 2000; Ostroff, 1992) が,本書の分析で用いられる仕事の相互依存性,目標の相互依存性そして集団凝集性が職場レベルで分析される変数は,いずれもこれらの基準を満たすものであることがわかる。この結果から,3つの変数を職場レベルで取り扱うことが妥当であることが示されたと言える。

---

12 ICCあるいは合意指標の計算式など詳しい説明は鈴木・北居 (2005) を参照。
13 各章でのみ用いられる変数に関しては,それぞれの章において合意指標の値を記すことにして,ここでは両調査において用いられた変数についてのみ記す。

第6章

関わりあう職場と支援・勤勉行動

● はじめに

　この第6章と次の第7章では，ここまで議論してきた基本仮説の妥当性を実証研究によって検討していく。本章では，関わりあう職場の支援行動と勤勉行動への影響，第7章では，関わりあう職場の創意工夫行動への影響に関して傍証的・探索的分析を行う。

　本書ではここまで，さまざまな角度から職場における関わりあいの強さと助けること，やるべきことをきっちりやること，そして仕事において創意工夫を行うことの関係を検討してきた。そしてあわせて組織―職場―個人という三元論による関わりあう職場のマネジメントを提示してきた。そこでこの章と次の章において，この基本仮説を実証研究から検討してみようというわけである。この2つの章における実証研究のパートでは，ここまでの議論を詳細にそして厳密に実証研究の俎上に載せていくだけでなく，シンプルな分析や補完的な分析も行う。

　確かに科学的論文においては，同じような結果が示されたとしてもそれが厳密な分析ほど尊ばれる。なぜなら厳密であるほど，結果の誤謬の可能性が低くなるからである。しかし厳密な分析は読者を選んでしまうという欠点を持つ。なぜなら厳密な分析を行えば行うほど，その分析を理解できる読者が減ってしまうことがあるからである。本書では，厳密で正確な分析であることを意識しつつも，関わりあう職場と3つの行動の関係を明らかにするために，まずは予

備的におおざっぱな分析を行う。予備的な分析では，関わりあう職場と3つの行動の関係だけでなく，関わりあう職場の持つ特徴についても分析から触れていく。その後第5章で述べた分析フレームワークに沿って，支援と勤勉行動に関してクロスレベル分析による詳細な分析を行う。

1 関わりあう職場と支援・勤勉行動

　分析フレームワークに沿った詳細な分析を行う前に，本章第1節と第2節ではおおざっぱな予備的分析を行うことにしたい。予備的な分析を行う理由は，単純な分析と視覚的な表現によっておおざっぱに関わりあう職場と3つの行動の関係，ならびに関わりあう職場の特徴をつかもうと考えるからである。本章第3節では，すでに述べたように階層線形モデリング（HLM）によるクロスレベル分析を行う。階層線形モデリングによるクロスレベル分析は，第5章で示したようにこれまでの分析手法の欠点を克服する分析であるが，分析が複雑になることから結果の視覚的表現にはあまり向いていない。また精緻なモデルによる分析では，さまざまな要因をコントロールしたうえで，ターゲットとする要因の影響を特定化していくことから，おおざっぱな関係を把握しにくい。これは精緻な分析が，分析において考慮すべきノイズをできる限り排除した形でターゲットとする要因間の関係を明らかにしようとするためであることを考えれば自然なことであると言える。

　しかし，本書の問題意識から考えれば，精緻な分析も重要であるが単純で視覚的に関係を見ることの重要性もあると考える。たとえば，職場全体のコミュニケーションがよいことは，確かに人々を相互扶助的に振る舞うように促すと考えられるが，相互扶助的に振る舞う人が多いことがさらに職場のコミュニケーションを活発にする

とも考えられる。また，関わりあいながら仕事をしている職場では，必然的にコミュニケーションが多くなるだろう。このように職場や組織における要因間の関係は，共振的／共変的な特徴を持つことが考えられる。つまり，関わりあう職場かそうでない職場か，という職場の性格に違いがあると考えられる。そのため，われわれは精緻なモデルによって，影響を与える特定の要因とその関係を見いだす前に，そもそも多くの人々が助けあう職場とは一体どんな職場なのか，人々がやるべきことをきっちりやる職場にはどんな特徴があるのか，ということを明らかにすることは意義あることだと考える。おおざっぱな分析は，複雑な変数間の関係を精緻に明らかにすることはできないが，上記のような視覚的な関係性や特徴を見いだすうえでは精緻なモデルに基づく分析よりも明快な結果を読者に示してくれるはずである。本書では，このような点から，クロスレベル分析による精緻なモデル分析に先立って，関わりあう職場と3つの行動を含むさまざまな変数との単純な関係を分析しながら，その特徴を明らかにしていくことにする。

　まずこの節では，関わりあう職場と支援・勤勉行動の関係を見ていくことにする。その前に，この分析において職場における関わりあいの強さをどのように捉えるかを定める必要がある。すでに第5章で述べたように，仕事を遂行するために他者との相互依存の程度を示す「仕事の相互依存性」と，職場レベルでの目標が共有，徹底されている程度を示す「目標の相互依存性」の2つの変数を，本書では職場における関わりあいの強さとして捉えていく。ただし，この節と次の第2節ではおおざっぱな分析を示すという観点から，この2つの概念に基づく変数を合算した変数を職場における関わりあいの強さとして分析を行うこととする。第4章で触れたように，この2つの変数は相互に関係があることが示唆されるものの，概念上は独立の概念と捉えられている。また，第5章でも触れたように，

因子分析によっても2つの変数はそれぞれ固有の性質を持つ変数であることが示されている。つまり，仕事の相互依存性と目標の相互依存性は概念的にも統計的にも異なる性質を持つ概念変数であると言うことができる。ゆえに，2つの変数を合算して職場における関わりあいの強さとすることは，学術的には大いに問題が残る処理である。しかしながら，ここではより精緻な分析を後の節で行うことを前提に，方法論的な厳格さを犠牲にしても，問題意識に直接的に沿った分析結果を示すために，このおおざっぱな分析においては2つの概念を合算したものを関わりあいの強さとして捉えることにしたい。以下，この節と次の第2節で示される結果においては，関わりあいの強さは職場の各メンバーの仕事と目標の相互依存性の2つの変数を合算した平均値[1]である。少し回り道かもしれないが，読者にはここで示される視覚的でおおざっぱな分析結果を念頭に，本章第3節での精緻な分析へと進んでもらうことにしよう。

図6-1と図6-2は，仕事の相互依存性と目標の相互依存性によって構成された職場における関わりあいの強さと職場における個人の支援行動とやるべきことはきっちりこなすという勤勉行動とのそれぞれの関係を示す図である。それぞれの行動は職場ごとの平均値である。

2つの図からわかるように，職場における関わりあいが強い職場ほど，その職場に属する個人の支援行動や勤勉行動の平均値が高まっていることがわかる。支援行動および勤勉行動は，基本的には個人の行動である。たとえば，年長者であるほど，あるいは仕事能力の高い人ほど，同じ職場の他者を助ける行動が多くなるだろう。そのためすでに述べてきたように，これらの行動に焦点を当てた研究では個人レベルでの分析が主として用いられ，個人レベルの要因

---

[1] 平均値は3.12，標準偏差は0.76であった。

図6-1 職場における関わりあいの　図6-2 職場における関わりあいの
　　　 強さと支援行動　　　　　　　　　　強さと勤勉行動

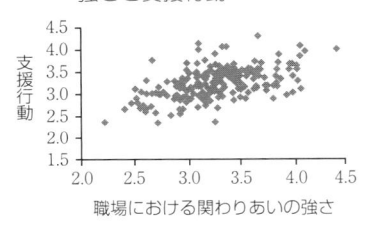

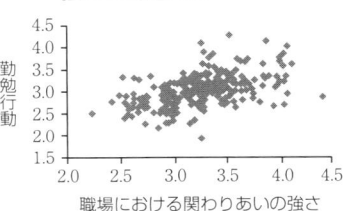

が探索されてきた（Grant & Ashford, 2008）。しかしながら，この2つの行動を職場レベルで集計し，関わりあいの強さとの関係を図示すると，単純な分析ではあるが2つの図からは支援行動や勤勉行動は職場ごとに異なる可能性があることがわかる[2]。そして視覚的にも，職場における関わりあいの強さと2つの行動はなんらかの関係[3]があることが示唆されよう。

2　関わりあう職場のさらなる特徴

では，職場における関わりあいの強さと支援・勤勉行動以外のいくつかの個人の態度あるいは仕事の設計に関わる変数との単純な関係の分析を通し，関わりあう職場の持つ特徴をもう少し探索することとしよう。ここでは，個人の態度に関わる変数として，組織コミットメント，組織を背負う意識，仕事への動機づけの強さ，仲間による動機づけの4つの変数を，仕事の設計に関わる変数として役割曖昧性を取り上げ，職場における関わりあいの強さとの関係を見

---

[2] 2つの行動の一元配置の分散分析の結果は，支援行動では $F=1.878$ （$p<0.000$），勤勉行動では $F=1.668$（$p<0.000$）であり，両者とも職場間で有意な違いがあることが示されている。

[3] もちろん疑似相関の関係もありうる。

ることにしよう。

◆ 組織コミットメントと組織を背負う意識

　この節で新しく取り上げる「組織を背負う意識」は，組織への愛着や一体感を示す概念（Allen & Meyer, 1996; 鈴木，2002 など）である組織コミットメントよりもより積極的な組織への貢献を含む概念（鈴木，2006）であり，文字通り組織を将来的に背負っていこうという意識に関わる概念である[4]。鈴木（2006）によれば，組織を背負う意識は，組織コミットメントが現在の組織へのコミットメントであるのに対し，将来や未来の組織へのコミットメントという性格を持つ。組織コミットメントは，これまでの研究においても支援行動や勤勉行動を含む組織市民行動との関係が強いことが示されている（Organ *et al.*, 2005）。図 6-3 と図 6-4 は，職場における関わりあいの強さと組織コミットメント，組織を背負う意識の平均値の関係を図示したものである。図 6-3 が示すように，関わりあいの強い職場においては，より個人の組織コミットメントが高い人が多いことがわかる。また同様に関わりあいの強い職場においては，組織を背負う意識が強いこともわかる。

　関わりあいの強さを構成する仕事の相互依存性や目標の相互依存性が組織への愛着や一体感を強くすることは過去の研究においても指摘されているし，相互依存性が高いことで相互に接触する機会が増え，相互に好意を持ちやすくなることを考えれば，相互に関わりあいが強くなることが愛着や一体感を醸成すると考えることは決して不自然なことではない。しかし，より丹念に見ると，関わりあいの強い職場において（より上位のレベルの）組織への愛着や一体感が

4　組織を背負う意識を構成する項目としては，「私はこの会社を背負っていくという自覚がある」「私がこの会社の中心になっていかなければと思う」が挙げられる。

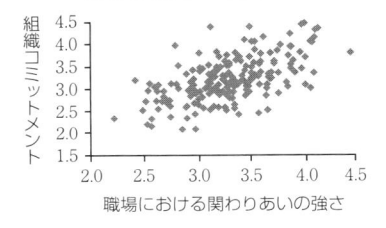

図6-3 職場における関わりあいの　　図6-4 職場における関わりあいの
　　　強さと組織コミットメント　　　　　　強さと組織を背負う意識

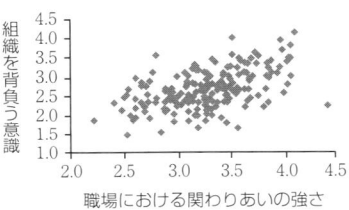

強くなるという結果は，個人と組織の関係を考えるうえで示唆的である。一方，組織を背負う意識についても，関わりあいの強い職場においては概して高くなることが示された。関わりあいの強い職場において，このような組織への積極的な貢献意識が高くなることは，関わりあいが強いということが，伝統的なコミュニティで表現されるような仲間内での閉鎖的なコミュニティの性格だけではない性格を持つことが示唆される。

◆ 仕事への動機づけと仲間による動機づけ

続いて，動機づけに関わる2つの変数のうち，仕事への動機づけは内発的動機づけに関わる変数であり，仕事そのものが楽しかったり，やりがいを感じたりする程度を表している。一方，仲間による動機づけは周囲の仲間ががんばることによって，自分もがんばらねばならないと感じるような動機づけを表す[5]。本書の基本仮説は，関わりあう職場の支援，勤勉，創意工夫行動への影響である。ゆえ

5　内発的動機づけに関わる項目としては「今の仕事が楽しくて，知らないうちに時間が過ぎていく」「今の仕事に対してモティベーションが高い」が挙げられる。一方，仲間による動機づけに関わる項目としては「私は職場のメンバーに迷惑をかけたくないために働いている」「私は職場のメンバーがよく働くので，それに刺激されて働いている」が挙げられる。

に，動機づけについて触れることは本書の問題意識からは外れることになる。しかしながら，マネジメントという観点から考えれば，職場のメンバーの動機づけは重要な点であろう。第1章で触れたタマノイ酢のケースにおいても，関わりあうことがとことんやるという仕事への動機づけへと結びついていることが示されていた。また，関わりあいの強い職場では，他者からもたらされる情報が多くなること，他者によって自分の位置づけや職場内でのアイデンティティが認識しやすくなることから，仕事がきちんとできているかどうか，自分に十分に仕事を遂行する能力があるかどうかの認識，つまり自己の仕事に対する効力感を感じやすくなると考えられる。またWageman（1995）が指摘するように，仕事における関わりあいが強いことによって，他者の仕事に対しても責任をより感じるようになり，動機づけが強くなることが考えられる。

　図6-5と図6-6は，職場における関わりあいの強さと内発的動機づけ，仲間による動機づけとの関係を図示したものである。

　図からわかるように，関わりあいの強い職場においては，そこで働く個人の内発的な動機づけは強くなることがわかる。また，仲間による動機づけと正の関係があることもわかる。ただしこの仲間による動機づけは，ポジティブな側面とネガティブな側面がある。仲間の仕事ぶりに触発されて，自分もがんばろうという気持ちが起こることはポジティブな側面であるが，仲間ががんばっているから自分もがんばらなくてはならないと思う，見られているからサボるわけにはいかないといったややネガティブな側面もある。おおざっぱな分析では十分にこの2つの側面への影響の違いを明らかにすることはできないが，タマノイ酢のケースにおいても示唆されるように，関わりあう職場ががんばらざるをえないといったややネガティブなメカニズムを引き起こす可能性があることは理解しておく必要があるだろう。

図 6-5　職場における関わりあいの強さと内発的動機づけ

図 6-6　職場における関わりあいの強さと仲間による動機づけ

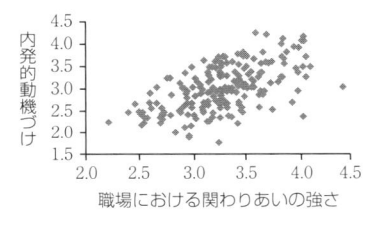

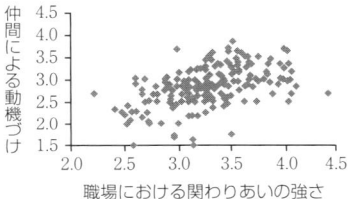

◆ 役割曖昧性

　最後に，役割の曖昧性と職場における関わりあいの強さについて見ることにしよう。役割曖昧性とは，職場において個々人の役割の曖昧さを示す概念である[6]。反対に捉えれば，役割の明確性を示す概念であるとも言える。仕事において他者と連携することが多くなることは一見すると，他者の仕事との境界線が引きにくくなり，自身の役割が曖昧になると考えがちである。しかし，図 6-7 にあるように，むしろ職場における関わりあいの強さと役割曖昧性には負の関係がある。すなわち，関わりあいの強い職場では，個々人の役割は明確に認識され，関わりあいが弱い職場では，個々人の役割の認識が曖昧になるということである。これは，Bellah *et al.* (1985) や Etzioni (1996) が言うように，(職場の) コミュニティが発達し，(職場において) 関わりあいが強くなることで，他者との関係の中で自分のアイデンティティが強く意識されるのと同様に，他者と関わりあいながら仕事をすることで，職場の中での自身の役割がより強く意識されるということの表れであると考えることができよう。野球の外野の守備では事前に守備範囲を明確に規定することはできない。

---

[6] 役割曖昧性に関わる項目としては「私は，何が自分に期待されているのかがはっきりわかっている (逆転尺度)」「私は，自分の仕事上の責任が何かわかっている (逆転尺度)」が挙げられる。

図 6-7 職場における関わりあいの強さと役割曖昧性

[散布図：横軸「職場における関わりあいの強さ」(2.0〜4.5)、縦軸「役割曖昧性」(1.0〜4.5)、右下がりの傾向]

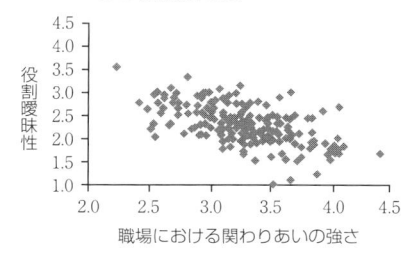

相互にコミュニケーションをとりながら,一緒に守備をする機会を重ねながら,お互いの守備範囲を確認しあうことで広い外野を守っているのである[7]。関わりあいのある職場は,他者への依存を高め自身のアイデンティティを喪失させるのではなく,むしろ自分がやらなければならないこと,自分の責任ということをより強く意識させる方向で作用すると考えられるのである。関わりあいの強さの程度が,仕事の相互依存性や目標の相互依存性といった仕事の設計上の特性を含んでいるため,役割曖昧性が関わりあいの強さに先立つことは想定しにくいが,両者の関係が同時発生的であることは考えうることである。すなわち,関わりあいの強い職場であるためには,役割が明確にされることが必然になってくるということである。

ここまでのおおざっぱな分析からは,関わりあいの強い職場では,職場のメンバーは支援をより行い,勤勉に仕事を行っていることが示された。そして,組織のメンバーは組織への組織コミットメントが強く,組織を背負う意識も高いことが示された。また,仕事への内発的な動機づけと仲間によってもたらされる動機づけも高く,総じて仕事に対するモティベーションが高いことが示された。これら

---

7 このたとえ話は加護野忠男氏（当時神戸大学,現・甲南大学／神戸大学名誉教授）との会話で氏から指摘されたことに基づいている。

の点からは，第4章までに議論してきたように，職場における関わりあいを強くすることによって，支援や勤勉が促されると同時に，組織に対するコミットメントや仕事に対するモティベーションも高くすることが可能であること，つまり職場をマネジメントすることによって，職場や仕事，あるいは組織に対する積極的な行動や態度を引き出す可能性があることが示唆されたと言えるだろう。もちろん，ここでの分析は単純でおおざっぱな分析であり，問題も多い。また視覚的に関係があることが示唆されても，疑似的な関係である可能性も十分にある。次の節では，クロスレベル分析を用いて，これらの関係をより精緻に見ながら，基本仮説を検討することにしよう。

3 関わりあう職場と支援・勤勉行動の クロスレベル分析

　これまでに示されたおおざっぱな分析を詳細なものにするために，この節では同じデータを用いて，階層線形モデリング（HLM）によるクロスレベル分析を行う。詳細なものに，というのは次の2つの点においてである。1つは支援・勤勉行動に関係のある変数間の関係をある程度分析に取り込むこと，もう1つは関わりあいの強い職場がもたらす間接的効果を分析することである。

◆ 分析フレームワークと仮説

　第5章で述べた分析フレームワークをもとに，本章で分析される2つの行動に関する分析フレームワークを示したものが図6-8である。この分析フレームワークに基づいて，分析における2つの詳細な点を具体的に仮説の形で示しながら述べていくことにしよう。

　まず，行動に関係のある変数間の関係をある程度分析に取り込む，という点にはさらに2つの点がある。1つめは，関わりあいの強さ

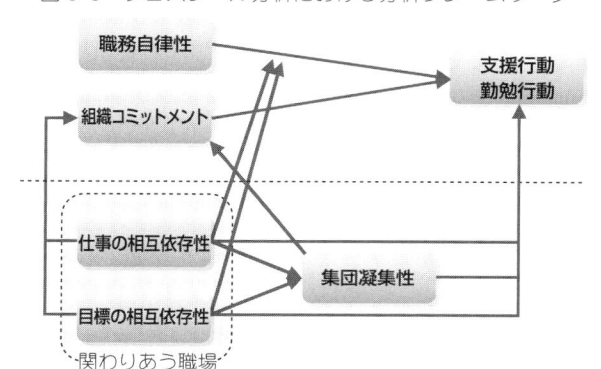

図 6-8 クロスレベル分析における分析フレームワーク

を構成する2つの概念変数を分けてその効果を分析することである。本章第1節と第2節では，概念的にも統計的にも独立性のある仕事の相互依存性と目標の相互依存性をあえて統合して職場における関わりあいの強さとして捉えたが，ここでの分析では2つの概念変数を改めてそれぞれ職場の変数として捉え，それぞれの行動への影響をクロスレベル分析から検討することにする。基本仮説に準じたこの点に関する仮説は次のようなものになる。

仮説 1-1 職場における仕事の相互依存性が高いことは個人の支援行動を促す

仮説 1-2 職場における目標の相互依存性が高いことは個人の支援行動を促す

仮説 1-3 職場における仕事の相互依存性が高いことは個人の勤勉を促す

仮説 1-4 職場における目標の相互依存性が高いことは個人の勤勉を促す

同じく，行動に関係のある変数間の関係をある程度分析に取り込む，という点に関するさらなる2つめの点は，2つの相互依存性と行動の間の仲介効果を検討することである。ここでは仲介効果として，個人レベルの組織コミットメントと職場レベルの集団凝集性の2つのコミットメント経営に関わる仲介変数を取り上げる。この2つの仲介効果を含む仮説は次のようになる。

仮説 2-1　職場における仕事および目標の相互依存性は，職場の集団凝集性を介して個人の支援行動に影響する

仮説 2-2　職場における仕事および目標の相互依存性は，組織コミットメントを介して個人の支援行動に影響する

仮説 2-3　職場における仕事および目標の相互依存性は，職場の集団凝集性を介して個人の勤勉行動に影響する

仮説 2-4　職場における仕事および目標の相互依存性は，組織コミットメントを介して個人の勤勉行動に影響する

　ただしこの分析は，単純に仲介効果を検討するだけでなく，職場における関わりあいの強さが集団間のコミュニケーションの活発さやまとまりのよさ（集団凝集性），あるいは個人の組織への愛着（組織コミットメント）を促し，それが2つの行動を促すというメカニズムを持つのか，それ以外のメカニズムによっても2つの行動を促すのかということを明らかにすることも目的の1つである。つまり，コミットメント経営のロジックで職場における関わりあいの強さが2つの行動に影響を与えるだけなのか，あるいはそれ以外のロジックの可能性があるのかということを検討することにある。本書では，コミットメント経営のロジックは十分にあると考えているが，関わりあって仕事をすることによって，各々がお互い助けあい，きっちり仕事をしなければ目標を達成することができないために2つの行

動をとるというロジックもあると考えている．その点では，改めて明示しないが仲介効果があると同時に直接的な効果（仲介変数を介さない効果）もあることを仮説として持っている．また，別の点からこのような分析を行う背景を述べれば，本書が考える関わりあう職場のマネジメントとコミットメントに基づくマネジメントとの違いを明らかにしようと考えているからである．もし，職場における関わりあいの強さが組織コミットメントや集団凝集性を介してのみ，2つの行動に影響を与えるとすれば，アプローチが異なってもコミットメントに基づくマネジメントとメカニズムが同じことになる．しかし，すでに第3章で述べてきたように，本書が提示する関わりあう職場のマネジメントは，コミットメントによるマネジメントと同じメカニズムを持ちつつも，それとは異なるメカニズムも持つと考えている．この2つのマネジメントの違いを明らかにするためにも仲介効果の分析を行う．

最後に3つめの点として，関わりあいの強い職場のもたらす間接的効果を分析する．ここまで基本仮説に準じて，職場における関わりあいの強さの行動への（特定の変数を仲介する可能性を含め）直接的な効果を検討してきた．ここでは間接的効果として，職場における関わりあいの強さが他の変数の行動への影響をより促進する効果，つまり職場における関わりあいが強いことが，2つの行動を促す他の要因の影響をより強いものにすることを検討する．具体的には職務自律性の2つの行動への影響を強化する効果について検討する．

職務自律性は，仕事における自由度を示す概念であり，職務特性理論を提唱したHackman & Oldham (1976) 以来，古典的に用いられる職務の特性を示す概念である．既存研究において，職務自律性が高いほど支援行動や勤勉行動を含む組織市民行動を行うことが示されている (Cappelli & Rogovsky, 1998) 一方で，とくに関係がないことを示す研究 (Chiu & Chen, 2005) もあり，その影響のあり方

は研究の少なさもあり十分に検討はできていない。それは，自律性が高いほど役割外行動や自発的行動を行う余地が仕事に生まれやすいこと，仕事に自由度があることが仕事への満足度や責任感をもたらし，組織の他者のための行動へと結びつくと考えられることから言えるが，一方で，自律的であるほど自分のペースで仕事をするようになるために，他者のための行動が生まれにくい状況になると考えることもできる。職場における自律を研究した Langfred（2000b）は，仕事の相互依存性の高い状況では，自律性は問題点の発見や共有を促し，自律しながらも集団としてスムーズに行動ができるが，仕事の相互依存性が低い状況では，自律性を保証することは，まさしくばらばらに個人が行動することになると述べている。このことから考えれば，自律性は直接的効果とともに，仕事における相互依存性によってその効果が異なることが予測されるだろう。これらのことを踏まえた仮説は以下のものである。

仮説 3-1 職場における仕事および目標の相互依存性は，職務自律性の個人の支援行動への効果に影響を与える

仮説 3-2 職場における仕事および目標の相互依存性は，職務自律性の個人の勤勉行動への効果に影響を与える

基本仮説を中心にしたこのような仮説をもとに，以下ではクロスレベル分析によって分析を行うことにする。

◆ **相関分析の結果**

クロスレベル分析の結果に触れる前に，個人レベルならびに職場レベルの変数の相関分析から見ていこう。表 6-1 ならびに表 6-2 は，本章で使用する変数の平均値，標準偏差，ならびに変数間の相関係数を示したものである。支援行動と勤勉行動はともに，仕事の相互

表 6-1　個人レベルの変数の

	平均	標準偏差	1	2	3
1. 年齢	4.17	2.223			
2. 性別	0.35	0.478	.083**		
3. 雇用形態	0.09	0.292	.147**	.171**	
4. 支援行動	3.04	0.722	.063**	−.022	−.043
5. 勤勉行動	3.02	0.685	.156**	.006	.001
6. 組織コミットメント	3.05	0.837	.107**	−.055*	−.047*
7. 職務自律性	2.84	0.944	−.007	−.156**	−.107**
8. 仕事の相互依存性	3.10	0.916	−.006	.054*	−.013
9. 目標の相互依存性	3.15	0.875	.103**	−.015	−.035
10. 集団凝集性	3.36	0.802	−.100**	−.044	−.078**

(注)　*$p < .050$, **$p < .010$, ***$p < .001$
　　　年齢（1：10代〜24歳，2：25〜29歳，3：30〜34歳，4：35〜39歳，5：40
　　　性別（0：男性，1：女性）
　　　雇用形態（0：正社員，1：派遣社員）

依存性と目標の相互依存性，そして組織コミットメント，職務自律性と相関関係があることが示された。また，支援行動と勤勉行動の間にも相関関係があることが示された。年齢の平均値が低く見えるのは，調査では年代で聞いているためである。

◆ 支援行動に関するクロスレベル分析

　まず，支援行動に対する影響をクロスレベル分析によって明らかにしていくことにしよう。すでに述べたように，本書の分析フレームワークでは，職場レベルと個人レベルの2つのレベルの変数が含まれているクロスレベルの分析であるのと同時に，間接的効果として仲介効果（仮説2-1, 2-2），媒介効果（仮説3-1, 3-2）が含まれている。クロスレベル分析ではない通常の分析において，仲介効果の検定ではBaron & Kenny（1986）の手続きが最も多く用いられる，いわゆるスタンダードな手続きである。またBaron & Kenny（1986）の手続きに基づいてクロスレベルの仲介効果の分析を行う研究もある。しかしながら，Baron & Kenny（1986）の手続きはシングルレベルにおける分析を想定して示された手続きであるため，クロスレ

平均と標準偏差と相関分析の結果

4	5	6	7	8	9
.615**					
.365**	.487**				
.300**	.313**	.235**			
.263**	.256**	.316**	.124**		
.288**	.346**	.430**	.322**	.442**	
.288**	.230**	.408**	.159**	.210**	.344**

〜44歳,6:45〜49歳,7:50〜54歳,8:55歳以上)

表6-2 職場レベルの変数の平均と標準偏差と相関分析の結果

	平均	標準偏差	1	2	3
1. 仕事の相互依存性	3.11	0.478			
2. 目標の相互依存性	3.22	0.451	.467**		
3. 集団凝集性	3.44	0.423	.299**	.513**	
4. 組織コミットメント	3.15	0.431	.396**	.638**	.509**

(注) $*p < .050, **p < .010, ***p < .001$

ベルの分析において彼らの手続きを踏襲すると,その仲介効果を低く見積もってしまったり,逆に高く見積もってしまったりすることが起こる(Zhang *et al.*, 2009: p. 696)。そこで以下では,HLMによるクロスレベル分析を行うことを想定しているZhang *et al.* (2009) の手続きに沿って仲介効果の分析を行うことにしたい。

(1) Null モデルならびに個人レベルの変数によるモデルの分析

表6-3は,支援行動を従属変数としたクロスレベル分析を含む10個のモデルの分析結果である。仮説はこれら10個のモデルを相互に比較しながら検定することになる。まず,クロスレベル分析では,Null モデルと呼ばれる独立変数が何も含まれないモデルによって分析を行う。Null モデルの集団間誤差(U_{00})の分散(τ_{00})が有意であることは,集団間で異なる要因によって説明される分散が十

表 6-3 支援行動を従属変数とした

独立変数	Null 支援行動	1 支援行動	2 支援行動	3a 支援行動
切片	3.060***	3.063***	3.060***	3.063***
個人レベル				
年齢		.038***	.018	.018
性差		−.080	−.027	−.030
職位		−.013	.001	−.060
組織コミットメント			.279***	.279***
職務自律性			.197***	.197***
職場レベル				
集団凝集性				
仕事の相互依存性				.152**
目標の相互依存性				.256***
組織コミットメント				
仕事の相互依存性×職務自律性				
目標の相互依存性×職務自律性				
τ_{00}	.044***	.044***	.055***	.032***
σ_{00}	.474	.460	.360	.359

(注)　モデル 3b の分析は HLM ではなく職場レベルのデータを用いた重回帰分析
　　　*p < .050, **p < .010, ***p < .001

分にあることを示している。逆に言えば，この集団間誤差の分散が有意にならなければ，従属変数（この場合は支援行動）は職場レベルの変数による影響がほとんどないことを示しているということができる。表 6-3 における Null モデルの結果からわかるように，Null モデルの τ_{00} は 5％水準で有意であり，職場レベルの変数によって説明される部分があることがわかる。また，誤差分散と切片の集団間分散から計算される ICC は 0.085 であり，職場の差異によって説明される分散が 8.5％あることがわかる。

モデル 1 および 2 は，個人レベルの変数のみによるモデルである。それぞれモデル 1 はコントロール変数として用意した年齢，性差，職位によるモデル，モデル 2 は 3 つのコントロール変数に加え，組織コミットメントと職務自律性を加えたモデルである。既存研究で示されるように，組織コミットメントが高い人や職務自律性が高い人ほど支援行動を行っていることがわかる。仲間との一体感を感じ

クロスレベル分析

3b	3c	4a	4b	5
集団凝集性	支援行動	組織コミットメント	支援行動	支援行動
1.793***	3.068***	3.121***	3.069***	3.068***
	.018	.047***	.018	.018
	−.031	−.126*	−.031	−.030
	−.082	.189	−.085	−.083
	.277***		.278***	.277***
	.199***	.153***	.199***	.196***
	.203**	.251***	.193**	.202**
.067	.140**	.092	.134**	.135*
.448***	.162**	.462***	.144*	.164**
			.041	
				.049
				−.015
	.028***	.023*	.029***	.028**
	.359	.516	.359	.359

($R^2 = 0.267^{***}$) である。

ない人が,職場の仲間を助ける行動をとらないことは,経験的に考えてもきわめて自然なことである。また仮説として示すことはしなかったが,既存研究では結果が一貫していない職務自律性の影響に関しては,職務自律性が高い人ほど支援行動を行うことが示された。

(2) 基本仮説ならびに集団凝集性を仲介変数としたモデルの分析

続いて,仕事の相互依存性と目標の相互依存性の支援行動への影響を示す仮説1-1,1-2と集団凝集性を仲介変数とした仮説2-1に関する分析を行うために行われたのが,モデル3a〜3cである。ここで想定しているような独立変数(仕事の相互依存性と目標の相互依存性)と仲介変数(集団凝集性)が職場レベルであり,従属変数(支援行動)が個人レベルであるモデルは,それぞれのレベルから2-2-1モデルと呼ばれる(Zhang et al., 2009)[8]。2-2-1モデルでは3つのステップによって仲介効果を検討するが,その基本的な考え方はBaron & Kenny (1986)と同様である。最初のステップでは,職場

レベルの独立変数（仕事と目標の相互依存性）の個人レベルの従属変数への直接的効果を検討する（仮説1-1, 1-2）。HLMによるクロスレベル分析においては，このような上位レベル（職場レベル）の変数の下位レベル（個人レベル）への直接的効果を分析するモデルをランダム切片モデルと呼ぶ。ランダム切片モデルでは，次の式によって計算がなされる。

$$y_{ij} = \beta_{0j} + \beta_{1j}x_{1j} + r_{ij} \quad (1)$$
$$\beta_{0j} = \gamma_{00} + u_{0j} \quad (2)$$

本章での分析においては，y_{ij}は支援行動，x_{1j}は職務自律性や組織コミットメントなどの個人レベル変数となる。またu_{0j}は集団間誤差，r_{ij}は集団内誤差，γ_{00}は切片の平均を表すランダム切片モデルでは職場ごと通常の回帰式で求められる切片（β_{0j}）をさらに職場レベルの変数で予測することを試みる。つまり(2)式に職場レベルの説明変数を加えることによって，職場レベルの変数の個人レベルの変数への影響を見ることができると考える。(2)式に職場レベルの説明変数を投入した式が下記(3)式となる。本書の分析では，このZに仕事の相互依存性あるいは目標の相互依存性という職場レベルの変数が投入されることになる。

$$\beta_{0j} = \gamma_{00} + \gamma_{01}Z_j + u_{0j} \quad (3)$$

単純なランダム切片モデルの結果がモデル3aである。3aの結果からわかるように，各職場の回帰式の切片は仕事と目標の双方の相互依存性の影響を受けることが示された。つまり，職場レベルの仕事の相互依存性と目標の相互依存性の双方が支援行動に影響を与え

8　最も下位のレベルから数字が振られる。個人と職場であれば，個人が第1レベル，職場が第2レベルとなり，職場→職場→個人という仲介効果のモデルが2-2-1モデルとなる。

ていることが示され，本書の支援行動に関する基本仮説（仮説 1-1,
1-2）が支持されることになった。

　次にモデル 3b と 3c は仲介効果を含むモデル（仮説 2-1, 2-2）を
検討するためのモデルである。3b は 2 つの独立変数（仕事と目標の
相互依存性）の仲介変数（集団凝集性）への効果を検討するモデルで
ある。2-2-1 モデルの場合，独立変数と仲介変数はともに職場レベ
ルの変数であるため，クロスレベル分析ではなく通常のシングルレ
ベルの回帰分析が行われ，3b の結果からは目標の相互依存性のみ
が集団凝集性に影響があることが示された。

　仲介効果を検討する最後のステップである集団凝集性を含む切片
モデル（3c）の結果からは，仕事の相互依存性，目標の相互依存性
と同様に，集団凝集性も個人レベルの支援行動に影響を与えている
ことが示された。3a の結果と比較したときに目標の相互依存性の
支援行動への影響が低下していることからわかるように，目標の相
互依存性は集団凝集性を介して影響を与えると同時に，介さずに影
響を与えることがわかる。一方，仕事の相互依存性は 3b の結果を
踏まえて考えれば，集団凝集性を介さずに支援行動に影響を与えて
いることが示された。これらの結果からは仮説 2-1 は目標の相互依
存性についてのみ支持されるという結果であったと言える。

(3) 組織コミットメントを仲介変数としたモデルの分析

　次に，組織コミットメントを仲介変数としたモデルを検討するこ
とにしよう。関わりあう職場では，（結果からはその効果は一部であっ
たが）集団凝集性が高くなるとともに，関わりあうことによって組
織に対する愛着も強くなると考えることができる。すでに述べたよ
うに，組織への愛着や仲間との一体感が仲間を助ける行動へと結び
つくのは経験的に自然である。このように独立変数が職場レベル，
仲介変数と従属変数（支援行動）が個人レベルであるモデルは 2-1-
1 モデルと呼ばれる。この 2-1-1 モデルも 2-2-1 モデルと同様に，

3つのステップによって分析がなされる。最初のステップは独立変数から従属変数への直接的効果を検討するモデルである。このモデルは 2-2-1 モデルにおけるモデル 3c と同様になる。3c の結果からわかるように，仕事の相互依存性，目標の相互依存性，集団凝集性とも支援行動に影響があることが示されている。2番目のステップでは，組織コミットメントを従属変数として3つの職場レベルの変数の影響を分析する。つまり，独立変数の仲介変数への効果を検討するモデルである。モデル 4a からは，目標の相互依存性と集団凝集性は組織コミットメントを強くするが，仕事の相互依存性はとくに影響を与えないことがわかる。

　最後のステップは組織コミットメントの仲介効果を介した独立変数の従属変数への影響を検討するモデル（4b）である。このステップにおいて，仲介変数の効果を個人レベルと職場レベルに分解して分析する点が Baron & Kenny（1986）の手続きと異なる点である。クロスレベル分析の仲介効果において，仲介効果の変数がレベル1（この場合は個人レベル）になることは概念上考えられない。たとえば，職場のマネジメントがその職場のメンバーの組織コミットメントを高め，その組織コミットメントが支援行動をもたらすと考えてみることにしよう。この場合，職場レベルの影響は職場全体に等しく影響すると考えるクロスレベル分析において，仲介変数となる組織コミットメントは職場レベルでなくてはならない。つまり，職場レベルの独立変数は，仲介効果の変数に影響を与えるが，その仲介変数の個人レベルの分散には影響を与えることはなく，あくまで職場レベルの分散にしか影響を与えないのである。そこで分析においても，仲介変数を個人レベルの効果と職場レベルの効果とに分ける必要がある。これが，モデル 4b において，組織コミットメントの効果を個人レベルと職場レベルに分解して分析している理由である。さて，モデル 4b の分析結果をモデル 3c の分析結果と比較すると，3つの

独立変数の支援行動への影響は，それほど減少していないことがわかる。また，職場レベルの組織コミットメントが支援行動に影響していないことから，仲介効果としての組織コミットメントの影響は，仮説に反してほとんどないものと考えることができる，つまり仮説 2-2 は支持されなかったと言える。

(4) 職務自律性の支援行動への影響への媒介効果の分析

最後に，仮説 3-1, 3-2 に関わる職務自律性の支援行動への効果に対する仕事と目標の相互依存性の影響について検討するモデルがモデル 5 である。モデル 5 は，クロスレベル分析においてはランダム傾き（あるいは係数）モデルと呼ばれるモデルである。ランダム傾きモデルは，個人レベルの独立変数の従属変数への影響（傾きの大きさ）に対する職場レベルの変数の影響を検討するモデルである。より簡単に言えば，個人レベルの変数と職場レベルの変数の交互作用を検討するものと言うことができよう。ランダム傾きモデルでは，以下の 4 つの式を用いて分析を行う。

$$y_{ij} = \beta_{0j} + \beta_{1j} x_{1j} + r_{ij} \qquad (1)$$
$$\beta_{0j} = \gamma_{00} + u_{0j} \qquad (2)$$
$$\beta_{1j} = \gamma_{10} + u_{1j} \qquad (3)$$
$$\beta_{1j} = \gamma_{10} + \gamma_{11} Z_j + u_{1j} \qquad (4)$$

(4)式は(3)式に説明変数として，Z（たとえば仕事の相互依存性）を投入したモデルである。ここからわかるように，各職場の回帰式から算出される傾き β を職場レベルの変数である Z で回帰することによって，傾きへの職場レベルの変数の影響を分析している。表 6-3 で示される仕事の相互依存性×職務自律性ならびに目標の相互依存性×職務自律性は，便宜的にこのような表記をしているが，いわゆる交互作用項付き重回帰分析でよく用いられるかけ算の項ではなく，(4)式の Z の値を示している。モデル 5 の結果からは，仕事

の相互依存性×職務自律性，目標の相互依存性×職務自律性ともに有意な影響は示されず，職務自律性は職場における関わりあいの強さにかかわらず支援行動にプラスの影響を与えることが示された。これらの結果からは仮説3-1は支持されなかったと言える。

支援行動についてのクロスレベル分析では，①職場における関わりあいの強さである仕事の相互依存性と目標の相互依存性は，ともに支援行動に影響を与えていた。つまり，関わりあいの強い職場ほどそのメンバーは支援行動をよくしているということである。

また，②集団凝集性は目標の相互依存性と支援行動の関係を仲介していたが，仕事の相互依存性と支援行動の関係は仲介していなかった。このことからは職場で目標を設定／共有すること，職場の目標を重視することは，集団間の関係のよさを生み出し，仲間意識から支援行動へとつながることが示唆される。しかし，仕事を相互依存的に行うことは，集団凝集性以外のメカニズムで支援行動に結びつくということが示された。この理由としては，仕事が相互依存的である場合，他者の仕事ぶりが自分の仕事にも影響するために，助けざるをえないということが考えられる。つまり，支援という一見利他的行動ではあるが，メカニズムとしては利己的な行動であると考えることができるということである。強い関わりあいを持つ職場では，仲間意識から支援行動がもたらされるだけでなく，せざるをえないといった意識からも支援行動をもたらすと考えられるのである。これは目標の相互依存性においても働きうるメカニズムである。自分の仕事を達成するために，あるいは自分を含む集団の目標を達成するために，関わりあう職場ではお互い助けあって仕事を行う必要性が生まれると考えられるのである。

また，③職場における関わりあいの強さは，職務自律性に関する限り間接的にはとくに影響をもたらしていなかった。個人の職務が自律的であること，すなわち自分で自分の仕事をコントロールでき

ることは，他者を助ける行動を起こしやすくなるが，関わりあいが強いことがその関係には影響を与えてはおらず，それぞれ独立的な効果を支援行動に対して示していると言うことができる。

◆ **勤勉行動に関するクロスレベル分析**

続いて，同様の分析を勤勉行動に関しても行うことにしよう。組織市民行動の研究においては，支援行動と勤勉行動を分けずに分析することもあるように，両者の違いを細かく検討する分析は少ないが，本書では2つの行動を分けて分析を行うことにしている。表6-4は支援行動と同様の分析を，勤勉行動を従属変数として行った結果である。それぞれ仮説に基づきながら結果をみることにしよう。

(1) **Null モデルならびに個人レベルの変数によるモデルの分析**

支援行動と同様に，独立変数を投入しない Null モデルによる分析を最初に行い，集団間誤差の分散が有意であることから，集団の要因で説明される分散が十分にあることが示された。誤差分散と切片の集団間分散から計算される ICC は 0.064 であり，勤勉行動の分散のうち 6.4％が職場レベルの変数によって説明されることを意味している。次に，個人レベルの変数のみによる分析では，支援行動と同様に組織コミットメントと職務自律性が影響を与えていることが示された。また，支援行動とは異なり，年齢が高い人ほど，また職位が高い人ほど勤勉な行動をとることが示された。

(2) **基本仮説ならびに集団凝集性を仲介変数としたモデルの分析**

仕事の相互依存性と目標の相互依存性の集団凝集性を介した勤勉行動への影響を分析するモデル 3a～3c では，支援行動と異なり，集団凝集性が勤勉行動へと影響を与えてはいなかった。つまり，集団内で悩みの相談ができるような仲のよさは，とくに個人の勤勉な行動には影響を与えないということである。結果からは，集団凝集性を介さずに仕事が相互依存的である職場ほど，また目標が相互依

表6-4 勤勉行動を従属変数とした

独立変数	Null 勤勉行動	1 勤勉行動	2 勤勉行動	3a 勤勉行動
切片	3.046***	3.049***	3.049***	3.054***
個人レベル				
年齢		.050***	.026**	.029**
性差		−.070	−.008	−.013
職位		.235***	.252***	.217**
組織コミットメント			.340***	.341***
職務自律性			.167***	.166***
職場レベル				
集団凝集性				
仕事の相互依存性				.128**
目標の相互依存性				.301***
組織コミットメント				
仕事の相互依存性×職務自律性				
目標の相互依存性×職務自律性				
τ_{00}	.030***	.035***	.045***	.017
σ_{00}	.437***	.417	.318	.318

(注) $^*p < .050, ^{**}p < .010, ^{***}p < .001$
モデル3bの分析はHLMではなく職場レベルのデータを用いた重回帰分析

存的である職場ほど勤勉行動が促されていることが示された。この理由としては2つのことが考えられる。1つは，仕事を人と関わりあいながら進めていくことで，スムーズに仕事を進めるためには時間やルールをきちんと守ることや，やるべきことをきっちりやることが大事であることがわかってくることが挙げられる。たとえば，自分の仕事に影響を与える他者が締め切りを守らなかったり，守るべきルールを守らなかったりすれば，自分の仕事をスムーズに進めることができなくなる。このような経験を通して，他者と仕事をするうえでやるべきことをきっちりするという行動を自然ととるようになると考えられる。これは，1人で完結するような仕事をしていては得ることができない意識であろう。もう1つは，集団の仲のよいことが逆に秩序を乱すこと，多少の甘えを許容してしまう逆の機能を持っている可能性があることである。「親しき仲にも礼儀あり」という言葉もあるが，親しい仲ではこれくらいは許してもらえるだ

クロスレベル分析

3b	3c	4a	4b	5
集団凝集性	勤勉行動	組織コミットメント	勤勉行動	勤勉行動
1.793***	3.055***	3.121***	3.060***	3.055***
	.026**	.047***	.026**	.024**
	−.013	−.126*	−.013	−.014
	.218**	.189	.212**	.214**
	.341***		.341***	.343***
	.167***	.153***	.167***	.175***
	.005	.462***	−.056	.004
.067	.128**	.092	.109*	.124**
.448***	.299***	.251***	.179**	.303***
			.255***	
				−.101*
				.091
	.017	.023**	.011	.017
	.319	.516	.319	.319

($R^2 = 0.267^{***}$) である。

ろうといった緩みや甘えが出てしまうことがある。もちろんお互いよく知ることがお互い厳しくなれる側面もあるだろう。このような2つの効果が相殺されることが，両者に影響が示されなかった背後にあると考えることもできる。これらのことからは基本仮説に関わる仮説1-3，1-4は支持されたが，コミットメント経営のロジックに基づいた仮説2-3は支持されないという結果が示されたと言うことができる。

(3) 組織コミットメントを仲介変数としたモデルの分析

次に，仕事の相互依存性と目標の相互依存性の組織コミットメントを介した勤勉行動への影響を分析するモデル4a，4bにおいても，支援行動の結果とは異なり，組織コミットメントを介した影響が示された。支援行動の際の分析と同様に，仕事の相互依存性は組織コミットメントに影響を与えていなかったが，目標の相互依存性は組織コミットメントに影響を与えていた。そのうえで，モデル4bの

結果が示すように，職場レベルの組織コミットメントが勤勉行動に影響を与えていた。これらのことから，目標の相互依存性は集団凝集性を介して勤勉行動に影響を与えることが示唆される。ただし，4bの結果からは依然として目標の相互依存性も勤勉行動への影響が残され，組織コミットメントを介した効果だけではないこともわかる。これらの結果からは，仮説2-4は目標の相互依存性に関して支持されたと言える。

(4) 職務自律性の支援行動への影響への媒介効果の分析

最後に，支援行動と同様に，職務自律性とのランダム傾きモデルの分析を行った。表6-4におけるモデル5の結果からは，仕事の相互依存性が職務自律性と勤勉行動の関係に影響を与えていることが5％有意ながら示されている。つまり，職場における仕事の相互依存性の程度は，その職場のメンバーの職務自律性と勤勉行動の関係に影響を与えるということであり，仮説3-2が部分的に支持される結果となった。

この結果を踏まえ，図6-9は仕事の相互依存性の違いによる職務自律性と勤勉行動の関係について図示したものである。すでに述べ

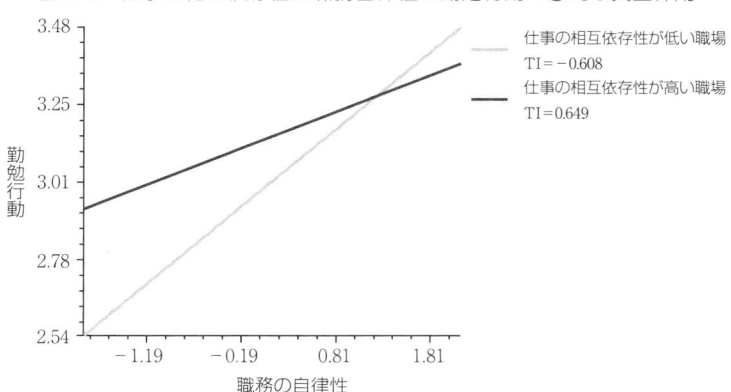

図6-9 仕事の相互依存性と職務自律性の勤勉行動へ与える交互作用

仕事の相互依存性が低い職場 TI=−0.608
仕事の相互依存性が高い職場 TI=0.649

たように，HLM におけるランダム傾きモデルは，職場ごとに描かれる独立変数を職務自律性，従属変数を勤勉行動とした回帰直線の傾きに仕事の相互依存性が与える影響を分析するモデルである。そのため本来は，職場ごとに描かれる回帰直線を図示したうえで検討すべきである。しかし実際は，同一図表上に 170 本以上の回帰直線が描かれることになり，むしろ図としては煩雑になる[9]。ここでは，職場ごとに描かれる回帰直線と，仕事の相互依存性の高いグループと低いグループに分けて集約したグラフ（図 6-9）からその関係を見ることにしよう。

図 6-9 からは，職場における仕事の相互依存性に関わらず職務自律性が高い人ほど勤勉に仕事をするが，仕事の相互依存性が低い職場であるほどその影響が大きいこと，つまり職務自律性が高い人ほどやるべきことをきっちりやるということがわかる。これはどのように理解することができるだろうか。

これは，やるべきことをきっちりやるという行動の特性に関わると考えられる。つまり，自律性の高い人は自分の仕事に対する責任が強くなるために，きっちりとやるべきことをやろうとすると考え

---

9 HLM6.0 では，回帰直線を職場ごとに描くことが可能であるが，その図は煩雑で関係が見えにくい。ちなみに HLM によって描かれる図が以下のものである。

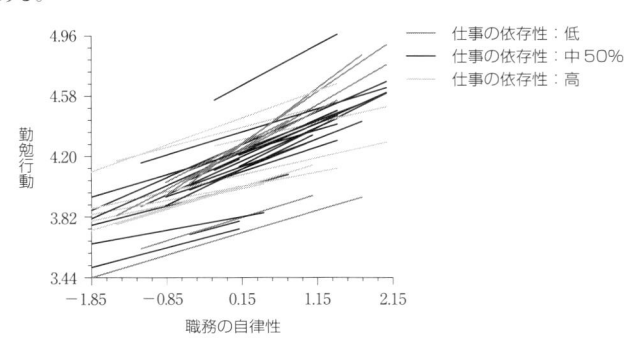

られるが，関わりあいが弱い職場では，他者に依存することがないためにこの自分の仕事に対する責任が強くなり，仕事をよりきっちりやろうという姿勢につながるのではないかと考えられ，支援行動とは異なるロジックで行動が起こることを示している部分でもあると言えるだろう。

　勤勉行動についてのクロスレベル分析でも支援行動の結果と同様に，①職場における関わりあいの強さである仕事の相互依存性と目標の相互依存性は，勤勉行動に影響を与えていた。つまり，関わりあいの強い職場ほどメンバーは勤勉行動をするということである。一方，②集団凝集性は勤勉行動に影響を与えず，仕事の相互依存性ならびに目標の相互依存性と勤勉行動の仲介効果を持たなかった。すでに述べたことだが，コミュニケーションがよいことやメンバー間の仲がよいことが，必ずしも個々の勤勉に働く行動に結びつくわけではないことが示されたのである。これは，職場の一体感があることでメンバー内でのルールや規範をきっちり守ろうとする意識が働く一方で，仲がよいことによってむしろ甘えが出てしまい，ルールや規範が徹底されなくなってしまう両方の側面があるからではないかと考えられるだろう。この点もコミットメント経営に見られるように，メンバー間のコミュニケーションを活発にし，仲よくすることが必ずしもメンバーの勤勉行動に結びつくわけではなく，仕事上関わりあうことが重要であることが示されたと言えよう。そして，③職場における関わりあいの強さは，職務自律性によってその影響が異なること，具体的に言えば，仕事における相互依存性が低い職場ほど，職務自律性が勤勉行動に与える影響が大きいことが示された。これは，きっちりやるべきことをやるという行動が，役割外の行動というよりは役割内の仕事という側面が強いことにその理由があると考えられる。つまり，お互いに関わりあって仕事をしていな

い職場では,自律的であることによる有能感や内発的動機づけが,自分の仕事をきっちりするという自分の役割内の仕事の充実という方向へ結びつきやすいからと考えることができる。職場における関わりあいの強さ(とくに仕事が相互依存的であること)は,直接的には自己の責任感を持つことなどからきっちりやるべきことをやるという行動をもたらすが,間接的には行動を役割外の行動へと向ける傾向があることが示唆され,そのことが勤勉行動への間接的効果の結果をもたらしていると考えられるだろう。

4 何が,支援・勤勉行動を育むのか

さて,ここまでクロスレベル分析の手法を用いて,基本仮説をもとにした分析モデルと仮説を検討してきた。最後に支援と勤勉の2つの行動に関するここまでの分析結果についてまとめておくことにしよう。まず,支援行動や勤勉行動に関する基本仮説はおおむね支持されたと言えよう。またコミットメント経営が想定するような個人の組織へのコミットメントや職場のまとまりのよさによるメカニズムだけでないメカニズムがあることが示され,結果は基本仮説とともに関わりあう職場のマネジメントの考えるロジックの傍証となったと言える。

続いて,仮説に準じて本章での発見事実を示していくことにしよう。まず,すでに述べたように,職場レベルの仕事の相互依存性,目標の相互依存性ともに支援行動,勤勉行動に影響があることが示された。つまり,職場における関わりあいを強くすることで,助けることややるべきことをきっちりやるということが促されるという本書の基本仮説が支持されたということになる。また,そのメカニズムとして,組織コミットメントあるいは集団凝集性の仲介効果を検討した。まず,支援行動に関しては,目標の相互依存性は集団凝

集性を介して影響を与えていることが示されたが，仕事の相互依存性に関してはそうでなかった。また，組織コミットメントに関しては，職場レベルの組織コミットメントは支援行動に影響を与えていないという結果であった。一方，勤勉行動に関しては目標の相互依存性が集団凝集性と組織コミットメントを介して支援行動に影響を与えることが示された。

　これらの結果からは，コミットメント経営が想定するようなロジックと同様のロジックを関わりあう職場のマネジメントも持つことが示唆される一方で，第1章ならびに第2章で述べたように，そうではないロジック（たとえば，自分のやるべきこととして支援や勤勉を行う）も考えうることが示されたと言える。これは関わりあう職場のマネジメントとコミットメント経営の違いをサポートする結果であると言えよう。また別の角度からこの結果を捉えれば，関わりあいの強さとして示される仕事の相互依存性と目標の相互依存性は，異なるロジックで2つの行動に影響を与えていると言うことができる。目標の相互依存性が示す職場において目標を共有したり，その目標を強調したりすることは，個々人のベクトルを揺え，共有価値あるいはそれによる強い一体感をもたらし，支援や勤勉の姿勢をもたらす側面があると考えられる。一方で，仕事の相互依存性が示す仕事における相互に関わりあう意識は，お互い助けあわねば進まないということや，他者との中で自分の位置を確認すること，そしてそれらを通して自分にできることは何かということを考えることで，他者を助け，自分のやるべきことをきっちりやるという行動へと結びつく。結果からは目標を共有することもこのようなロジックがあることが示唆されるが，仕事の相互依存性において，この側面がより強いことが示唆される。

　追加的に検討された職務自律性への間接的効果に関しては，勤勉行動において，目標の相互依存性が高い職場においてより職務自律

性が高い人ほど勤勉行動をすることが示された。1つの結果ではあるが，関わりあいの強い職場においては，直接的な効果だけでなく，他の支援行動や勤勉行動を促す効果をより強くすることが示されたと言える。職場における個々人の行動は，確かに個々人の心理や組織や仕事に対する態度，能力に依存するのは間違いないが，職場の状況や特性によってその関係の強さは大きく変わる。この結果は，その点を明確に示したものであると言えるだろう。

第7章

関わりあう職場と創意工夫行動

● はじめに

　この第7章では，第6章に続いて本書の基本仮説とそれに関わる分析を行う。とくにこの章では，関わりあう職場と創意工夫行動の関係について，第6章と同様にクロスレベル分析によって分析を行う。第6章では，関わりあう職場が支援行動や勤勉行動をそこで働く人々にもたらすことが示された。本章では，残る1つの行動である創意工夫行動への職場における関わりあいの強さの影響を，進取的行動の項目を用いて分析していく。また補完的な分析として主観的業績や職場全体の創意工夫行動への影響についても分析を行っていく。第6章が，関わりあう職場における公共的／利他的な行動への影響を分析することが目的であったのに対して，本章ではより積極的かつ自律的で革新的な行動（Katz & Kahn, 1978）や個人の業績そのものへの影響を分析していくことにする。

　本章では，第5章においても述べたように，B調査として大手製薬会社B社のデータを用いる。つまり，A調査は10社横断的なデータであったのに対し，単一の企業を対象としたデータとなる。このようなデータを用いる理由は，この章で取り扱う創意工夫行動が，個々人の仕事内容や組織風土や価値観に大きく影響を受ける可能性のある行動であることが挙げられる。たとえば，経理部門などでは創意工夫行動をする余地がそもそも仕事の性格上ないだろうし，日々の仕事において仕事を改善することは大事なこととは位置づけ

られるだろうが，それを求められることは相対的に少ないはずである。また，支援行動や勤勉行動とは異なり，組織風土や価値観によっても左右される。他者を助けることやルールを守ってきっちり仕事をすることを否定する組織は少ないだろうが，業種などによっては新しいことをするよりは，やるべきことを着実にやることを尊ぶ組織はあるだろう。たとえば，看護や医療などの現場や，鉄道など安全を扱うような現場では，他の組織に比べて創意工夫行動を求める優先順位は低いだろう。このようなことがあるために，分析するうえでこのような所与の前提を無視してしまうことは，誤解や議論の余地を残してしまうことになる。このような背景から本章でのデータは単一の組織（B社），単一の職種（研究開発）に絞って分析を行うこととする。

1　関わりあう職場と創意工夫行動，業績

　第6章と同様に，この章においてもまずは散布図によるおおざっぱな分析から始めるとしよう。その目的は前章と同様に，視覚的に両者の関係を把握しておこうと考えるからである。職場における関わりあいの強さは，仕事の相互依存性と目標の相互依存性の2つの変数から構成されている[7]。この節ではまず，本書の基本仮説に含まれる創意工夫行動との関係について分析をする。その後，主観的業績，協働的創意工夫との関係についても分析していく。主観的業績は自分で評価する自分の業績である。一方，職場の創意工夫行動は自分の創意工夫行動ではなく，協働的創意工夫行動が多くなされているかという点に関する変数である。

　まず図7-1は，この職場における関わりあいの強さと創意工夫行

　1　平均値は 3.6378，標準偏差は 0.2939 であった。

図 7-1　職場における関わりあいの強さと創意工夫行動

図 7-2　職場における関わりあいの強さと主観的業績

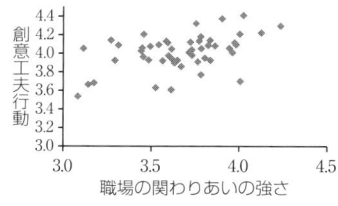

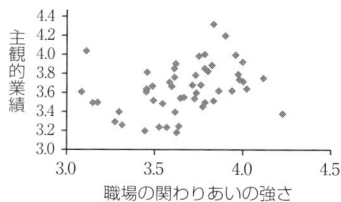

動の関係を示したものである。

　B調査では研究開発者を対象としているために，創意工夫行動そのものの平均値は高い水準にあるが，それでも職場における関わりあいの強さが強い職場ほど，創意工夫行動の平均値も高いことがわかる。

　次に図7-2は，主観的業績と職場における関わりあいの強さの関係を示した図である。主観的業績は，主観的に自分の仕事の出来映えを評価するものであり，売上や営業成績の数字といった絶対的な業績ではない[2]。また上司あるいは他者が評価する相対的な業績でもない。しかしながら自己による主観的な評価は，基本的にはこれら絶対的な業績あるいは他者による評価に基づいているものだと考えられる。また，そもそもこの主観的業績そのものはさまざまな要因から影響を受ける。それは上司や同僚からの日頃の評価や，あるいは景気やそのときのプロジェクトの技術的問題によっても影響を受けるだろう。その点では問題が多い指標だとも言えるが，一方で，これら業績を取り巻く要素を主観的に判断した統合的な指標として一定の意義を持つ指標であるとも言えよう。

　図からはややわかりにくいが，両者の相関関係は0.372であり，

2　主観的業績の具体的な項目としては「私はこの1年間，期待されている以上の成果を出した」「私はB社の創薬の早期上市に大きく貢献しているという自覚がある」という2つの項目によって構成されている（$a=0.511$）。

1％水準で有意な関係にあった。この結果は，関わりあう職場においては内発的動機づけが高いことや創意工夫行動が高いことといった，ここまでの分析結果から考えれば理解できる結果であろう。ただし，ここで用いられている主観的業績はあくまで自分による評価であるため，純粋な業績とは言えない。自分に甘い人は高くなるし，自分に厳しい人は低くなる傾向がある。この点については結果を慎重に捉える必要があるが，少なくとも関わりあいの強い職場において業績が低下してしまうということは考えにくいということは言えるだろう。

さて最後に，職場レベルで尋ねた創意工夫行動との関係を見ることにしよう。ここまで分析をしてきた創意工夫行動や主観的業績は自己の行動や業績について尋ねる個人レベルの変数であった。ここでは職場レベルの創意工夫行動を取り上げる。ここでは職場レベルの創意工夫行動を個人レベルの創意工夫行動と区別するために，協働的創意工夫行動と呼ぶことにしよう。ここで言う職場レベルとは，項目そのものが職場について尋ねている質問であるということである。これまでの項目は「私は」あるいは「私の仕事は」といった自分や自分の仕事について尋ねる項目であったのに対し，ここで用いられる項目は「私の職場では」というフレーズで始まる項目である。つまり，回答者が主観的に自身の所属する職場について回答する項目である。職場レベルの創意工夫行動は職場レベルの変数との関係を分析するうえで，レベルを違えることがないため分析に気を使うことが少ないが，一方で各個人が主観的に自分の職場に対して与えた評価であることに注意する必要がある。もちろんそれは現実の職場を反映したものであることは間違いないが，あくまで職場のメンバーが見る自分の職場の状態の平均像あるいは代表的な像である。その点では，第5章で触れたような結果を拡大解釈してしまうことに注意しながら分析結果を解釈する必要がある。この点，詳細な分

析をする際には気をつける必要があるが，ここではおおざっぱな姿を見ることが目的であることから，これらのことを考慮して結果を見るうえではとくに問題はないと考えている。

まず，協働的創意工夫行動は，本章で取り上げた創意工夫行動に準じて作成された変数であり，Leana *et al.*（2009）によるチーム・クラフティング（team crafting）の項目が用いられている。個人レベルの創意工夫行動に準じた変数であることから，項目も自分自身の行動について尋ねるのか，自分の所属する職場について聞いているのかの違いはあるが内容はほぼ近しい。異なる点は，協働的という側面が含まれている点である。つまり，職場において，それぞれのメンバーが個別に創意工夫をしているのではなく，同僚との相談あるいは一緒になって新しい方法や取り組みをするような職場かどうかを尋ねる項目になっている点に個人の創意工夫行動との違いがある[3]。

図 7-3 は，職場における関わりあいの強さとこの協働的創意工夫行動の関係を散布図で示したものである。この図からわかるように，関わりあいの強い職場ほど，職場において協働的に創意工夫をすることがわかる。これは，関わりあいの強い職場において個人レベルの創意工夫行動が多く起こることと，第 6 章で分析してきたように，支援行動や勤勉行動が多く起こることと一致する結果であると言えよう。

ここまでのおおざっぱな分析では，関わりあいの強い職場では，

---

3 具体的には「私の職場では仕事をよりよくするための新しい方法を，同僚と一緒に相談して取り入れている」「私の職場では，これまで用いていなかった方法や，やり方を同僚と相談しながら新しく取り入れている」といった項目が含まれる 8 項目によって構成されている（$a = 0.907$）。ICC(1) は 0.163，ICC(2) は 0.748 であった。

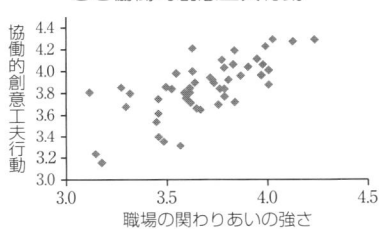

図7-3 職場における関わりあいの強さと協働的創意工夫行動

本書の基本仮説が示すように創意工夫行動が起こり,個々人の業績も高いことが示された。また,このような職場では同僚と協力しながら創意工夫行動を起こしていることもあわせて示された。もちろんここでの分析はラフな分析であり,第6章と同様に変数間の関係,あるいは変数のレベルについても無視をして分析を行ってきた。次の節では,クロスレベル分析を用いて仕事の相互依存性と目標の相互依存性の創意工夫行動への影響を分析していく。またその後,ここでも取り上げた主観的業績と協働的創意工夫行動に関しても,より詳細な分析を補完的な分析として行うことにする。

2 創意工夫行動に関するクロスレベル分析

ここまで散布図と相関係数から関わりあう職場といくつかの変数のおおざっぱな関係を見てきた。そこでは創意工夫行動に関して言えば,職場における関わりあいが強いほど創意工夫行動が起きていることが予測される結果となった。この節では,第6章と同様の方法で関わりあう職場と創意工夫行動に関してより詳細に見ていくことにしよう。ここで詳細にというのは第6章と同様の2つの点について,つまり創意工夫行動に関係のある変数間の関係をある程度分析に取り込むことと,関わりあいの強い職場のもたらす間接的効果

図 7-4　創意工夫行動に関するクロスレベル分析における
　　　　分析フレームワーク

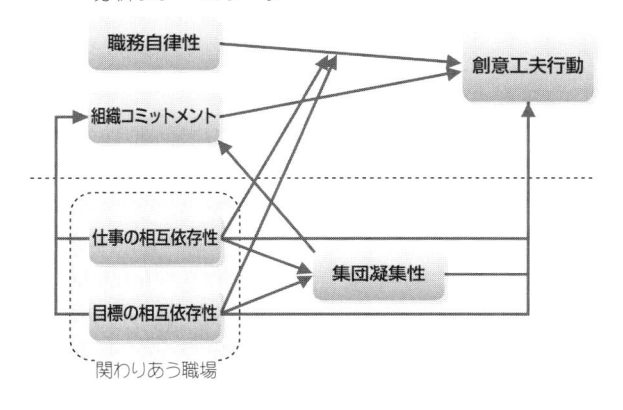

[図：職務自律性、組織コミットメント、仕事の相互依存性、目標の相互依存性（関わりあう職場）、集団凝集性、創意工夫行動の関係を示す分析フレームワーク]

を分析すること，である。

◆ **分析フレームワークと仮説**

　図7-4は，第5章で述べた分析フレームワークをもとに，本章で分析される創意工夫行動に関する分析フレームワークを示したものである。ここも第6章と同様に，この分析フレームワークに基づいて分析における2つの詳細な点を仮説の形で示しながら述べていくことにしよう。

　まず，基本仮説に準じて，仕事と目標の相互依存性の創意工夫行動への影響についてクロスレベル分析によって検討する。第4章で検討したように，相互依存的に仕事をしている人は，自身の仕事の出来映えが他者の仕事に影響を与えるために，仕事への責任感が強くなると考えられる（Wageman, 1995）。仕事への責任感の増大が，より仕事をうまくこなそうとする創意工夫行動へとつながると考えられる。また第3章で検討した通り，関わりあいの強い職場においては互酬性，互恵性の規範が働きやすくなるため，協調行動が生ま

れやすくなる。それと同時に失敗しても見放されることはないというような周囲への信頼からリスクテイク行動をとりやすいことが考えられる (Putnum, 1993; Adler & Kwon, 2002 など)。さらに言えば,第2章で見たように,お互いが関わりあうことによって,自分のアイデンティティを確認し,そのことが自分の仕事において自分がやれることを精一杯やるという行動につながると考えることができる。これらのことからは職場における関わりあいが強いほど,より創意工夫行動をとるようになることが予測される。

仮説 1-1 職場における仕事の相互依存性が高いことは個人の創意工夫行動を促す

仮説 1-2 職場における目標の相互依存性が高いことは個人の創意工夫行動を促す

またこれらの影響における職場における関わりあいの強さの仲介効果を明らかにするために,この章においても組織コミットメントと集団凝集性を仲介変数としたモデルを考える。上記にあるように互酬性,互恵性がある職場においてはリスクテイク行動をとりやすいと考えれば,集団凝集性が高いことを通じて創意工夫行動を促すとも考えられるからである。一方で,組織コミットメントが強い個人は,組織の目標達成のために努力を惜しまずに働くと考えられる (Porter *et al.*, 1974) ため,より創意工夫行動を起こすと考えられる。これらのことからは次のような仮説が導き出される。

仮説 2-1 職場における仕事および目標の相互依存性は,職場の集団凝集性を介して個人の創意工夫行動に影響する

仮説 2-2 職場における仕事および目標の相互依存性は,組織コミットメントを介して個人の創意工夫行動に影響する

もちろん，この分析はあわせてコミットメント経営との違いを検討するためにも分析が行われる。仮説2-1あるいは2-2に示されるような仲介効果が存在したとしても，仕事や目標の相互依存性の創意工夫行動への影響が示されたのであれば，コミットメント経営で示されるようなロジック以外にも関わりあう職場の創意工夫行動への影響が示唆される。たとえばここで挙げた，関わりあいが強いことで，職場における自分のアイデンティティを確認し，そのことによって，自分ができることを行うというロジックは，コミットメント経営では示されないロジックであろう。

　最後に，第6章と同様に，職場における関わりあいの強さの職務自律性への間接的効果についても検討する。支援行動や勤勉行動と同様に，そもそも職務が自律的であること，つまりある程度自由に自分の仕事をマネジメントできる状態，裁量権がある程度ある状態でなければ，創意工夫行動のような役割外の行動を起こす余地がない。また職務自律性が，有能感や自己効力感，内発的動機づけをもたらし，そのことがより仕事を工夫しようという行動へとつながると考えれば，職務自律性が高いことは創意工夫行動を促すと考えられる。ただし，職務自律性はこのようなメカニズムを引き起こすことも考えられるが，仕事における自己裁量を組織や職場の目標，あるいは自分の仕事のために費やすとは限らない。自分のやるべきことをやったら残りの時間は仕事外のことに使うとも考えられる。この点から考えれば，目標を共有したり，他者の仕事が自分の仕事次第であったりする状況は，自分の裁量権を自分の仕事がより多く，よりよい成果が出るようにする方向に促すと考えることができるだろう。ゆえに次のような仮説が導き出される。

仮説3-1　職場における仕事および目標の相互依存性は，職務自律

性の個人の創意工夫行動への効果に影響を与える

　それでは第6章と同様に，基本仮説を中心とした上記の仮説をクロスレベル分析によって分析することにしよう。

◆ **相関分析の結果**

　クロスレベル分析に入る前に，個人レベルの変数ならびに職場レベルの変数の相関分析の結果を見ることにしよう。表7-1および表7-2は，本章で使用する変数の平均値，標準偏差，ならびに変数間の相関係数を示したものである。個人レベルの分析結果からは，創意工夫行動の平均値がやや高いことがわかる。これは調査対象が研究開発部門であり，研究開発に従事している研究者が対象であることによるものだと考えられる。また，仕事の相互依存性や目標の相互依存性，あるいは組織コミットメントや集団凝集性といった本章の分析に関わる変数とも相関関係があることがわかる。また，職場レベルの分析結果からは，仕事の相互依存性と目標の相互依存性の相関が高いことやそれぞれ集団凝集性や組織コミットメントとも相関が高いことがわかる。これは関わりあう職場がこれらの変数の総体として表されると考えれば，自然なことであろう。

◆ **創意工夫行動に関するクロスレベル分析**

　創意工夫行動に関するクロスレベル分析も，第6章の支援行動，勤勉行動に関するクロスレベル分析と同様に階層線形モデリング（HLM）によって分析を行うことにする。またこの分析においても仲介効果の分析が含まれるが，これも同様にZhang *et al.* (2009)の手続きに沿って仲介効果の分析を行うことにしたい。ここではそれぞれ仮説に沿って分析結果を見ることとしよう。

表 7-1 個人レベル

	平均	標準偏差	1	2
1. 年齢	39.48	7.997		
2. 性別	0.20	0.396	$-.080^*$	
3. 職位	0.32	0.467	$.686^{**}$	$-.232^{**}$
4. 創意工夫行動	4.01	0.582	$-.017$	$-.085^*$
5. 主観的業績	3.50	0.743	$.152^{**}$	$-.174^{**}$
6. 組織コミットメント	3.98	0.644	$-.001$	$-.101^{**}$
7. 自律性	3.94	0.625	$-.045$	$-.168^{**}$
8. 仕事の相互依存性	3.44	0.786	$.059$	$-.205^{**}$
9. 目標の相互依存性	3.81	0.717	$.066$	$-.111^{**}$
10. 集団凝集性	3.78	0.747	$-.007$	$-.089^*$
11. 協働的創意工夫行動	3.82	0.646	$.011$	$-.108^{**}$

(注) $^*p < .050$, $^{**}p < .010$, $^{***}p < .001$
性別（0：男性，1：女性）
職位（0：非管理職，1：管理職）

(1) Null モデルならびに個人レベルの変数によるモデルの分析

表 7-3 は，創意工夫行動を従属変数としたクロスレベル分析を含む 9 個のモデルの分析結果である。まず，独立変数を投入しない Null モデルにおいて，集団間誤差（U_{00}）の分散（τ_{00}）が有意であることから，職場の要因で説明される分散が十分にあることがわかる。つまり，職場の要因によって創意工夫行動は影響を受けると考えることができるのである。また誤差分散と切片の集団間分散から計算される ICC は 0.035 であり，創意工夫行動の分散のうち 3.5％が集団間の差異によって説明されるということがわかる。

続いてモデル 1 と 2 は個人レベルの変数を投入したモデルである。それぞれモデル 1 はコントロール変数として用意した年齢，性差，職位によるモデル，モデル 2 は 3 つのコントロール変数に加え，組織コミットメントと職務自律性を加えたモデルである。モデル 2 の結果からわかるように，組織コミットメントと職務自律性が創意工夫行動に正の影響を与えていることがわかる。

(2) 基本仮説と集団凝集性を仲介変数としたモデルの分析

続いてモデル 3a は職場における関わりあいの強さを構成する仕

の変数の平均と標準偏差と相関分析の結果

3	4	5	6	7	8	9	10
.008							
.130**	.393**						
.053	.368**	.386**					
.014	.435**	.276**	.353**				
.181**	.196**	.238**	.193**	.080*			
.103**	.329**	.356**	.405**	.369**	.298**		
.056	.396**	.386**	.394**	.444**	.259**	.566**	
.041	.530**	.406**	.457**	.506**	.329**	.643**	.728**

表 7-2 職場レベルの変数の平均と標準偏差と相関分析の結果

	平均	標準偏差	1	2	3	4
1. 仕事の相互依存性	3.38	0.366				
2. 目標の相互依存性	3.78	0.321	.493**			
3. 集団凝集性	3.75	0.356	.410**	.614**		
4. 組織コミットメント	3.93	0.266	.289*	.554**	.346*	
5. 協働的創意工夫行動	3.80	0.325	.453**	.664**	.821**	.500**

(注) $*p<.050, **p<.010, ***p<.001$

事の相互依存性と目標の相互依存性を投入したランダム切片モデルと呼ばれるモデルであり，本書の基本仮説に関わる分析になる。結果からは，仕事の相互依存性は創意工夫行動に影響を与えるが，目標の相互依存性はそうではないことが示された。つまり仮説 1-1 は支持されたが，仮説 1-2 は支持されないということが示されたことになる。この結果に関しては，集団で目標を共有することは，集団の目標のために働こうという意識は高まるが，目標の達成のために効率よく仕事を行おうと考えることから，創意工夫行動にはつながらないのではないかと考えられる。すなわち，職場において目標が共有され意識されることによって，目標を達成するために，創意工夫行動へとつながるのではなく，むしろ役割外行動が他者を助ける行動へと費やされることが多くなるためではないかと考えることが

表 7-3 創意工夫行動を従属変数とした

独立変数	Null 創意工夫行動	1 創意工夫行動	2 創意工夫行動	3a 創意工夫行動
切片	4.002***	4.002***	4.000***	3.988***
個人レベル				
年齢		−.009	−.009	−.009
性差		−.083	−.046	−.036
職位		.019	.052	.004
組織コミットメント			.241***	.246***
職務自律性			.303***	.304***
職場レベル				
集団凝集性				
仕事の相互依存性				.233**
目標の相互依存性				.047
組織コミットメント（職場レベル）				
仕事の相互依存性×職務自律性				
目標の相互依存性×職務自律性				
τ_{00}	.012*	.012**	.018***	.008*
σ_{00}	.327	.321	.235	.237

（注）　$^*p < .050, ^{**}p < .010, ^{***}p < .001$
　　　モデル 3b の分析は HLM ではなく職場レベルのデータを用いた重回帰分析

できる。

　続いて，モデル 3b および 3c では集団凝集性を介した創意工夫行動への影響を検討する。第 6 章の分析と同様に目標の相互依存性は集団凝集性を高める影響を与えていたが，仕事の相互依存性は集団凝集性に影響は与えていなかった。そもそも目標の相互依存性が創意工夫行動に影響を与えていないことも含めて考えると，集団凝集性そのものは確かに創意工夫行動に影響を与えるが，職場における関わりあいの強さは集団凝集性を介しては影響を与えていないということになり，仮説 2-1 は支持されないという結果が示された。

(3) 組織コミットメントを仲介変数としたモデルの分析

　次に，組織コミットメントを介した創意工夫行動への影響を検討するモデルがモデル 4a および 4b である。すでに述べたように，目標の相互依存性は創意工夫行動に影響を与えていないため，仕事の相互依存性の創意工夫行動への影響における仲介効果のみをここ

クロスレベル分析

3b	3c	4a	4b	5
集団凝集性	創意工夫行動	組織コミットメント	創意工夫行動	創意工夫行動
1.006*	3.988***	3.950***	3.986***	3.988***
	−.008	−.006	−.008	−.007
	−.036	−.011	−.036	−.051
	.003	.135	.003	−.002
	.244***		.244***	.238***
	.302***	.324***	.303***	.302***
	.186*	.041	.184*	.194*
.143	.240***	.011	.240**	.239**
.544***	−.087	.428**	−.120	−.060
			.074	
				−.050
				.444**
	.006*	.016*	.006*	.006*
	.236	.327	.237	.233

($R^2 = .392^{***}$) である。

では検討することになる。モデル 4a の結果からは，第 6 章の結果と同様，仕事の相互依存性は組織コミットメントにそもそも影響を与えていなかった。またあわせて 4b の結果からは職場レベルの組織コミットメントは創意工夫行動には影響を与えていないということが示され，仮説 2-2 も支持されないという結果であった。

これらの結果から，職場における関わりあいの強さは，組織コミットメントを介して創意工夫行動を促しているわけではないことが示されたと言える。前項で示した集団凝集性の仲介効果の検討とあわせて結果を考察すると，職場における関わりあいの強さは，仲間との一体感や組織への愛着といった組織や職場との情緒的な関係を高めることを通じて創意工夫行動を促すわけではないことが言える。つまり，職場における関わりあうマネジメントは，コミットメントに基づくマネジメントとは異なるロジックによって創意工夫行動をもたらしていることがわかるのである。

(4) 職務自律性の創意工夫行動への影響への媒介効果の分析

　最後に，職務自律性の創意工夫行動への影響に対する職場における関わりあいの強さの効果を検討するランダム傾きモデルがモデル5である。モデル5の結果からは，直接的効果が示されなかった目標の相互依存性が職務自律性と創意工夫行動の関係に影響を与えるという間接的な効果があることが示されている。ランダム傾きモデルに準じて言えば，職場における目標の相互依存性の程度によって，職務自律性の創意工夫行動への影響が異なるということができる。

　図7-5は，この職務自律性の創意工夫行動の影響の違いを図示したものである。図7-5からわかるように，目標の相互依存性が高い職場ほど，低い職場に比べて自律性の創意工夫行動への影響が強いことがわかる。反対に言えば，目標の相互依存性の程度が低い職場では，職務自律性を高めても創意工夫行動はあまり生まれないということである。

　これは，集団の目標が認識され，共同で責任を負っている職場だからこそ，集団の目標を達成するために自分の仕事における自律度を利用して効率のよい方法を模索したり，新しい方法によって仕事

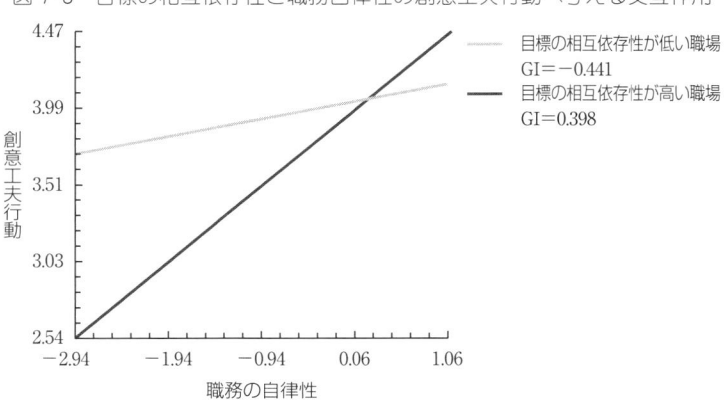

図7-5　目標の相互依存性と職務自律性の創意工夫行動へ与える交互作用

を遂行したりすることへと向けられるからと考えられる。逆に自律度が低ければ目標が共有されていたとしても，そもそも創意工夫の余地が少なく与えられた仕事や役割を果たすだけになってしまう。本章の調査対象である研究開発の文脈で考えれば，たとえば比較的自律度の低い実験の手伝いといった仕事を任された場合，目標は共有していたとしても，着実にやるべき実験をこなすことが求められるため，そこには創意工夫する余地はそれほどないだろう。

　しかし一方で，そもそも目標が共有されていないような職場においては，個々人の自律度が高くとも，その自律度が必ずしも創意工夫に向けられるとは限らない。これは関わりあいが強いことは，仲間がやっているから自分もやらねばならないといった他者からの刺激をもたらし，より仕事を積極的に行う方向へと行動づけられるが，関わりあいが弱ければそのような刺激が少なく，結果的に創意工夫をするかどうかは個々人の意識や意欲に依存することになるからだと考えられる。

　ここまで見てきたように，職場における関わりあいの創意工夫行動への影響に関するクロスレベル分析においても，①関わりあいが強い職場のうち仕事の相互依存性が高いほど，メンバーの創意工夫する行動が促されることが示された。また，②確かに集団凝集性も組織コミットメントも創意工夫行動を促すが，集団凝集性も組織コミットメントも職場における関わりあいの強さと創意工夫行動を仲介するわけではなく，別のロジックによって職場における関わりあいの強さは創意工夫行動をもたらすことが示唆された。そして最後に③目標の相互依存性は，直接的に創意工夫行動を促すわけではないが，自律度の創意工夫行動への影響の媒介効果をもたらしていることが示された。

3 | *主観的業績と協働的創意工夫行動についての補完的分析*

さて、ここまでで基本仮説に関する分析は終わった。この節では、探索的に2つの補完的分析を行い、本書の主張をより明確にしたいと考えている。具体的には、本章第1節でも取り上げた主観的業績と協働的創意工夫行動を再度取り上げ詳細な分析を行っていく。

◆ 主観的業績に関するクロスレベル分析

まず主観的業績に関しては、これまでと同様にクロスレベル分析によって、職場における関わりあいの強さの影響を見ることにする。すでに述べたように主観的業績は、個々人が主観的に感じる自分の仕事の出来映えである。ゆえに、自分に甘い人は高くなるし自分に厳しい人は低くなる傾向がある。しかし一方で、上司や他者からの自分の評価を含めて総合的に判断される業績であるとも言える。このような尺度そのものの限界があることも、ここでの分析が補完的分析と位置づけられる理由でもある。

職場における関わりあいの強さの主観的業績への影響を分析することがここでの目的であるが、以下の分析は、(矛盾するようだが)必ずしも職場における関わりあいの強さによって業績が上下するということを主張するために行う分析ではない。補完的分析では、職場レベルの要因によって主観的業績が説明される部分がどの程度あるのかを理解すること、そしてそこに関わりあいの強さがどのように影響を与えているのかということを目的としている。もう少し消極的に言えば、関わりあいの強さが個々人の仕事の出来映えの足を引っ張ることがないかどうかという点を明らかにしたいと考えている。職場において関わりあいが強いことは意思決定の遅れやコンフリクトの発生などを引き起こす可能性もある(沼上他, 2007)。この

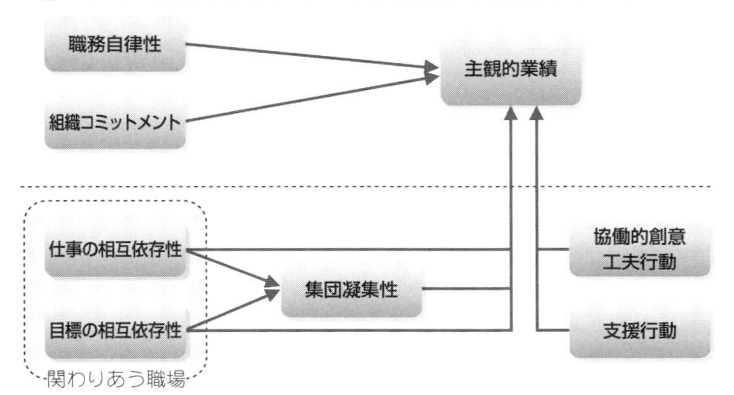

図7-6　主観的業績のクロスレベル分析における分析フレームワーク

[図：職務自律性、組織コミットメント → 主観的業績／関わりあう職場（仕事の相互依存性、目標の相互依存性 → 集団凝集性）、協働的創意工夫行動、支援行動 → 主観的業績]

補完的分析では，この点をいま一度明らかにしたいと考えている。

　分析フレームワーク（図7-6）は，ここまでの創意工夫行動を説明変数とした分析とほぼ同じであるが，職場レベルの変数として協働的創意工夫行動と職場レベルの支援行動[4]の2つの変数を投入した。これは，関わりあいの強さがこの2つの変数を介して影響を与えると考えるからである。また，支援行動，勤勉行動，創意工夫行動の際には職務自律性への間接的効果を分析したが，間接的効果が想定しづらいことや上記の目的に即してとくにこの分析には含まなかった。

　表7-4は，主観的業績を従属変数としたクロスレベル分析を含む9個のモデルの分析結果である。まず，これまでの分析と同様に，Nullモデルの結果から，個人の主観的業績は職場ごとの変数によって説明される部分があることがわかる。次に，モデル1およびモデ

---

[4] 職場レベルの支援行動は「私の職場では，必要なときにメンバーの助けを求めることができる」「私の職場では，メンバー同士がノウハウや技術の共有を積極的に行っている」という2つの項目によって測定された（$a = 0.686$）。ICC(1)は0.157，ICC(2)は0.740であった。

表 7-4 主観的業績を従属変数とした

独立変数	Null	1	2	3a
	主観的業績	主観的業績	主観的業績	主観的業績
切片	3.461***	3.462***	3.466***	3.459***
個人レベル				
年齢		.032	.031	.032
性差		−.378***	−.342***	−.336***
職位		.070	.032	.034
組織コミットメント（AC）			.392***	.394***
職務自律性（JA）			.193***	.184***
職場レベル				
集団凝集性（GC）				
仕事の相互依存性（TI）				.024
目標の相互依存性（GI）				.334***
協働的創意工夫行動				
支援行動				
組織コミットメント（職場レベル）				
τ_{00}	.030***	.032***	.044***	.034***
σ_{00}	.516	.486	.375	.375

（注）　†$p<.100$, *$p<.050$, **$p<.010$, ***$p<.001$

ル2は個人レベルの変数を投入したものである。結果からは組織コミットメントが高い人，職務自律性が高い人ほど主観的業績が高いことがわかる。これらの結果は既存研究の結果とも一致する結果であると言える。Hackman & Oldham（1976）の職務特性理論に従えば，仕事における自律度が高い人ほど，仕事への責任を感じそのことが内発的動機づけあるいは直接的に業績に影響を与えると考えられる。組織コミットメントに関しても，組織コミットメントが高い人は組織目標への貢献のために努力を惜しまないことから業績が高くなると考えられ，これも既存研究の結果[5]と一致している。

続いて，モデル 3a 〜 3c は集団凝集性の仲介効果を含む仕事の相互依存性と目標の相互依存性の主観的業績への影響を分析するモデルである。3つのモデルの結果からは，仕事の相互依存性が高い職

5　たとえば Allen & Meyer（1996）。

クロスレベル分析

	3b	3c	3d	4a	4b
	集団凝集性	主観的業績	主観的業績	組織コミットメント	主観的業績
	1.006*	3.458***	3.465***	3.950***	3.456***
		.034	.035	−.006	.033
		−.337***	−.338***	−.011	−.337***
		.032	.025	.135	.032
		.393***	.390***		.392***
		.184***	.185***	.324***	.183**
		.259*	.198	.041	.257*
	.143	.016	−.035	.011	.015
	.544***	.157	.166	.428**	.093
			.429†		
			−.319†		
					.150
		.033**	.030**	.016*	.034**
		.375	.375	.327	.374

場であることは主観的業績に影響を与えず，一方で目標の相互依存性が高い職場であることは，集団凝集性を高めることを通じて，職場のメンバーの主観的業績に影響を与えていることが示唆された。モデル3cの結果からわかるように，集団凝集性を含むモデルでは，目標の相互依存性の主観的業績への直接の影響はなくなっており，このことから目標の相互依存性はあくまで集団凝集性を高めることによってのみ，主観的業績に影響を与えていることが示唆される。また，協働的創意工夫行動と職場レベルの支援行動という職場レベルの2つの変数を投入したモデル3dからは，その影響は小さいながらも，協働的創意工夫行動をとる職場ほど個人の主観的業績が高くなることが示された。しかし同時に，職場に支援行動が多い職場ほど個人の主観的業績が低いことが示された。これはここまでの議論と矛盾するような結果であるが，用いられた質問項目から改めて次のように考えられるのではないだろうか。1つは，職場における

支援行動の受けやすさが，むしろそれぞれの仕事への集中を妨げているということ。もう1つは支援が受けやすい，ノウハウが手に入りやすいという受動的な状態は，かえってメンバーの甘えを助長している可能性も考えられる。もちろん，すでに述べているように，ここで用いられている主観的業績は複合的な要素が含まれる変数であり，この結果から支援が受けやすい職場を否定することはできないだろう。しかし一方で，助けあう職場が手放しで喜べる職場であるかどうかは，いま一度検討する余地があることは明らかであろう。

また，職場における関わりあいの強さは，直接的に業績に影響を与えていなかった。しかし目標を共有することや集団で目標を設定することが，職場のまとまりのよさをもたらし，そのことが個々人の業績によい影響を与える可能性があることが示された。これらの結果からは，少なくとも職場における関わりあいの強さは，個々人の業績を押し下げるような影響はないと考えることができるだろう。

◆ 協働的創意工夫行動のパス解析

補完的な分析として最後に，協働的創意工夫行動に関して詳細な分析を行うことにしよう。すでに述べたように，ここで用いる協働的創意工夫行動は職場レベルの変数であるため，仕事の相互依存性や目標の相互依存性との関係はクロスレベルではなくシングルレベルの分析となる。分析手法は異なるものの，ここまでの分析と同様に，仕事の相互依存性と目標の相互依存性の影響を集団凝集性の仲介効果を含んだモデルによって分析を行うことにする。

図7-7は，パス解析の結果を示したものである。パス解析によるモデルそのものの適合度が高くないのは，より適合度が高いモデルを探索するというよりは，変数間の関係を探索することが目的であるからである。パス解析の結果からわかるように，仕事の相互依存性は直接的にも集団凝集性を介しても，協働的創意工夫行動に影響

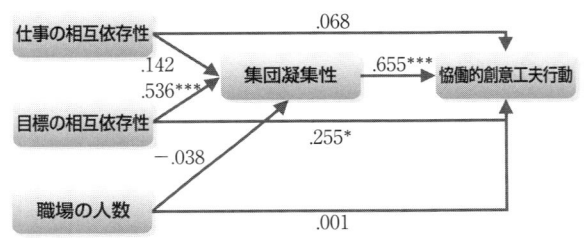

図 7-7 協働的創意工夫行動に関する分析フレームワーク

仕事の相互依存性 → 協働的創意工夫行動 : .068
仕事の相互依存性 → 集団凝集性 : .142
目標の相互依存性 → 集団凝集性 : .536***
集団凝集性 → 協働的創意工夫行動 : .655***
目標の相互依存性 → 協働的創意工夫行動 : .255*
職場の人数 → 集団凝集性 : −.038
職場の人数 → 協働的創意工夫行動 : .001

(注) $*p<.050$, $**p<.010$, $***p<.001$
数値は構造化された推定値。
$x^2=4.261$，自由度 8，GFI $=0.964$, AGFI $=0.733$, NFI $=0.829$, RMSWA $=0.159$

を与えていなかった。一方，目標の相互依存性は直接的にも集団凝集性を介しても，協働的創意工夫行動に影響を与えていた。個人レベルの進取的行動では目標の相互依存性が影響を与えず，仕事の相互依存性のみが直接的に影響を与えていたことと比較すると，行動レベルでは近しい行動でありながらその影響関係はずいぶん異なることがわかる。これは目標の相互依存性やそれによって強くなる集団凝集性は，創意工夫行動というよりは「同僚と一緒に」という協働を促すからであろうと考えられる。つまり，目標を共有していることや職場内のまとまりがよいことが，新しい方法や取り組みを考えるための同僚との相談や議論をより行いやすくしていると考えることができるだろう。また，職場の人数はとくに協働的創意工夫行動には影響をもたらしてはいなかった。

4 │ 何が，創意工夫行動を育むのか

さて，この章のクロスレベル分析の結果からも創意工夫行動に関する基本仮説を支持する結果が示された。職場における関わりあいの強さを示す仕事の相互依存性と目標の相互依存性のうち，仕事の

相互依存性が創意工夫行動に影響を与えることが示された。第6章の結果とこの結果から，関わりあう職場では，支援，勤勉，創意工夫の行動が生まれるという本書の基本仮説は実証研究において支持されることになった。

　ここでも仮説に準じて，この章での発見事実を示していくことにしよう。まず，職場レベルの仕事の相互依存性は創意工夫行動に影響があることが示された。一方で目標の相互依存性は創意工夫行動には影響を与えていなかった。目標を職場で共有することは，創意工夫行動をもたらさないが，職場において相互に関わりあいの意識を持っていることは，創意工夫行動をもたらすことが示されたわけである。職場の中で関わりあいを持つことで，自分のやれることを探してやろうという意識によって創意工夫行動が生まれるとするならば，目標を共有することではなく，他者と自分の仕事が相互に関わりあっていることが創意工夫行動をもたらすのは，十分に考えられることである。一方で，職場における集団凝集性が高いことも，創意工夫行動をもたらすことが示された。A調査の分析では，目標の相互依存性が集団凝集性をもたらすことが示されたが，B調査では職場における関わりあいの強さは集団凝集性をもたらしてはいなかった。この点は，調査対象が異なることや職種などが影響をしていると考えられる。しかしながら，集団凝集性が高いことが創意工夫行動をもたらしている点は，職場が信頼できるということからくるリスクテイク，つまり言われたことを超えて色々仕事をして成果が上がらなくとも厳しいことを言われないだろうという意識によるもの（Leana & Van Buren, 1999）だと考えられる。

　直接には創意工夫行動に影響を与えなかった目標の相互依存性であるが，間接的には創意工夫行動に影響を与えていた。分析の結果からは，目標の相互依存性が高い職場ほど，また職務自律性が高い人ほど創意工夫行動を行うことが示された。職場において目標を共

有していることは，そのことによって個人の創意工夫を促すわけではないが，自分の仕事における裁量権や自由度がある人にそれを創意工夫の方向へ向かわせるという間接的効果があることが考えられる。また，この章の分析においても，職場における関わりあいの強さを構成する2つの相互依存性が異なる効果をもたらすことが示された。これは第6章でも述べたように，同じく職場における関わりあいの強さを示す概念であってもそれが行動に結びつくメカニズムは異なることを示唆したと言えよう。

　また補完的分析からは，職場における関わりあいの強さが主観的な自身の業績の高さに影響していることが示された。また職場において協働的に創意工夫することが主観的業績に影響していることが示された。主観的業績の尺度の問題もあり，一概に関わりあう職場では業績が高まるとは言えないが，少なくとも関わりあうことで無駄が増えたり，自身の仕事がおろそかになったり，といったようなことから業績の低下を招くということはないことが示唆された。また，主観的業績に影響を与えていた職場における協働的な創意工夫は，職場における関わりあいのうち目標の相互依存性に影響を受けることが示された。これは，目標を共有していることによって，創意工夫を協働して行うということにつながるからではないかと考えられる。

終章

関わりあう職場とそれを育む組織

● はじめに

　序章において述べたように,本書の基本仮説は「関わりあう職場が支援と勤勉と創意工夫を職場のメンバーに促す」というものであった。つまり関わりあっている職場において,人は助けあい,やるべきことをきっちりやり,そして自分の仕事に創意工夫をしようとする,というものである。第Ⅲ部の実証研究の言葉を用いれば,職場においてメンバー相互の関わりあいを高めるようなマネジメント,たとえば相互依存的に個々の仕事を設計することや個人の目標よりも職場の目標を強調すること,によって職場のメンバーはお互いに助けあい,やるべきことをきっちりこなし,自律的に仕事を創意工夫していくというメッセージであると,より具体的に言うことができるだろう。

　本書では,まず第Ⅰ部の第1章においてタマノイ酢のケースから帰納的に,また第2章において公共哲学の知見からこの基本仮説を導出し,関わりあう職場のマネジメントを提示した。続く第Ⅱ部の第3章では経営管理論において,この基本仮説とそれに準じた関わりあう職場のマネジメントを位置づけることを試みた。とくに,コミットメントを基盤としたマネジメントの議論の延長線上に,この関わりあう職場のマネジメントを位置づけた。第4章では,もう1つの理論的な基盤である組織行動論の観点から,基本仮説を検討した。とくに,第6章,第7章における実証研究のための操作概念と

しての仕事の相互依存性や目標の相互依存性，組織市民行動や進取的行動に関する既存研究が検討された。また，心理学をベースとする組織行動論の知見からは，本書の基本仮説が成立するロジックがより明快に示された。このような理論的検討を踏まえ，第Ⅲ部の第6章では，その基本仮説のうち関わりあう職場と支援行動や勤勉行動の関係，第7章では関わりあう職場と創意工夫行動の関係が主として実証研究によって明らかにされた。このようなプロセスを経て，改めて，本書の基本仮説「関わりあう職場が支援と勤勉と創意工夫を職場のメンバーに促す」ということがメッセージとして示されることとなった。

この章では，むすびとして基本メッセージと，基本メッセージを踏まえた関わりあう職場のマネジメントが意味することについて議論することとしたい。

1 関わりあう職場のマネジメント

本書の冒頭において，この基本仮説の持つ一見矛盾する点についても触れた。この節では，この基本仮説の持つ一見矛盾する点を中心に関わりあう職場について考えることにしよう。

◆ 集団主義のマネジメントが創意工夫を生む

基本仮説が一見矛盾する点の1つは，職場の関わりあいを強めるといったいわば集団主義的なマネジメントが，個人主義的に見える自律的に仕事を創意工夫する行動をもたらすという点である。かつて，NBAのスーパースター，マイケル・ジョーダンやスコッティ・ピッペンを擁して3連覇を果たしたシカゴ・ブルズの名将フィル・ジャクソンは『ジャングルブック』から「オオカミの強さは群れにあり，群れの強さはオオカミにある」という言葉を引用し，チーム

ワークの重要性を説いた。また第2章で触れたように，Bellah *et al.* (1985) は「強い個人主義を支えるにはある種の強い共同体が必要である」と述べた。1つめの矛盾点における本書における考え方もここにある。職場における関わりあいを強くすることによって，むしろ職場内の他者との違いを見いだし，自分なりの仕事をしようと考える。また，他者と関わることによって自分もがんばらねばならないと感じ，自分の仕事へのモティベーションを高めることになる。そして目標が共有されていることはこれを加速させるであろう。簡単に言えば，職場において他者と関わりよい関係をつくることによって，職場の中で自分にできることは何かと考えるようになるということと言ってもよいかもしれない。新人のように職場の他のメンバーと比較して能力が不足している人は，その能力を伸ばすことを考えるようになるし，一定の仕事ができる人はその中で自分なりに仕事を積極的に創造することになる。お互い助けあい，秩序を維持するような行動，あるいはやるべきことをきっちり行うといった行動が職場内でとられるようになると，そのことが上記したような責任意識やアイデンティティをもたらす。そして責任意識が高まれば，職場の成果がよりよいものになるよう職場の目的に応じて自律的行動を行い，さらには他者を助け，秩序を維持しようと試みるのである。

　しかし一方で，また，逆転共生という考え方を踏まえれば，自律的に創意工夫する行動と助けあい，勤勉に働く行動は，一定以上の強さまではこのように相互に強化しあう関係であるが，一定以上になると（調査からは明らかにはされなかったが）相互に打ち消しあう逆転共生の関係になると考えられる。そこでは自律的行動が重視されるようになると，助けあいや勤勉さがおろそかになり個人主義的な職場になり，一方で助けあいや秩序や勤勉が重視されるようになるとそれらは強制された義務になり，きわめて集団主義的な職場に

なってしまうことが考えられる。両者は，どちらかを強化しすぎることなくちょうどよい程度をバランスよく維持することが重要であり，そうである限り一見矛盾する関係にある個人主義的な行動が集団主義的なマネジメントによって促進されることになるが，一定水準を超えてしまうと，集団主義的なマネジメントは個人主義的な自律行動を抑制することや，個人主義的な行動が集団主義的なマネジメントを破壊してしまうことになり，矛盾する関係はそのまま矛盾として働いてしまう。

◆ **役割外行動のマネジメント**

　もう1つの基本仮説における一見する矛盾点は，役割を超えた行動をマネジメントしようと試みる点である。つまり，マネジメント側が想定できないことをマネジメントしようという点である。この矛盾を理解するには，まず行動をマネジメントすることと行動をコントロールすることとは異なることを理解する必要があるだろう。もう少し言えば，行動をマネジメントする中に，行動をコントロールするということが含まれることになると解釈するとこの矛盾を理解することができるだろう。Katz & Kahn（1978）は企業にとって必要な行動として，①組織に所属し，居続けてもらう行動，②役割を果たす行動，③役割を超えた組織行動（革新的／自発的行動），を挙げた。①や②の行動はコントロールされるべき行動であり，他社よりも待遇をよくしたり，マニュアルを整備したり，評価制度や方法を綿密にすることで，コントロールすることが可能になる行動である。古典的な経営管理理論では従業員のこのような行動をコントロールすることに主眼が置かれてきた。つまり，従業員をマネジメントすることは，従業員をコントロールすることに他ならなかったのである。一方，本書で取り上げてきた3つの行動のうち，支援行動と創意工夫行動は，基本的には自発的行動であると同時に役割外

の行動であり，③の役割を超えた組織行動に含まれる行動である。

　もう1つの勤勉行動は，②の役割を果たす行動の側面があるが，役割を「きっちり」果たすかどうかという点は自発的な側面を含んでいると言えるし，職場のルールや規範を守るという点も含めれば，役割を超えた組織行動の側面も含んでいる。ともあれ，このような役割を超える組織行動はコントロールをすることはできない。正しく言えば，コントロールできる時点でこのような行動は，③の役割外の組織行動ではなく，②の役割を果たす行動になるはずである。たとえば，部下を育成することは確かに上司の1つの仕事と言えるが，それが役割内か役割外かという点は曖昧である。もし部下を育てるということを積極的に評価し，コントロールすることになれば，具体的にどのような行動がそれに該当するかを規定する必要があるし，その成果をどのように測定するかということが必要となる。それはすでに上司の業務，役割であり，上司にとっては果たすべき役割内の行動になり，もはや自発的，役割外行動とは言えなくなる。このような点が，役割外行動をマネジメントするという矛盾点の源泉になるわけだが，マネジメントすることがコントロールすることとはイコールではないと考えれば，この矛盾点の一部は氷解することになる。③の役割を超えた組織行動は，コントロールはできないがマネジメントはできるからである。

　これまでの経営管理論において，この点は管理上それほど厳密に区別されてこなかった。たとえば，コミットメント経営が評価されたのは，組織に居続ける行動や役割を果たす行動，それに加えて必要以上の努力を仕事に費やすことを総合的に促進することが示されてきたからである。人間関係論においてモラールの管理の重要性が示されたのも，果たすべき役割・達成すべき成果以上の成果を彼らが示したからであり，そこには②の行動の延長線上に③の行動が含まれている。これは新人間関係論の諸理論においても同じである。

新人間関係論では，仕事を拡大することによって成長や自己実現などの欲求を刺激し，それが積極的で自発的な行動を生み出すこととなった。これらからわかることは，自発的行動や役割外の行動はコントロールする（できる）ものではなく，促すものであるということである。そう考えれば，増やしたり減らしたり，ある方向へ行動を向けさせたりといったようなコントロールはできないが，そのような行動を促すことはできる。マネジメントをコントロールすることとは捉えず，促すものでもあると考えれば自発的行動や役割外行動もマネジメントが可能になる。

　では，どのようにコントロールできない役割外行動をマネジメントするのか。もちろん評価や報酬といったことに頼るだけでは，何が評価され，何が評価されないかといったコントロールの問題になってしまう。ここでも重要な点は，（職場や組織のために）自分に何ができるかといったことを考えてもらうということであろう。関わりあいの強い職場は，2つの点でこの自分に何ができるかを考えることを促す。1つは，同じ職場の他者と目標を共有し，お互いの仕事がお互いの仕事に影響を与えることを通して，自分に何ができるかということを考えやすくさせる。そして2つめに，職場という把握可能なレベルであることも自分にできることを考えやすく，行動しやすくするだろう。たとえば日本のために何ができるか，ということを考えることはなかなか難しいが，地域あるいは家族のために何ができるか，というレベルであれば具体的な行動として考えやすくなるかもしれない。職場という身近に実体を感じることができる場であるからこそ，具体的な行動が考えやすく，実行しやすくなる。また関わりあうことで集団の一体感が高まれば，より職場のために自分のできることを積極的に行うであろう。職場における関わりあいをマネジメントすることで，自分に何ができるかということを考えるように仕向けることができるのである。

2 　下からのマネジメントと上からのマネジメント

　本書が提示してきた基本仮説と関わりあう職場のマネジメントの1つの特徴は，下からのマネジメントを重要視している点である。下からのマネジメントとは，理念や強いリーダーシップあるいは評価制度といった上からのマネジメントによって支援や勤勉，創意工夫をもたらそうと考えるのではなく，職場におけるメンバー間の相互作用からこのような行動をもたらそうと考えるものである。関わりあう職場はその1つの有効な手段であると考えている。これまでのコミットメント経営をはじめとするマネジメントは，上からのマネジメントが前提であった。近年，組織行動論においてはマネジメントの役割をリーダーシップへと担わせる傾向があったが，これもやはり上からのマネジメントという点ではその主体が異なるだけでほぼ同じことである。

◆ 下からのマネジメントを有効にする上からのマネジメント

　しかし，本書は支援や勤勉，創意工夫のマネジメントにおいて組織が果たす役割がない，上からのマネジメントが不要である，あるいはすべてを職場にゆだねるべきだと主張しているわけでは決してない。経営組織である以上，組織の目標を示すことや従業員との間に安定的な関係を維持すること，組織におけるこのような行動の間接的な評価，あるいはタマノイ酢に見られたように強い価値観の注入といった，職場における支援や勤勉，創意工夫のために必要な組織のマネジメントもあると考えている。関わりあう職場のマネジメントに関していうならば，仕事設計に関する職場の裁量権を高めるといった，職場において関わりあいを強める施策をサポートするようなことが，必要とされる上からのマネジメントであろう。

アメリカにおけるコミュニティの成立を歴史的に調査したSkocpol（2003）は，アメリカにおける草の根のコミュニティの重要性とその喪失を主張するPutnum（2000）に対し，草の根のコミュニティも全国組織によって拡大した経緯があることを示し，アメリカにおいて草の根コミュニティは草の根レベルだけで拡大してきたわけではなく，下からの民主主義（草の根のコミュニティ）と上からの民主主義（全国組織）が手を携えてきたと述べた。同様に，上からのマネジメントによって下からのマネジメントがより有効になることは十分に考えられる。たとえば，第１章のタマノイ酢のケースにもあったように，ジョブ・ローテーションを積極的に行うことによって，職場内に多様性が生まれ，関わりあいは開かれたものとなり，職場において閉鎖的ではなく，開かれたコミュニティがより形成されることになるだろう。反対に言えば，ジョブ・ローテーションがそれほど行われない固定的なメンバーによる職場であれば，たとえ職場における関わりあいを強めたとしても，それは閉鎖的コミュニティの形成へとつながってしまうかもしれない。また，個人の責任範囲を明確にして，個人主義的な評価制度が強く推し進められば，職場の目標を強調し関わりあいを強くしようとする職場のマネジメントの効果も半減してしまうだろう。本書のメッセージは，下からのマネジメントの重要性を主張するものであるのは間違いないが，同時にそれは下からのマネジメントを有効にするための上からのマネジメントの重要性も主張するものでもある。

◆ 関わりあう職場のマネジメントの２つの意味

　この点を踏まえると，関わりあう職場のマネジメントは職場をいかにしてマネジメントするのかという点と，関わりあう職場を組織がいかにマネジメントするのかという２つの意味を含んでいる。本書においては職場をいかにしてマネジメントするのか，という点に

のみ焦点を当てて議論をしてきた。しかしながら経営管理という観点から考えれば，関わりあう職場を組織の中でどのようにマネジメントするのかという点が本書の議論からは抜け落ちている。人事施策あるいは職場間関係を含む組織構造など，関わりあう職場をよりよく形成するための組織マネジメントについての研究が今後望まれよう。

そのうえで議論が不十分ながら，関わりあう職場のマネジメントにおける組織的マネジメントの重要点を挙げるとするならば，次の2つの点であろう。1つは，職場間の人員の流動性を確保することである。それによって閉鎖的なコミュニティになることを避けることができ，同時に生まれる職場における多様性は，他者との違いによって顕著になる職場における個人のアイデンティティを強くさせることになるだろう。また職場が閉鎖的になることは，個人の職場へのコミットメントを強くさせることにはなるが，結果として職場間のコンフリクトが起こりやすくなる可能性がある。職場内で起こる小さな思いやりをより広げ，職場間においても発揮させるためにも，組織は職場間の人材の流動性に留意する必要がある。2つめの点は，異論への寛容性である。これはコミットメント経営と決定的に異なる点かもしれない。たとえば強い価値観を組織全体に浸透させることが，もし組織の中の異論を抑圧することになるとすれば，それは自律的な思考の停止や監視，あるいは独創性や批判のない組織をもたらすことになる（阪口，2010）。その具体的なマネジメントはさまざまあるだろうが，組織の中の異論に対して寛容でなければ，職場における自由や自律的な行動はそもそも望めないものになるだろう。

◆ 関わりあいによる気づき

本書の基本仮説は職場における関わりあいを強くすることによっ

て，支援や勤勉，創意工夫をもたらすというものであった。ここで関わりあいを強くするマネジメントとは何か，改めて考えてみたいと思う。まず，職場における関わりあいの強さが，仕事の相互依存性や目標の相互依存性という概念で代替されることからもわかるように，職場のメンバーが個別に仕事を遂行できるように設計するのではなく，相互に関わりあわなければ遂行できないように仕事を設計すること，あるいは個人の目標を強調するのではなく，職場の目標を共有し，それを強調すること，が具体的には挙げられるだろう。

　ここで改めて強調したいのは，仕事の相互依存性も目標の相互依存性も，そしてそれらで構成される職場における関わりあいの強さも主観的なものを前提にしていることである。つまり，職場のメンバーがみんなの協力，みんなの仕事の成果がなければ自分の仕事がうまくいかない，と思うことが（仕事の相互依存性に関する）関わりあいの強さであるということである。このような主観的な関わりあいの強さを職場において強くするためには，もちろん仕事の設計上関わりを強くすることも1つの有効なマネジメントであろう。しかし一方で，関わりあいの強さを職場のメンバーのそれぞれに意識させることも有効なマネジメントであると考えることができる。たとえば，仕事の設計そのものを変えなくとも予算や業務の見える化をしたり，朝礼などで情報共有をしたりすることで，自分の仕事が他者の仕事との関わりのうえで成り立っていることに気づくことができる。組織で行う仕事である以上，誰もが多かれ少なかれ関わりあいながら仕事をしている。それに気づくことができるようなマネジメントを行えば，直接的に仕事の設計をマネジメントしなくとも職場における関わりあいは強くなる。徹底的に予算の見える化を促し，アメーバと呼ばれる小集団レベルでの利益管理を行うアメーバ経営[7]を導入した企業では，自部門の業績を上げるために他部門の協力が必要であることにはじめて気づくという。同様に，自分の仕事

を俯瞰的に眺めることが可能になったり，透明化されたりすることによって，自分の仕事の成果がどこに影響があるのか，ということに気づく。このような主観的な関わりあいを強くするというアプローチで職場における関わりあいを強くすることも可能であろう。

3 マネジメントにおける職場

　本書の裏のメッセージとも言ってもよい基本仮説のもう1つのメッセージは，マネジメントの単位として職場に注目するという点である。第3章で述べたように，初期の経営管理論において想定された工場や組織はそれほど規模の大きなものではなかった。しかし，産業の発達とともに企業規模が大きくなり，企業組織も複雑になった。それにつれ，組織と職場はまったく異なる性質のものになった。組織は賃金体系や評価制度，組織理念の提示といった間接的に従業員を管理する役割を担い，職場は職務の設計や人間関係のマネジメントなど直接的に従業員を管理する役割を担うことになった。これに伴い，経営管理論において後者の職場をいかにマネジメントするかといった点については，近年ではあまり議論がなされず，職場におけるリーダーシップとして議論されるか，もっぱら大きくなった組織をいかにマネジメントするか，といった組織構造や人的資源管理施策など，間接的な仕組みづくりへ焦点は移っていった。

　このような背景のもと，組織と個人の関係は，大きな組織と小さな個人の関係になり，本来同じ方向を向くべき主体が相対する存在としてその関係性が捉えられるようになっていった。結果として，第2章で述べたように，滅私奉公あるいは滅公奉私といった組織と個人のどちらかを優先するような関係，あるいは第3章で触れたコ

　1　アメーバ経営のマネジメントについては北居・鈴木（2010）参照。

ミットメント経営に見られるように，上からのマネジメントによって組織と個人のベクトルを揃えるような関係が組織と個人の関係として想定されてきた。しかしながらこのような関係では，支援や勤勉といった行動と創意工夫といった行動の両立が難しくなる。もう少し言えば，組織における公共性と個人の自由や自律の両立が難しくなる。

◆ 組織と個人の関係を媒介する職場

　このような問題に対し，本書では組織と個人の関係を捉えるうえで，組織―職場―個人という三元論の有効性を主張した。組織―職場―個人という三元論をとることで，組織と個人のバランスのよい関係，つまり組織における公共性と個人の自由や自律の両立が構築できると考えている。もう少し踏み込んで言えば，組織と個人の関係において，本書では職場の果たす役割の重要性を述べた。改めて本書の関わりあう職場のマネジメントの主張を述べれば，職場における関わりあいを強めること（職場におけるコミュニティの生成）によって職場における支援や勤勉といった公共性を育み，職場における公共性を生み出す母体となると同時に，個人に責任を与え自律を促進する。このように職場を媒介として公共性を生み出すこと（下からのマネジメント）によって，（組織がコントロールせずとも）組織において助けあいややるべきことをきっちりこなすという姿勢，そして自律的な行動がバランスよく維持されることになる。この点で，組織はこの関わりあう職場のマネジメントがよりよく機能するためのマネジメントを行うという役割を果たすことが求められる。つまり，経営管理を考えるうえで，職場をマネジメントする組織と人をマネジメントする職場という役割を分化して経営管理を改めて議論していく必要があると考えている。そのうえで，本書では人をマネジメントするうえでの職場の重要性をとくに指摘したい。

同じように守島（2010）は職場の重要性に注目した。守島（2010）は，人材マネジメント研究の理論的発展において，管理過程への関心を重視した。また，その中でも職場における人材管理のダイナミクスに注目している。その理由として，まず人材マネジメント機能の大部分が職場にあること，2つめにワークライフバランスや成果主義的な評価／処遇制度など職場でのダイナミクスが影響を与える人材マネジメント現象が多くなっていること，そして3つめの理由として，職場における人材管理のプロセスを解明・理論化していくことによって，人材マネジメント論を社会科学として成立させることを目指すこと，を挙げている[2]。本書は人材マネジメント論ではなく，経営管理論の枠組みにおいて議論を展開してきたが，経営管理論という研究領域についても同様に，経営管理論の議論の多く，とくに人にまつわる経営管理論の議論のほとんどは職場において起こる，あるいは職場に帰着する問題である。また，守島が指摘するように，さまざまな人事施策や組織変革なども，制度の運用やその効果という点で，それらの職場におけるマネジメントあるいは職場の持つ固有の特徴が個人の行動に影響を与える[3]。これらのことからも，経営管理論においても，改めて職場のマネジメントという視点で理論構築をする必要があるだろう。

◆ 組織という枠を超えるための職場への注目

　本書の基本仮説において職場に着目する含意をいま1つ挙げると

2　守島（2010）の論考は，「社会科学としての人材マネジメント論へ向けて」というタイトルである。ここで守島が指す人材マネジメント論とは，労務管理論，人事管理論，人的資源管理理論などを総称して呼ぶための呼称としている。また，企業内の人材の管理，活用に関する研究領域を指すものと暫定的に定義している。

3　この点について，吉野（2012）では組織ルーティンの立場から議論を行っている。

すると，職場に注目することによって組織という枠を超えることができる点を挙げたい。もちろん本書は，同一の組織の中にある職場を念頭に置いているし，行われた実証研究も組織の中の職場である。しかし，職場における関わりあいを強めることが，職場のメンバーの支援や勤勉，あるいは創意工夫行動を促すという本書の基本仮説とその背後にあるロジックは，異なる組織や企業のメンバーによって構成されるような職場あるいはプロジェクトにおいても成立するロジックである。

　近年，製品開発の規模や市場の複雑化に伴い，1つの組織内でプロジェクトが完結しないケースも少なくない。製品開発の現場が代表されるように，他の企業のメンバーと協働する必要のある場面も多くなっている。もちろん今後，異なる組織や企業のメンバーによって構成される職場やプロジェクトにおける基本仮説の検討をする余地は残されているが，組織横断的なプロジェクトや開発現場のようなケースにおいてもこの基本仮説は含意を持つと考えられる。むしろ，有期限でそれまで面識の少ないメンバーによって構成されるような職場（プロジェクト）においてこそ，助けあいややるべきことをきっちりやることが課題となるだろうし，各人が創意工夫を行うことが求められるかもしれない。その点で，職場コミュニティのマネジメントは，職場という組織よりも小さな単位に注目はしているが，その適用範囲は組織を超える可能性を持つだろう。

◆ 閉鎖的な職場の危険性

　ここまで，関わりあう職場に関してポジティブな側面を強調してきたが，関わりあいが強くなることがネガティブな影響を及ぼすこともある。そのネガティブな帰結を2つ考えてみたい。1つはチームワークを重視することによる監視社会あるいは強制的組織である。鈴木（1994）は，日本的経営がもたらす強制と自発の2つの側面に

関する議論を踏まえたうえで、職務範囲が曖昧で相互に重なりあう集団的職場編成による管理が、強制と自発の2面性を生み出しているとする。ここでいう強制とは「自分の仕事が周りに迷惑をかける」という意識に根ざした社会的強制力のことを指す。鈴木によれば、集団的職場編成は常に強制をもたらすわけではない。余裕のない労働負荷が1つの条件として与えられたとき、集団的職場編成は、そこで働く人々に労働への強制力をもたらしてしまうのである。一方、Barker（1993）は、ポスト官僚的組織の1つの姿として協奏的統制[4]（concertive control）による組織を取り上げ、調査分析を行った。協奏的統制による組織では、相互依存的に仕事が進められ、そこでの規範やルールは働いている人々によって作られていく。このような組織では、垂直関係ではなく水平的関係によって監視が行われ、チームメンバー同士で仕事をチェックしあう[5]。そこではメンバーは相互に決めた規範やルールのもと、始終監視されているような感覚が支配し、ストレスを感じながら仕事をすることになる（Barker, 1993; 大野, 2005）。関わりあう職場では、相互に関わることでお互いに「迷惑をかけてはならない」という意識を強く感じることになるのと同時に、常に自分の仕事ぶりが監視されているような感覚を持ち、強いピア・プレッシャーを感じる職場になってしまう可能性があるのである。

2つめの関わりあう職場のネガティブな帰結は「緩んだ共同体」（沼上他, 2007）である。沼上他（2007）によれば、緩んだ共同体とは、組織弛緩性で表現される決断が不足し、当事者意識が低く責任をとる意識が低いような組織あるいは職場を指す[6]。相互依存的に仕事を行うこと、あるいは目標を共有することによって、責任の意識が

---

4 協奏的統制という訳は大野（2005）による。
5 Barker（1993）はこのような管理は自律型チームでありながら、結局、官僚制に見られた鉄の檻を再現すると述べた。

むしろ低くなり、いわゆるフリーライダーとして振る舞ってしまう人、つまりは職場や組織を顧みず、自分勝手に行動する人が現れることが考えられる。もちろんそのような職場では、支援や勤勉の姿勢はあまりなくなり、自発的に創意工夫するようなこともなくなるだろう。また、関わりあいが強いことによって集団の凝集性が高い職場は、あわせて違いに対する甘えを誘発することにもつながる。「少しくらい許されるであろう」といった意識が、職場全体に蔓延し、やるべきことをきっちりこなすという勤勉の意識を大きく引き下げてしまう。

　これら2つの帰結は、まったく異なるものであるが、自由と規律の関係から考えれば表裏一体の姿である。第2章で述べたように、自由と規律の関係は逆転共生の関係にある。つまり、一定の水準までは、自由を促進すれば規律も促進するという関係に自由と規律はあるが、ある水準を超えると自由と規律は相反する関係になってしまう。つまり、自由が肥大化すれば規律の意識が低くなり、自分勝手な行動ばかり起こり、規律が肥大化すれば自由の余地がなくなり規律や規範でがんじがらめとなってしまうのである。本書における関わりあう職場は、支援や勤勉、創意工夫という行動で現れる自由に振る舞うことと規律正しく振る舞うことは両立すると考えているが、関わりあうことが過度に強まると、お互いを監視するような職場や甘えが蔓延するような職場が立ち現れてしまう可能性があるのである。本書の実証研究の結果からは、過度に関わりあいが強まることのネガティブな側面は観察されなかった。しかし、それはここで懸念するような2つのネガティブな側面に帰結しないことを意味するとは考えにくい。本書の基本仮説は職場における関わりあいの

6　沼上他（2007）の組織弛緩性には、因子分析の結果から経営リテラシーの不足やミドルの戦略審美眼の不足が含まれているが、これを弛緩性ととるのはやや強引ではないかと思われる。

強さのポジティブな側面に注目してきたが、過剰な関わりあいはこのような2つのネガティブな帰結をもたらす可能性があることを忘れてはならないだろう。

　では、このような帰結に陥らないためにはどうしたらよいのだろうか。1つは適度な関わりあいの強さを維持するということであろう。そのためには、改めて開放的なコミュニティの意義を考える必要がある。第2章で述べたように、本書が想定する職場のコミュニティは開放的なコミュニティである。開放的なコミュニティは、固定的なメンバーによるコミュニティに根づいた規範や規律ではなく、流動的なメンバーによる相互の対話によって規律や規範が形成されるコミュニティである。つまり、ひとたび職場の中で規律や規範が生まれたとしても、それが固定的で新しく入ったメンバーにとって強制的なものになってしまえばすでにそれは閉鎖的なコミュニティになってしまっている。開放的なコミュニティでは、新しいメンバーを含め、常にそれぞれの価値観や主張が対話され、そこに規範や規律が生まれることになる。また、再び桂木（2005）の例を挙げれば、マナーや礼儀を守るという姿勢が共有されたとき、特定のマナーや礼儀を採用するのではなく、さまざまなマナーや礼儀の存在を認めつつ「マナーや礼儀を守る」姿勢の必要性を説くようなコミュニティである。つまり、それぞれの自己の自由な振る舞いを尊重しつつも、それらが重なりあう部分ではその自由を抑える職場、反対に言えば、関わりあう部分では公共の利益のために自己の自由を抑えつつも、自己の自由な振る舞いを尊重する職場である。このような職場の構築のためには、やはりすでに述べたように職場において新たな価値観や考えをもたらす流動性の確保と異論への寛容性が重要になると考えられる。

4 日本的経営と関わりあう職場のマネジメント

　加護野（2010）が日本企業において市民精神が劣化したと述べたように，以前の日本企業において市民精神や助けあうこと，勤勉に働くこと，あるいはできる範囲で自分の仕事に工夫を凝らしていくことが自然に行われていたと考えるのはそれほど不自然なことではないだろう。むしろ西欧の資本主義がプロテスタントの倫理を必要としていたように，一定の市民精神がなければ日本において資本主義に基づいた会社経営は成り立たなかったかもしれない。組織のための献身や忠誠心の強さが日本企業の原動力の1つであったことは広く言われてきたことである。佐藤（1993）は，日本のシステムを支えたプロテスタントの倫理に代わるものとして，心情反射作用（「お互いの気持ちをわかりあう」能力）を提示した。つまり，日本的経営において，お互いの気持ちをわかりあうという能力が市民精神あるいは支援や勤勉行動に結びつく精神として作用し，日本企業を支えていたというわけである。しかしながら，佐藤（1993）もこの心情反射作用が日本社会において弱くなり，「いざとなれば出て行く」という無邪気な個人主義が浸透していることを指摘する。

　　おそらく日本社会は過去10年のどこかで回帰不能点を通過した。
　　この変化の最深部では，あの身体の「形而上学」をささえてきた身体感覚そのものが崩壊しはじめている。日本社会を200年以上にわたって支配してきた心情反射作用が，今やうすれつつある。「無邪気な個人主義」が浸透してきた結果，相手の感情に自動的に反応する能力をもたない個人が着実にふえてきているのである。（佐藤，1993, 306頁）

　この佐藤の指摘は1993年のものである。それからすでに20年近

くが経過している。佐藤が言うように,われわれはどこかで回帰不能点を通過したのかもしれない。本書で議論してきた関わりあう職場のマネジメントは,このような回帰不能である市民精神や心情反射作用を新たな形で取り返す作業と言うこともできる。言いかえれば,職場には支援や勤勉といった市民精神の学校としての可能性があると考えている[7]。組織の中で秩序を守り,やるべきことをきっちりやりながら協働することや自律的に組織のために働いていくことは,すぐに身につくものではない。このような市民精神はある種の「鍛え」によって育まれる側面を持つ(加護野,2010)。しかしながらこのような「鍛え」は単に価値観を伝えるだけではなく,経験や身体性を伴う必要がある[8]。組織における秩序や協働の意識(精神)も,単にその価値観を言葉として伝えるだけでなく,仲間とともに共通の目的を持って働く経験を繰り返すことではじめて精神として養われる性質のものである。経験や身体性をもってはじめて自分に何ができるのかということが実感として得られることになる。また,仲間とともに働くことで自分の能力や知識を高めることの重要性,自分の組織における存在意義を確認することにつながる。このような職場レベルの経験が,さらなる他者への関心を生み,職場を超えたより広いレベルでの協働や勤勉の意識,自律の意識を持つことへとつながると考えられる。

　タイムマシーンがない現在,われわれは経営学の今の方法論に

7　下からの公共性を唱えたハバーマスは,コミュニティを民主主義の学校と呼んだ。

8　たとえば,筆者が以前に行った生協組織の調査では,若いときに戸別配達の廃止に伴い,組合員に方針の転換を認めてもらうために生協活動について職場の仲間と勉強をしたことが,自分と組織の関係を考えるうえで大きな経験であったと述べたインタビューがあった。調査した生協組織では,職場において自主的に生協活動の勉強会などを行っており,そのことが職場における仲間意識の醸成を促していたと考えることができる。

則って過去の日本企業を調べることはできない。そのため，本書の基本メッセージに含まれる職場における関わりあいの強さがかつての日本企業にあり，日本企業のマネジメントの要諦の1つがそこにあったのだと厳密に言うことはできない。しかし，かつての日本企業には市民精神があったように思われるし，高度成長に伴い企業規模が右肩上がりに大きくなっていく中で1人ひとりに役割を担わせつつも，日々生まれる新しい仕事を相互に関わりながらこなしていくような情景であったように思われる。

　本書でも紹介したタマノイ酢へのインタビューの中に次のようなインタビューがある。タマノイ酢は，それまで調味料であった酢を飲料にした商品を1996年に開発した。しかし，それまで飲料を扱ってこなかったことなどから営業には苦労する。

> 　たとえばね，ほとんどですね，門前払いでしたね。電話も出てもらえなかったですから。それの連続ですよ。タマノイ酢っていう調味料の酢の会社がこんなん作ったって言ってもね，そんなん，まず忙しいのに，話聞かないじゃないですか。ほとんど，そうですよね。別に，諦めることもできたんですけど，3回断られても4回行ける，4回断れても5回行けるのは，やっぱりね，作った連中の顔が浮かんでくるんですよね。あいつが，徹夜しながら，業者と交渉して，泣きながらね（笑）。それを，なんとなく知ってると，もう1回行けるんですよね。僕は，そんなふうなことを思いましたけどね。そしたらね，6回目で諦めたらつかまなかったものを7回目で，偶然，何かをつかむんですよ。そういったのは今もありますよね。（20年目男性）

　本書が着目してきた支援や勤勉，仕事における創意工夫は役割を超えた行動である。1つひとつの行動はそれほどインパクトのある行動ではないだろう。ただ，関わりあいの強い職場をつくることによって生まれるこのようなちょっとした行動が組織のあちらこちらで起こることによって企業の総力は大きくなるだろうし，インタ

ビューにあるようなビジネスの機会をつかむことができる。企業戦略やマーケティング，製品開発やイノベーションをいかに行うかということも企業経営には重要である。しかし，マネジメントにおいて効率性や合理性を追求することで失われるこのような行動に注目する意義は十分にあるはずである。関わりあう職場では，仲間意識から，あるいは仲間に対する責任感からこのような行動が起こる。そして何より，職場の仲間と関わりあいながら仕事をすることで自分のできることを探し，行動を起こすと考えられる。それは職場という近い関係の中で構成される場であるからこそ考えられ，さらなる行動につながると考えられるのである。

参考文献一覧

◆ 英語文献

Adler, P. S. (2001) "Market, Hierarchy, and Trust: The Knowledge Economy and the Future of Capitalism," *Organization Science*, 12 (2), 215-234.

Adler, P. S. & Heckscher, C. (2006) "Towards Collaborative Community," in Heckscher, C. & Adler, P. S. (eds.) *The Firm as a Collaborative Community: Reconstructing Trust in Knowledge Economy*, Oxford University Press, 11-105.

Adler, P. S. & Kwon, S. W. (2002) "Social Capital: Prospects for a New Concept," *Academy of Management Review*, 27 (1), 17-40.

Adler, P. S., Kwon, S. W. & Heckscher, C. (2008) "Professional Work: The Emergence of Collaborative Community," *Organization Science*, 19 (2), 359-376.

Allen, N. J. & Meyer, J. P. (1993) "Organizational Commitment: Evidence of Career Stage Effects?" *Journal of Business Research*, 26, 49-61.

Allen, N. J. & Meyer, J. P. (1996) "Affective, Continuance, and Normative Commitment to the Organization: An Examination of Construct Validity," *Journal of Vocational Behavior*, 49 (3), 252-276.

Anderson, S. E. & Williams, L. J. (1996) "Interpersonal, Job, and Individual Factors Related to Helping Processes at Work," *Journal of Applied Psychology*, 81 (3), 282-296.

Arthur, J. B. (1992) "The Link between Business Strategy and Industrial Relations Systems in American Steel Minimills," *Industrial and Labor Relations Review*, 45 (3), 488-506.

Arthur, J. B. (1994) "Effects of Human Resource Systems on Manufacturing Performance and Turnover," *Academy of Management Journal*, 37 (3), 670-687.

Axtell, C. M. & S. K. Parker (2003) "Promoting Role Breadth Self-Efficacy Through Involvement, Work Redesign and Training," *Human Relations*, 56 (1), 113-131.

Bachrach, D. G., Powell, B. C., Collins, B. J. & Richey, R. G. (2006) "Effects of Task Interdependence on the Relationship Between Helping Behavior and Group Performance," *Journal of Applied Psychology*, 91 (6), 1396-1405.

Bachrach, D. G., Powell, B. C., Bendoly, E. & Richey, R. G. (2006) "Organizational Citizenship Behavior and Performance Evaluations: Exploring the Impact of Task Interdependence," *Journal of Applied Psychology*, 91 (1), 193-201.

Barker, J. R (1993) "Tightening the Iron Cage: Concertive Control in Self-Managing Teams," *Administrative Science Quarterly*, 38 (3), 408-437.

Barnard, C. I. (1938) *The Functions of the Executive*, Harvard University Press.（山本安次郎・田杉競・飯野春樹訳『新訳 経営者の役割』ダイヤモンド社, 1968年）

Baron, R. M. & Kenny, D. A. (1986) "The Moderator-Mediator Variable Distinction in Social Psychological Research Conceptual, Strategic, and Statistical Considerations," *Journal of Personality and Social Psychology*, 51 (6), 1173-1182.

Bartel, C. A. & Milliken, F. J. (2004) "Perception of Time in Work Groups: Do

Members Develop Shared Cognitions about Their Temporal Demands?" *Research on Managing Groups and Teams*, 6, 87-109.

Bartko, J. J. (1976) "On Various Intraclass Correlation Reliability Coefficients," *Psychological Bulletin*, 83 (5), 762-765.

Bateman, T. S. & Crant, J. M. (1993) "The Proactive Component of Organizational-Behavior: A Measure and Correlates," *Journal of Organizational Behavior*, 14 (2), 103-118.

Bellah, R. N., Madsen, R., Sullivan, W. M., Swidler, A. & Tipton, S. M. (1985) *Habits of the Heart: Individualism and Commitment in American Life*, University of California Press.（島薗進・中村圭史訳『心の習慣』みすず書房，1991年）

Blau, P. M. (1964) *Exchange and Power in Social Life*, Wiley.

Blau, P. M. (1966) "Patterns of Interaction Among a Group of Officials in a Government Agency," in Rubenstein, A. H. & Haberstroh, C. J. (eds.) *Some Theories of Organization*, Homewood.

Bolino, M. C., Turnley, W. H. & Bloodgood, J. M. (2002) "Citizenship Behavior and the Creation of Social Capital in Organizations," *Academy of Management Review*, 27 (4), 505-522.

Brief, A. P. & Motowidlo, S. J. (1986) "Prosocial Organizational Behaviors," *Academy of Management Review*, 11 (4), 710-725.

Campion, M. A., Medsker, G. J. & Higgs, A. C. (1993) "Relations Between Work Group Characteristics and Effectiveness: Implications for Designing Effective Work Groups," *Personnel Psychology*, 46 (4), 823-850.

Campion, M. A., Papper, E. M. & Medsker, G. J. (1996) "Relations Between Work Team Characteristics and Effectiveness: A Replication and Extension," *Personnel Psychology*, 49 (2), 429-452.

Cappelli, P. & Rogovsky, N. (1998) "Employee Involvement and Organizational Citizenship: Implications for Labor Law Reform and 'Lean Production'," *Industrial and Labor Relations Review*, 51 (4), 633-653.

Chen, C. H. V., Tang, Y. Y. & Wang, S. J. (2009) "Interdependence and Organizational Citizenship Behavior: Exploring the Mediating Effect of Group Cohesion in Multilevel Analysis," *Journal of Psychology*, 143 (6), 625-640.

Chiu, S. F. & Chen, H. L. (2005) "Relationship Between Job Characteristics and Organizational Citizenship Behavior: The Mediational Role of Job Satisfaction," *Social Behavior and Personality*, 33 (6), 523-540

Cohen, D. and Prusak, L. (2001) *In Good Company: How Social Capital Makes Organizations Work*, Harvard Business School Press.（沢崎冬日訳『人と人の「つながり」に投資する企業——ソーシャル・キャピタルが信頼を育む』ダイヤモンド社，2003年）

Coleman, J. S. (1988) "Social Capital in the Creation of Human-Capital," *American Journal of Sociology*, 94, 95-120.

Crant, J. M. (2000) "Proactive Behavior in Organizations," *Journal of Management*, 26, (3), 435-462.

Deal, T. E. & Kennedy, A. A. (1982) *Corporate Culture*, Addison-Wesley.（城山三郎訳『シンボリック・マネジャー』新潮文庫，1987年）

DeCotiis, T. A. & Summers, T. P.（1987）"A Path Analysis of a Model of the Antecedents and Consequences of Organizational Commitment," *Human Relations*, 40（7）, 445-470.

Dobbins, G. H. & Zaccaro, S. J.（1986）"The Effects of Group Cohesion and Leader Behavior on Subordinate Satisfaction," *Group & Organization Studies*, 11（3）, 203-219.

Etzioni, A.（1996）*The New Golden Rule: Community and Morality in a Democratic Society*, Basic Books.（永沢幸正訳『新しい黄金律──「善き社会」を実現するためのコミュニタリアン宣言』麗澤大学出版会，2001 年）

Evans, W. R. & Davis, W. D.（2005）"High-Performance Work Systems and Organizational Performance: The Mediating Role of Internal Social Structure," *Journal of Management*, 31（5）, 758-775.

Farh, J. L., Podsakoff, P. M. & Organ, D. W.（1990）"Accounting for Organizational Citizenship Behavior: Leader Fairness and Task Scope versus Satisfaction," *Journal of Management*, 16（4）, 705-721.

Frenkel, S. J. & Sanders, K.（2007）"Explaining Variations in Co-worker Assistance in Organizations," *Organization Studies*, 28（6）, 797-823.

Fukuyama, F.（1996）*Trust: The Social Virtue and the Creation of Prosperity*, Free Press.（加藤寛訳『「信」なくば立たず──「歴史の終わり」後，何が繁栄の鍵を握るのか』三笠書房，1996 年）

George, J. M. & Brief, A. P.（1992）"Feeling Good-Doing Good: A Conceptual Analysis of the Mood at Work-Organizational Spontaneity Relationship," *Psychological Bulletin*, 112（2）, 310-329.

George, J. M. & Jones, G. R.（1997）"Organizational Spontaneity in Context," *Human Performance*, 10（2）, 153-170.

Gong, Y., Chang, S. & Cheung, S.（2010）"High Performance Work System and Collective OCB: A Collective Social Exchange Perspective," *Human Resource Management Journal*, 20（2）, 119-137.

Grant, A. & S. Ashford（2008）"The Dynamics of Proactivity at Work," *Research in Organizational Behavior*, 28, 3-34.

Guthrie, J. P.（2001）"High-Involvement Work Practices, Turnover, and Productivity: Evidence from New Zealand," *Academy of Management Journal*, 44（1）, 180-190.

Hackman, J. R. & Oldham, G. R.（1976）"Motivation Through the Design of Work: Test of a Theory," *Organizational Behavior and Human Performance*, 16（2）, 250-279.

Hirst, M. K.（1988）"Intrinsic Motivation as Influenced by Task Interdependence and Goal Setting," *Journal of Applied Psychology*, 73（1）, 96-101.

Humphrey, S. E., Nahrgang, J. D. & Morgeson, F. P.（2007）"Integrating Motivational, Social, and Contextual Work Design Features: A Meta-Analytic of the Summary and Theoretical Extension Work Design Literature," *Journal of Applied Psychology*, 92（5）, 1332-1356.

Huselid, M. A.（1995）"The Impact of Human Resource Management Practices on Turnover, Productivity, and Corporate Financial Performance," *Academy of Management Journal*, 38（3）, 635-672.

James, L. R. (1982) "Aggregation Bias in Estimates of Perceptual Agreement," *Journal of Applied Psychology*, 67 (2), 219-229.

Katz, D. & Kahn, R. L. (1978) *The Social Psychology of Organization*, 2nd ed., John Wiley and Sons.

Katzenbach, J. R. (2000) *Peak Performance*, Harvard Business Press. (黒田由貴子監訳『コミットメント経営——高業績社員の育て方』ダイヤモンド社, 2001年)

Katzenbach, J. R. & Smith, D. K. (1993) "The Discipline of Teams," *Harvard Business Review*, 71 (2), 111-120.

Kidwell, R. E., Mossholder, K. W. & Bennett, N. (1997) "Cohesiveness and Organizational Citizenship Behavior: A Multilevel Analysis Using Work Groups and Individuals," *Journal of Management*, 23 (6), 775-793.

Kiggundu, M. N. (1981) "Task Interdependence and the Theory of Job Design," *Academy of Management Review*, 6 (3), 499-508.

Kiggundu, M. N. (1983) "Task Interdependence and Job Design: Test of a Theory," *Organizational Behavior and Human Performance*, 31 (2), 145-172.

Klein, K. J., Kozlowski, S. W. J., Dansereau, F. D., Gavin, M. B., Griffin, M. A., Hofmann, D. A. & Bligh, M. C. (2000) "Multilevel Analytical Techniques: Commonalities, Differences, and Continuing Questions," in Klein, K. J. & Kozlowski, S. W. J. (eds.) *Multilevel Theory, Research, and Methods in Organizations*, Jossy-Bass, 512-553.

Kozlowski, S. W. J. & Klein, K. J. (2000) "A multilevel approach to theory and research in organizations: contextual, temporal, and emergent processes," in Klein, K. J. & Kozlowski, S. W. J. (eds.) *Multilevel Theory, Research, and Methods in Organizations*, Jossy-Bass, 3-90.

Langfred, C. W. (2000a) "The Paradox of Self-Management: Individual and Group Autonomy in Work Groups," *Journal of Organizational Behavior*, 21 (5), 563-585.

Langfred, C. W. (2000b) "Work-Group Design and Autonomy: A Field Study of the Interaction between Task Interdependence and Group Autonomy," *Small Group Research*, 31 (1), 54-70.

Langfred, C. W. (2004) "Too Much of a Good Thing? Negative Effects of High Trust and Individual Autonomy in Self-Managing Teams," *Academy of Management Journal*, 47 (3), 385-399.

Langfred, C. W. (2005) "Autonomy and Performance in Teams: The Multilevel Moderating Effect of Task Interdependence," *Journal of Management*, 31 (4), 513-529.

Lawler, E. W. (1992) *The Ultimate Advantage: Creating the High-Involvement Organization*, Jossey Bass.

Leana, C. R. & Van Buren, H. J. (1999) "Organizational Social Capital and Employment Practices," *Academy of Management Review*, 24 (3), 538-555.

Leana, C., Appelbaum, E. & Shevchuk, I. (2009) "Work Process and Quality of Care in Early Childhood Education: The Role of Job Crafting," *Academy of Management Journal*, 52 (6), 1169-1192.

LePine, J. A., Erez, A. & Johnson, D. E. (2002) "The Nature and Dimensionality of

Organizational Citizenship Behavior: A Critical Review and Meta-Analysis," *Journal of Applied Psychology*, 87 (1), 52-65.

Lin, C. P. (2010) "Learning Task Effectiveness and Social Interdependence through the Mediating Mechanisms of Sharing and Helping: A Survey of Online Knowledge Workers," *Group and Organization Management*, 35 (3), 299-328.

Mackenzie, B. (1991) "Organizational Citizenship Behavior and Objective Productivity as Determinants of Managerial Evaluations of Salesperson Performance," *Organizational Behavior and Human Decision Processes*, 50 (1), 123-150.

Mathieu, J. E. & Zajac, D. M. (1990) "A Review and Meta-Analysis of the Antecedents, Correlates, and Consequences of Organizational Commitment," *Psychological Bulletin*, 108 (2), 171-194.

Mayo, E. (1933) *The Human Problems of an Industrial Civilization*, Macmillan. (村本栄一訳『新訳 産業文明における人間問題』日本能率協会, 1967年)

Meyer, J. P. & Allen, N. J. (1997) *Commitment in workplace: Theory, Research, and Application*, Sage Publications.

Mitchell, T. R. & Silver, W. S. (1990) "Individual and Group Goals When Workers are Interdependent: Effects on Task Strategies and Performance," *Journal of Applied Psychology*, 75 (2), 185-193.

Morgeson, F. P. & Humphrey, S. E. (2006) "The Work Design Questionnaire (WDQ): Developing and Validating a Comprehensive Measure for Assessing Job Design and the Nature of Work," *Journal of Applied Psychology*, 91 (6), 1321-1339.

Morrison, E. W. & Phelps, C. C. (1999) "Taking Charge at Work: Extrarole Efforts to Initiate Workplace Change," *Academy of Management Journal*, 42 (4), 403-419.

Morrison, E. W. (2006) "Doing the Job Well: An Investigation of Pro-Social Rule Breaking," *Journal of Management*, 32 (1), 5-28.

Mowday, R. T., Porter, L. W. & Steers, R. M. (1982) *Employee-Organization Linkage*, Academic Press.

Mowday, R. T., Steers, R. M. & Porter, L. W. (1979) "The Measurement of Organizational Commitment," *Journal of Vocational Behavior*, 14 (2), 224-247.

Nahapiet, J. & Ghoshal, S. (1998) "Social Capital, Intellectual Capital, and the Organizational Advantage," *Academy of Management Review*, 23 (2), 242-266.

O'Reilly, C. A. & Pfeffer, J. (2000) *Hidden Value: How Great Companies Achieve Extraordinary Results with Ordinary People*, Harvard Business School Press. (広田里子・有賀裕子・長谷川喜一郎訳『隠れた人材価値――高業績を続ける組織の秘密』翔泳社, 2002年)

Organ, D. W. (1988) *Organizational Citizenship Behavior: The Good Soldier Syndrome*, Lexington Books.

Organ, D. W. (1990) "The Motivational Basis of Organizational Citizenship Behavior," *Research in Organizational Behavior*, 12, 43-72.

Organ, D. W., Podsakoff, P. M. & MacKenzie, S. B., (2005) *Organizational Citizenship Behavior: Its Nature, Antecedents, and Consequences*, Sage Publications. (上田泰訳『組織市民行動』白桃書房, 2007年)

Organ, D. W. & Ryan, K. (1995) "A Meta-Analytic Review of Attitudinal and Dispositional Predictors of Organizational Citizenship Behavior," *Personnel Psychology*, 48 (4), 775-802.

Ostroff, C. (1992) "The Relationship between Satisfaction, Attitudes, and Performance: An Organizational Level Analysis," *Journal of Applied Psychology*, 77 (6), 963-974.

Ouchi, W. G. (1980) "Markets, Bureaucracies, and Clans," *Administrative Science Quarterly*, 25 (1), 129-141.

Ouchi, W. G. & Johnson, J. B. (1978) "Types of Organizational Control and Their Relationship to Emotional Well Being," *Administrative Science Quarterly*, 23 (2), 293-317.

Ouchi, W. G. & Price, R. L. (1978) "Hierarchies, Clans, and Theory Z: A New Perspective on Organization Development," *Organizational Dynamics*, 7 (2), 24-44.

Overton, P., Schneck, R. & Hazlett, C. B. (1977) "An Empirical Study of the Technology of Nursing Subunits," *Administrative Science Quarterly*, 22 (2), 203-219.

Pearce, J. L. & Gregersen, H. B. (1991) "Task Interdependence and Extrarole Behavior: A Test of the Mediating Effects of Felt Responsibility," *Journal of Applied Psychology*, 76 (6), 838-844.

Peters, T. J. & Waterman, R. H., Jr. (1982) *In Search of Excellence*, Harper and Row.（大前研一訳『エクセレント・カンパニー──超優良企業の条件』講談社, 1983 年）

Pfeffer, J. (1998) *The Human Equation: Building Profits by Putting People First*, Harvard Business School Press.（佐藤洋一監訳『人材を生かす企業──経営者はなぜ社員を大事にしないのか』トッパン, 1998 年）

Podsakoff, P. M., MacKenzie, S. B. & Hui, C. (1993) "Organizational citizenship behaviors and managerial evaluations of employee performance: A review and suggestions for future research", in G. R. Ferris and K. M. Rowland (eds.) *Research in Personnel and Human Resource Management*, Vol. 11, 1-40, JAI press.

Podsakoff, P. M., MacKenzie, S. B., Lee, J. Y. & Podsakoff, N. P. (2003) "Common Method Biases in Behavioral Research: A Critical Review of the Literature and Recommended Remedies," *Journal of Applied Psychology*, 88 (5), 879-903.

Podsakoff, P. M., MacKenzie, S. B., Paine, J. B. & Bachrach, D. G. (2000) "Organizational Citizenship Behaviors: A Critical Review of the Theoretical and Empirical Literature and Suggestions for Future Research," *Journal of Management*, 26 (3), 513-563.

Podsakoff, P. M. & Organ, D. W. (1986) "Self-Reports in Organizational Research: Problems and Prospects," *Journal of Management*, 12 (4), 531-544.

Porter, L. W., Steers, R. M., Mowday, R. T. & Boulian, P. V. (1974) "Organizational Commitment, Job Satisfaction, and Turnover Among Psychiatric Technicians," *Journal of Applied Psychology*, 59 (5), 603-609.

Preacher, K. J., Curran, P. J. & Bauer, D. J. (2006) "Computational Tools for Probing

Interactions in Multiple Linear Regression, Multilevel Modeling, and Latent Curve Analysis," *Journal of Educational and Behavioral Statistics*, 31 (4), 437-448.
Putnum, R. (1993) *Making Democracy Work: Civic Traditions in Modern Italy*, Princeton University Press.（河田潤一訳『哲学する民主主義――伝統と改革の市民的構造』NTT出版，2001年）
Putnum, R. (2000) *Bowling Alone: The Collapse and Rivival of American Community*, Simon & Schuster.（柴内康文訳『孤独なボウリング――米国コミュニティの崩壊と再生』柏書房，2006年）
Raudenbush, S. W. & Bryk, A. S. (2002) *Hierarchical Linear Models: Applications and Data Analysis Methods*, 2nd ed., Sage Publications.
Riesman, D. (1961) *The Lonely Crowd: A Study of the Changing American Character*, Yale University Press.（加藤秀俊訳『孤独な群衆』みすず書房，1964年）
Rousseau, V. & Aube, C. (2010) "Team Self-Managing Behaviors and Team Effectiveness: The Moderating Effect of Task Routineness," *Group and Organization Management*, 35 (6), 751-781.
Saavedra, R., Earley, P. C. & Van Dyne, L. (1993) "Complex Interdependence in Task-Performing Groups," *Journal of Applied Psychology*, 78 (1), 61-72.
Skocpol, T. (2003) *Diminished Democracy: From Membership to Management in American Civic Life*, University of Oklahoma Press.（河田潤一『失われた民主主義――メンバーシップからマネージメントへ』慶應義塾大学出版会，2007年）
Smith, C. A., Organ, D. W. & Near, J. P. (1983) "Organizational Citizenship Behavior: Its Nature and Antecedents," *Journal of Applied Psychology*, 68 (4), 653-663.
Staw, B. M. & Boettger, R. D. (1990) "Task Revision: A Neglected Form of Work Performance," *Academy of Management Journal*, 33 (3), 534-559.
Stewart, G. L. & Barrick, M. R. (2000) "Team Structure and Performance: Assessing the Mediating Role of Intrateam Process and the Moderating Role of Task Type," *Academy of Management Journal*, 43 (2), 135-148.
Sun, L. Y., Aryee, S. & Law, K. S. (2007) "High-Performance Human Resource Practices, Citizenship Behavior, and Organizational Performance: A Relational Perspective," *Academy of Management Journal*, 50 (3), 558-577.
Thompson, J. D. (1967) *Organization in Action: Social Science Bases of Administrative Theory*, McGraw-Hill.（高宮晋監訳『オーガニゼーション・イン・アクション――管理理論の社会科学的基礎』同文舘出版，1987年）
Tönnies, F. (1887) *Gemeinschaft und Gesellschaft: Grundbegriff der Reinen Soziologie*.（杉之原寿一訳『ゲマインシャフトとゲゼルシャフト――純粋社会学の基本概念〔上・下〕』岩波書店，1957年）
Trist, E. L. & Bamforth, K. W. (1951) "Some Social and Psychological Consequences of the Longwall Method of Coal-Getting: An Examination of the Psychological Situation and Defences of a Work Group in Relation to the Social Structure and Technological Content of the Work System," *Human Relations*, 4 (1), 3-38.
Tyler, T. R. & Blader, S. L. (2001) "Identity and Cooperative Behavior in Groups,"

Group Processes & Intergroup Relations, 4 (3), 207-226.
Van de Ven, A. H., Delbecq, A. L. & Koenig, Jr. R. (1976) "Determinants of coordination modes within organizations," *American Sociological Review*, 41 (2), 322-338.
Van der Vegt, G. S., Emans, B. J. M. & Van de Vliert, E. (2001) "Patterns of Interdependence in Work Teams: A Two-Level Investigation of the Relations with Job and Team Satisfaction," *Personnel Psychology*, 54 (1), 51-69.
Van der Vegt, G. S. & Janssen, O. (2003) "Joint Impact of Interdependence and Group Diversity on Innovation," *Journal of Management*, 29 (5), 729-751.
Van der Vegt, G. S., Van de Vliert, E. & Oosterhof, A. (2003) "Informational Dissimilarity and Organizational Citizenship Behavior: The Role of Intrateam Interdependence and Team Identification," *Academy of Management Journal*, 46 (6), 715-727.
Van Dyne, L., Graham, J. W. & Dienesch, R. M. (1994) "Organizational Citizenship Behavior: Construct Redefinition, Measurement, and Validation," *Academy of Management Journal*, 37 (4), 765-802.
Wageman, R. (1995) "Interdependence and Group Effectiveness," *Administrative Science Quarterly*, 40 (1), 145-180.
Walton, R. E. (1985) "From Control to Commitment in the Workplace," *Harvard Business Review*, 63 (2), 76-84.
Williams, L. J., & Anderson, S. E. (1991) "Job Satisfaction and Organizational Commitment as Predictors of Organizational Citizenship and In-role Behaviors," *Journal of Management*, 17 (3) 601-617.
Wrzesniewski, A. & J. E. Dutton (2001) "Crafting a Job: Revisioning Employees as Active Grafters of Their Work," *Academy of Management Review*, 26 (2), 179-201.
Zhang, Z., Zyphur, M. J. & Preacher, K. J. (2009) "Testing Multilevel Mediation Using Hierarchical Linear Models Problems and Solutions," *Organizational Research Methods*, 12 (4), 695-719.

◆ 日本語文献
大野正和（2005）『まなざしに管理される職場』青弓社。
加護野忠男・野中郁次郎・榊原清則・奥村昭博（1983）『日米企業の経営比較——戦略の環境適応の理論』日本経済新聞社。
加護野忠男（2010）『経営の精神——我々が捨ててしまったものは何か』生産性出版。
桂木隆夫（2005）『公共哲学とはなんだろう——民主主義と市場の新しい見方』勁草書房。
金光淳（2003）『社会ネットワーク分析の基礎——社会的関係資本論にむけて』勁草書房。
菊池理夫（2004）『現代のコミュニタリアニズムと「第三の道」』風行社。
北居明・鈴木竜太（2007）「組織文化と組織コミットメントの関係に関する実証研究——クロスレベル分析を通じて」『組織科学』第 41 巻第 2 号，106-116 頁。
北居明・鈴木竜太（2010）「マネジメントシステムとしてのアメーバ経営—— R. リカートによるシステム 4 との比較を通じて」アメーバ経営学術研究会編『アメー

バ経営学——理論と実証』KCCS マネジメントコンサルティング。
齋藤純一（2000）『公共性』岩波書店。
阪口正二郎編（2010）『公共性——自由が／自由を可能にする秩序（自由への問い3）』岩波書店。
佐藤俊樹（1993）『近代・組織・資本主義——日本と西欧における近代の地平』ミネルヴァ書房。
杉本良夫＝R. マオア（1995）『日本人論の方程式』筑摩書房（ちくま学芸文庫）。
鈴木良始（1994）『日本的の生産システムと企業社会』北海道大学出版会。
鈴木竜太（2002）『組織と個人——キャリアの発達と組織コミットメントの変化』白桃書房。
鈴木竜太（2007a）『自律する組織人——組織コミットメントとキャリア論からの展望』生産性出版。
鈴木竜太（2007b）「大卒ホワイトカラーにおける組織を背負う意識に関する実証研究」『国民経済雑誌』第196巻第3号, 57-73頁。
鈴木竜太・北居明（2005）「組織行動論における集団特性の分析手法——マルチレベル分析に関する研究ノート」神戸大学大学院経営学研究科 Discussion Paper Series, 45号。
高橋克徳・河合太介・永田稔・渡部幹（2008）『不機嫌な職場——なぜ社員同士で協力できないのか』講談社（講談社現代新書）。
高橋伸夫（2004）『虚妄の成果主義——日本型年功制復活のススメ』日経BP社。
高野陽太郎（2008）『「集団主義」という錯覚——日本人論の思い違いとその由来』新曜社。
田中堅一郎（2001）「組織市民行動——測定尺度と類似概念，関連概念，および規定要因について」『経営行動科学』第15巻第1号, 1-28頁。
沼上幹・軽部大・加藤俊彦・田中一弘・島本実（2007）『組織の〈重さ〉——日本的企業組織の再点検』日本経済新聞出版社。
間宏（1963）『日本的経営の系譜』日本能率協会（マネジメント新書）。
守島基博（2010）「社会科学としての人材マネジメント論へ向けて」『日本労働研究雑誌』7月号（600号）, 69-74頁。
山脇直司（2004）『公共哲学とは何か』筑摩書房（ちくま新書）。
山脇直司（2008）『グローカル公共哲学——「活私開公」のヴィジョンのために』東京大学出版会。
吉野直人（2012）「組織ルーティンの遂行的性質を踏まえた管理実践の探求——大丸松坂屋百貨店の人材育成プログラムの事例を通じて」神戸大学大学院経営学研究科大学院生ワーキング・ペーパー。

索　引

【事　項】

◆アルファベット

HLM（hierarchical linear modeling）　→階層線形モデリング
HPWS（High-Performance Work System）　→高業績の経営管理
ICC（inter class correlation）　153
Null モデル　171, 179, 198, 205
OCB（organizational citizenship behavior）　→組織市民行動
WDQ（work design questionnaire）　152

◆あ　行

アソシエーション　45
アメーバ経営　222
上からのマネジメント　67, 76, 81, 95, 219, 220, 224
エクセレント・カンパニー　73

◆か　行

階層線形モデリング（HLM）　143, 146, 156, 165, 197
階層的クラン　73
開放的なコミュニティ　53, 63, 98, 229
科学的管理法　68
関わりあい　102, 103
　職場における――　23
関わりあいの強さ　222
関わりあう職場　3, 62, 138, 139, 157, 210, 228, 233
関わりあう職場のマネジメント　2, 62–64, 67, 76, 82, 90, 95–99, 101, 104, 131, 168, 185, 186, 219, 220, 224
　――における組織的マネジメント　221
限られた思いやり　58, 64
革新的／自発的行動　6, 113, 114, 118
活私開公　57
官僚制メカニズム　73
企業精神　6, 41
規範的組織　74
客体的相互依存性　108
逆転共生　51, 52, 61, 97, 215, 228
客観的相互依存性　109
強制的組織　74
協奏的統制　227
協　働　40
協働的コミュニティ　67, 91–99, 132
協働的創意工夫　189, 191, 192, 207–209, 211
協　力　42
勤　勉（行動）　2, 3, 40, 52, 58, 63, 121, 122, 124, 129, 130, 140, 158,

159, 185, 217
　　──に関するクロスレベル分析　179, 184
クラン　73
クラン型組織　73
クラン・メカニズム　73
クレド・マネジメント　75
クロスレベル分析　11, 143, 146, 153, 156, 165
経営管理論　10
ゲゼルシャフト的コミュニティ　93, 94
結　社　→クラン
ゲマインシャフト的コミュニティ　93, 94
検証的調査　137
公共性　40, 42, 43
　上からの──　45
　下からの──　45, 231
高業績の経営管理 (HPWS)　77, 79, 80
公共哲学　10, 40-43, 60
公私一元論　99
公私二元論　55, 56, 99
公私三元論　56, 61, 136, 155, 224
向社会的組織行動　113, 116-120
構造的空隙　89
功利的組織　74
個人主義　3, 46, 214, 216
コスト削減型人的資源管理　78
古典的経営管理論　66, 68
コミットメント　70
コミットメント経営　49, 61, 66, 70, 71, 75, 81, 96, 98, 99, 132, 139, 141, 167, 181, 184, 186, 196, 217, 223
コミットメント増大型人的資源管理　78
コミュニタリアニズム　10, 41, 44, 46-48, 50, 52, 53, 61, 90
コミュニティ　44, 45, 49, 53, 59, 62, 131
コントロール　70, 74, 216-218
　──のメカニズム　73
　──を基盤としたマネジメント　71

◆さ　行

支援（行動）　2, 3, 40, 52, 58, 63, 121, 122, 124, 129, 130, 140, 158, 159, 185, 216
　──に関するクロスレベル分析　170, 178
　職場レベルの──　207
自己効力感　127, 162
仕事における相互依存性　103-105
仕事の改訂行動　126
仕事の相互依存性　106, 108, 112, 128, 130, 133, 138-140, 157, 166, 178, 184-186, 189, 194, 199, 206, 208, 210, 222
　──における資源　108
　──における重要性　108
　──における幅　108
　客観的な──　106
　互恵的な──　106
　主観的な──　107
　蓄積的な──　106
　チームタイプの──　107
　連続的な──　106
仕事への動機づけ　159, 161
自己有能感　127
市場メカニズム　73
システム 4　68
下からのマネジメント　91, 95, 99, 219, 220, 224
下からの民主主義　220

市民精神　6, 8, 41, 90, 230
社会関係資本　47, 83, 87, 89, 90, 91
　　――によるマネジメント　67, 96-99
　　公共財としての――　84
　　私的財としての――　84
社会的関係　81
社会的交換関係　121, 129, 133
社会的な美徳　48
社会ネットワーク論　84
集団凝集性　104, 105, 141, 142, 151, 167, 173, 178, 179, 184, 185, 195, 200, 201, 206, 208-210
集団主義　4, 214, 216
主観的業績　189, 190, 191, 204, 207, 211
　　――に関するクロスレベル分析　204
主観的相互依存性　109
主体的相互依存性　108
情緒的コミットメント　152
職場　7, 45, 58-60, 62, 67, 95, 99, 100, 122, 131, 133, 223-226, 231
　　――のマネジメント　68
　　関わりあいの強い――　164, 218
職場レベルの変数　143, 153
職務自律性　111, 112, 139, 141, 142, 152, 168, 177, 178, 182, 184, 186, 196, 202, 206, 210
職務特性理論　111, 168, 206
ジョブ・クラフティング行動　126, 150, 151
自律　40, 48, 49
自律的キャリア　8
自利の精神　6
進取の行動　12, 125-128, 130, 133, 140, 150, 151, 209
進取的パーソナリティ　126

心情反射作用　230
新人間関係論　68, 96, 217
シンボリック・マネージャー　71
信頼　86
　　1対1の――　87
　　広範な――　87
　　壊れやすい――　86, 87
　　弾力的な――　86, 87
心理的組織風土　145
成果主義　8
セオリーZ　73, 96
責任負担行動　126, 151
全体主義　44
創意工夫（行動）　2, 3, 40, 52, 58, 63, 124, 126, 130, 140, 188-190, 210, 216
　　――に関するクロスレベル分析　193, 197, 203
組織行動論　11, 101, 102
組織コミットメント　141, 142, 152, 159, 160, 167, 175, 176, 181, 185, 195, 201, 206
組織弛緩性　227, 228
組織市民行動（OBC）　12, 85, 113-115, 119, 120, 128, 130, 140
　　――の援助行動　140, 150
　　――の忠誠行動　140, 150
組織的自発性　113, 119, 120, 122-124
組織的社会関係資本　85-88, 90, 92, 99, 132
　　公共財としての――　88
　　私的財としての――　88
組織文化　61
組織を背負う意識　159-161

◆た　行

タマノイ酢　9, 14-16, 63, 64, 76,

123, 162, 219, 232
——におけるとことんやる行動　36
——のジョブ・ローテーション　30, 32, 37, 38, 63, 64, 220
——の組織文化　30
——の導入時研修　23, 27, 37, 63, 76
探索的調査　137
秩　序　40
——を求める指向　42
知的資本　85
チーム・クラフティング　192
超安定性　48, 49
強い文化論　96
伝統的信頼　92
同一化　99

◆な　行

内省的信頼　92, 94
内発的動機づけ　161, 162, 185
仲間による動機づけ　159, 161, 162
2-1-1 モデル　175
2-2-1 モデル　173, 175
人間関係論　68, 217

◆は　行

ハイコミットメント型人的資源管理（HRM）　67, 77, 78, 81, 83, 99
ピア・プレッシャー　227
評価の相互依存性　111
閉鎖的なコミュニティ　92, 96, 98, 161, 221, 229
ホイッスル・ブロワー　117
傍証的調査　138, 139
ホーソン工場実験　67, 68

◆ま　行

マネジメント　217, 218
　組織の——　68
滅公奉私　54, 55, 223
滅私奉公　54, 55, 223
目標の相互依存性　104, 105, 110, 111, 128, 133, 138-140, 157, 166, 178, 184-186, 189, 194, 199, 207, 209, 210, 222
モラルサイエンス　53, 54, 57

◆や　行

役割曖昧性　159, 163
役割外行動　4, 216-218
緩んだ共同体　227
善き社会　48, 52
弱い紐帯　89

◆ら, わ行

ランダム傾きモデル　177, 182, 202
ランダム切片モデル　174, 199
リーダーシップ　68
リバタリアニズム　41
リベラリズム　41, 44
連帯性　86
ワークライフバランス　56

【人　名】

◆アルファベット

Adler, P. S.　84, 91, 92
Allen, N. J.　152
Anderson, S. E.　115, 129
Arent, H.　44, 45
Arthur, J. B.　78, 79
Ashford, S.　127

Barker, J. R.　　227
Barnard, C. I.　　111
Baron, R. M.　　170, 173, 176
Bellah, R.　　44, 46, 47, 49, 53, 97, 163, 215
Bolino, M. C.　　85
Brief, A. P.　　116, 118, 119
Burt, R. S.　　89
Cohen, D.　　85
Crant, J. M.　　126, 127
Davis, W. D.　　85
Deal, T. E.　　71
Dobbins, G. H.　　151
Etzioni, A.　　44, 48, 74, 163
Evans, W. R.　　85
Fayol, H.　　68
Fukuyama, F.　　84
George, J. M.　　119, 122-124
Ghoshal, S.　　130
Granovetter, M.　　89
Grant, A.　　127
Habermas, J.　　44, 92, 231
Hackman, J. R.　　168, 205
Hobbes, T.　　41
Hume, D.　　58
Humphrey, S. E.　　152
Huselid, M. A.　　79
Jones, G. R.　　122-124
Kahn, R. L.　　5, 113, 114, 116, 118, 119, 124, 125, 216
Katz, D.　　5, 113, 114, 116, 118, 119, 124, 125, 216
Katzenbach, J. R.　　78
Kennedy, A. A.　　71
Kenny, D. A.　　170, 173, 176
Kiggundu, M. N.　　108, 148
Kwon, S. W.　　84
Langfred, C. W.　　152, 169

Leana, C. R.　　86, 88, 90, 91, 130, 150, 151, 192
LePine, J. A.　　115
Likert, R.　　68
Mayo, E.　　67, 69
Meyer, J. P.　　152
Morgeson, F. P.　　152
Motowidlo, S. J.　　116, 118
Mowday, R. T.　　118, 152
Nahapiet, J.　　130
Oldham, G. R.　　168, 205
Organ, D. W.　　114, 115, 122
Ouchi, W. G.　　73, 74, 92
Peters, T. J.　　71
Pfeffer, J.　　78
Podsakoff, P. M.　　115
Price, R. L.　　73
Prusak, L.　　85
Putnum, R.　　47, 84, 90, 220
Roethlisberger, F. J.　　67
Ryan, K.　　122
Sandel, M.　　44
Skocpol, T.　　47, 220
Smith, C. A.　　114, 115
Thompson, J. D.　　106
Van Buren, H. J.　　86, 88, 90, 91, 130
Van De Ven, A. H.　　106
Van der Vegt, G. S.　　149
Wageman, R.　　110, 162
Walton, R. E.　　70, 71, 73, 74, 78, 79, 95
Waterman, R. H., Jr.　　73
Williams, L. J.　　115, 129
Zaccaro, S. J.　　151
Zhang, Z.　　171, 197

◆和　文

大野正和　　227

加護野忠男	6-9, 41, 164, 230	守島基博	225
桂木隆夫	42, 53, 229	山脇直司	54
佐藤俊樹	230, 231	吉野直人	225
鈴木良始	226, 227		
鈴木竜太	160		
田中堅一郎	114		
沼上幹	227, 228		

◆著者紹介

鈴木　竜太（すずき・りゅうた）
1971 年生まれ
1999 年，神戸大学大学院経営学研究科博士後期課程修了
現　職：神戸大学大学院経営学研究科教授
主　著：『組織と個人』白桃書房，2002 年（2003 年度，経営行動科学学会優秀研究賞受賞）；『自律する組織人』生産性出版，2007 年；「組織文化と組織コミットメントの関係に関する実証研究」（共著）『組織科学』第 41 巻第 2 号，106-116 頁，2007 年（2009 年，組織学会高宮賞論文部門受賞）；『キャリアで語る経営組織』（共著）有斐閣，2010 年。

関わりあう職場のマネジメント
Management of Workplace Relationship

2013 年 2 月 25 日　初版第 1 刷発行
2022 年 8 月 10 日　初版第 4 刷発行

著　者　　鈴　木　竜　太
発行者　　江　草　貞　治
発行所　　株式会社　有　斐　閣

郵便番号　101-0051
東京都千代田区神田神保町 2-17
http://www.yuhikaku.co.jp/

印刷・萩原印刷株式会社／製本・大口製本印刷株式会社
©2013, Ryuta Suzuki. Printed in Japan
落丁・乱丁本はお取替えいたします。
★定価はカバーに表示してあります。
ISBN 978-4-641-16403-1

JCOPY　本書の無断複写（コピー）は，著作権法上での例外を除き，禁じられています。複写される場合は，そのつど事前に（一社）出版者著作権管理機構（電話03-5244-5088，FAX03-5244-5089，e-mail：info@jcopy.or.jp）の許諾を得てください。